和譯花園天皇宸記　第一　花園天皇御事蹟概說（三ページ末尾）追加

なほ花園天皇は、京極派歌人として顯著であり、玉葉集に十一首、風雅集に四十九首の和歌が、上記の二勅撰和歌集に收載せられてゐる。

和譯花園天皇宸記　第一　（二三八ページ）正誤表（『ぐんしょ』46號所載岩佐美代子氏稿『花園天皇宸記』に依り、左の如く校訂す。）

「（裏書）和歌一首薄檀帋《うすだんし》の短冊に書き、藥玉《くすだま》を副ふ。件の歌に云ふ、

宮人の今《けふ》の五日《いつか》に頭指《かざ》すなる漢女《あやめ》の露は千世も目馴れよ

又一首、其の體送文《ていおくりぶみ》の如し。

進上《こゝろざし》

水の御牧《みまき》の菖蒲《あやめぐさ》

今年《ことし》の五月《さつき》　治時《をさまれるよに》云々

懸紙《かけがみ》幷に立紙《たてがみ》有り。表書《うはがき》に云ふ、

進上　右衛門權佐殿侍所　治時上云々、

予返歌に云ふ、

時に逢ふ愛目《あやめ》の草に情《なさけ》見えて今日の插頭《かざし》の花ぞ色添ふ

又解文《げぶみ》の返事、

引き移す

水の御牧《みまき》の菖蒲《あやめぐさ》

右葉《みぎは》に植《う》ゑば

千年《ちとせ》　賀茂《かも》將經《へむ》

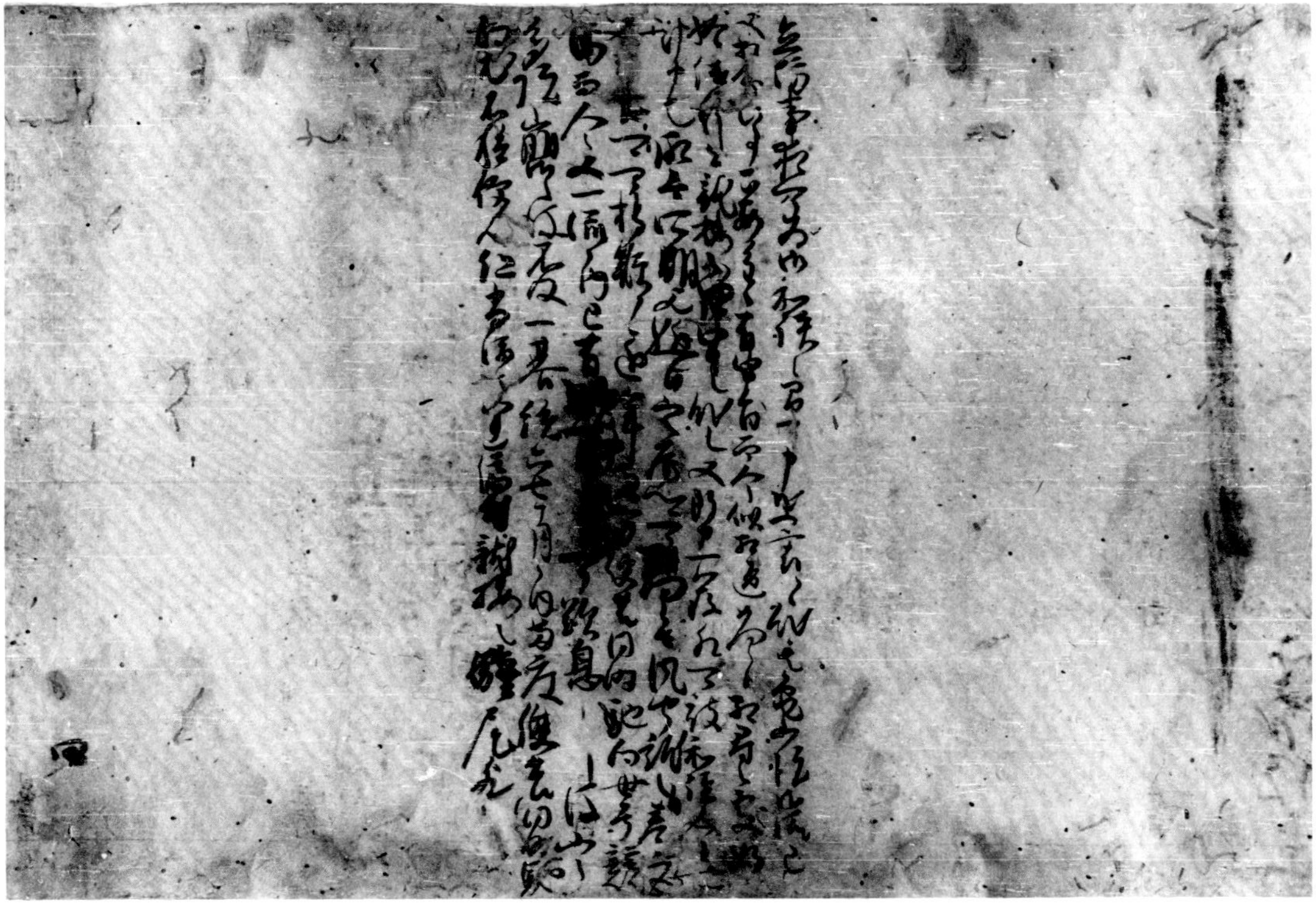

花園天皇宸記　正中二年正月十三日條裏書　　宮内廳書陵部所藏

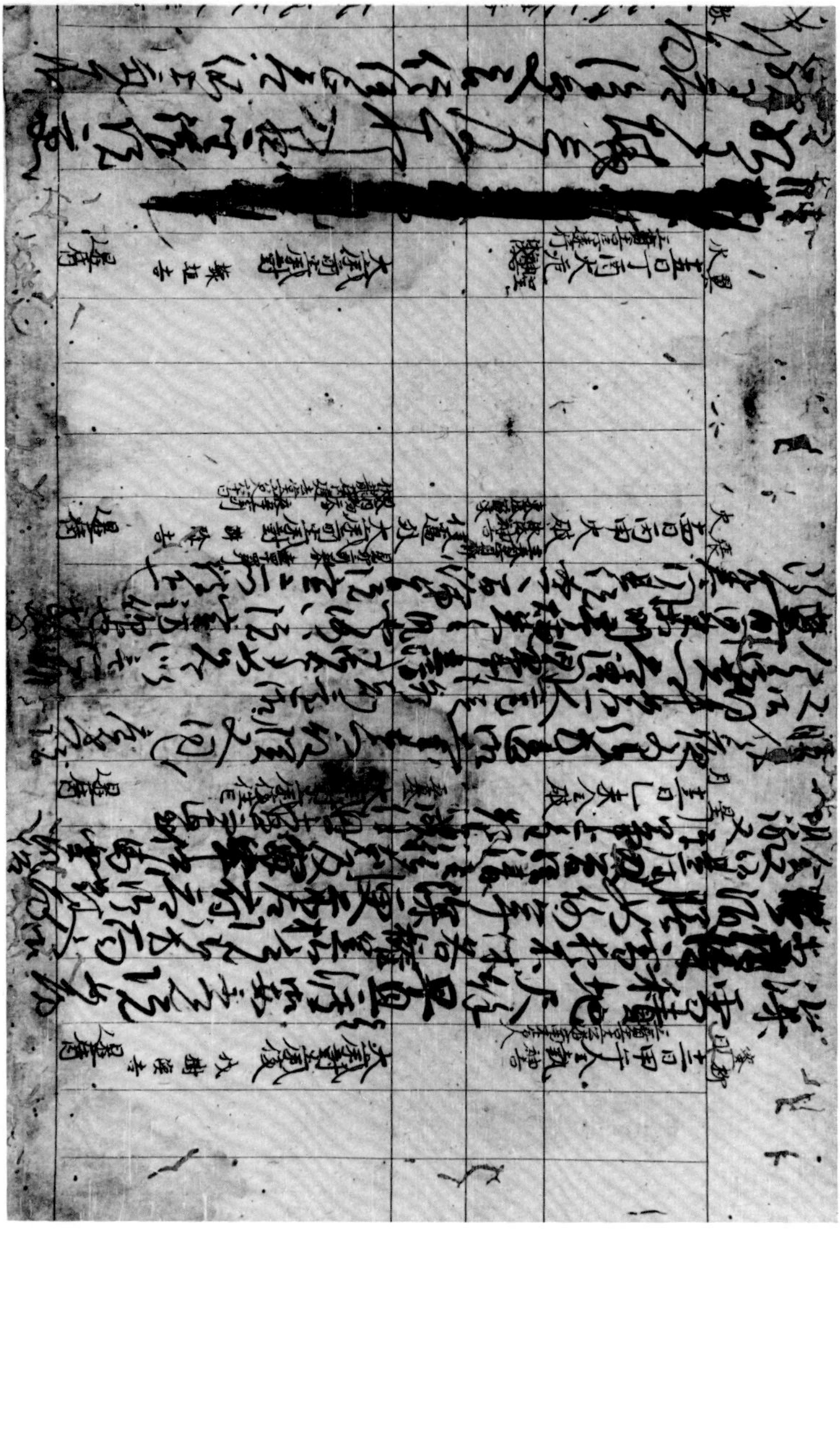

花園天皇宸記　正中二年正月十二日～十五日條

宮内廳書陵部所藏

花園天皇御陵

京都市左京區

花園天皇法體宸影　　妙心寺所藏

和譯 花園天皇宸記

第三

凡例

一、本書は、さきに刊行した『和譯花園天皇宸記』第一册・第二册に連續する第三册であり、これを以て、同書は完了する。

一、本書第三册は、宸記原本第二六巻所收の元亨三年九月・十月・十一月・十二月以下、第三五巻所收の正慶元年十月・十一月別記に至る十巻で、史料纂集所收『花園天皇宸記』を底本にして、これを和譯したものであり、既刊の第一册・第二册と同じく、その體裁校訂等は、概ねこれに準據して作成し、なほその正確を期するために、宮内廳書陵部に現藏せらるゝ宸筆原本の寫眞版によつて、更に校訂訓讀を嚴密にした。

一、本册には、一般讀者の中には、記事内容の理解價値等に、なほ年月を要する方もゐられるのではないかと思はれる。仍て巻頭・巻中に掲載した寫眞版を中心にして、當時に於ける社會の實狀、また掲載寫眞の內容價値等について、解說を行ふことにした。或いは不要とも思はれるが、編者の微衷を諒とせられたい。

一、本册の編成校訂については、なほ中野達平氏の助援を得るに至らず、概ね村田獨力を以て、これ

を完成するを得た。したがつてなほ多少の誤脱も免れないであらうと思ふ。但し小川一義氏を樞軸とする續群書類從完成會編集部に於ける諸氏の、多大なる助援があり、こゝに十數年に及ぶ宿題が、滞りなく完成するに至つたことは、まことに辱く、また花園天皇を特に尊仰する眞壁道鑑氏が、これ亦少からぬ支援せられた厚意にも、深く感謝の意を表する次第である。

平成十四年一月二十一日

編　者

目次

解説

一今日に傳存する確實と認められる花園天皇宸影は、三點が存在する。その第一は、本書第一册卷頭に掲げた宮內廳書陵部所藏にかゝる花園天皇俗體宸影である。その第二は、今度刊行の同書第三册卷頭に掲載した京都妙心寺に傳存する法體宸影である。本宸影は、絹本著色の一幅であり、古來花園天皇鏡御影と傳稱せられ、同天皇が御出家後、自ら描寫せられたとの傳承があり、正法山誌にも、その旨が誌されてゐる。而して本圖の上部には、

傳如來正法、
坐玉鳳禪宮、
稽首
花園帝、萬
年護日東、
　妙心寺住持雪江(宗深)
　依所望、書之、

との贊があり、その書蹟は、後花園天皇の宸筆である。卽ち御出家後、玉鳳院に隱居せられた花園法皇が、鏡によつて自らの御姿を描寫せられた御影圖に、後年妙心寺住持雪江宗深の請に依り、後花園天皇が、宸筆を以て、右の

賛を書記せられた確實なるものと認定される。妙心寺は、花園天皇の崩御後、由縁深き玉鳳院を根據に創建せられた禪院である。なほ本書には省略したが、長福寺所藏にかゝる豪信筆傳同天皇法體宸影紙本著色の一幅が傳存する。

一花園天皇は、前述のごとく、御出家後の晩年を、玉鳳院に隱居せられ、專ら禪道に參入せられたが、宸記に屢記事が見えるごとく、左程には御健康に惠まれず、屢御不例の記事に接するのであるが、南北朝時代に及び、なほ御本意の世代を見得ず、遂に貞和四年十一月十一日、さきに記した花園なる玉鳳院に於いて、御年は五十二歳を以て崩御遊ばされ、同十三日京都十樂院の後山に奉葬になつた。これが現今の十樂院上陵と稱せられる御陵である。本書に掲載する同御陵圖は、即ちそれであり、先年楊岐寺住持眞壁道鑑師の撮影に成るものである。

一次に、『和譯花園天皇宸記』の先例にしたがつて、本册に於ける重要記事の一例として、こゝに正中二年正月十三日條及び同日裏書の一件を以て閲覽に供したいのである。既に當時に於ける皇位繼承が、深刻にして複雜なる問題については周知のところであるが、文保二年二月二十六日花園天皇が讓位し、後醍醐天皇が踐祚せられ、兩統迭立の規定により、同日故後二條天皇の嫡子邦良親王が東宮になられた。これは實に鎌倉幕府の信頼篤き後宇多法皇の御意向に基づくものであつたに相違ない。而してそれより後、數年間は同法皇の院政が行はれたが、やがて法皇は政務を退き、後醍醐天皇の親政となり、また正中元年法皇が崩御されるや、突如正中の變が勃發し、世情は急變するに至つた。またそれより二年後、嘉暦元年邦良親王が薨じ、迭立の原理により、量仁親王（光嚴天皇）が東宮に立てられた。かやうな時の推移に伴ふ皇運の實狀を見るに、單に持明院・大覺寺兩統間の軋轢とは解しがたく、花園・後醍醐二天皇の皇位繼承についての眞意を、なほ深くうかがふべきである。本書卷頭に收載した宸記正中二年正月十三日條及び同日裏書は、かやうな認識を以て拜讀すべきである。また宸記には記事が見えないが、宮內廳書陵部

に現藏の著名なる花園天皇宸筆『誡太子書』（宸翰英華・花園天皇遺芳に圖版所收）を篤と閲覽熟讀せられたい。本宸翰記事の豫言は、やがて間もなく適中し、世は元弘の亂に突入するに至つたのである。

一花園天皇は、和漢にわたる文學・歴史に關する深い學識があり、佛教諸宗の理解信仰の聖域に達せられてゐたのみならず、また書畫の道に秀れた才能を有せられた事實は、こゝにあらためて申すまでもない。本書の原本たる宸記三十五卷をはじめ、『宸翰英華』及び『花園天皇遺芳』等に收載せられた宸翰類を拜觀するに、その書蹟は尋常ならず、いはゆる宸翰樣名筆の代表と申すべきである。ところで、また右宸記の處々には、同天皇自らが描寫せられたに相違ない插圖が數點あり、これを拜觀するに、また恐悦を覺えるところである。本册卷頭に掲載した正慶元年十月二十八日光嚴天皇の御卽位に伴ふ御禊行幸儀式に、後伏見上皇と共に列席せられた當時の花園上皇は、同儀式の終始を詳細に記述せられると共に、その儀式の實狀を、自ら御心やすく素描された自筆繪圖一篇が插入されてゐる。これを我々が拜見するに、まことにこれは他に見せて評價を請うといふがごときものとは考へられず、恐らくは自らの後々の覺えのために素描されたものと感じられる。こゝに掲示して私見の當否を請願する次第である。なほ本册所收宸記中には、同じく同天皇宸筆に相違なき插圖二點が存在する。仍てこれもその關係記事の日付條に插入掲載した次第である。

花園天皇宸記　第三

(端裏書)「元亨三年九月以後記」

元亨三年 九月廿六日に起り、十二月晦日に盡く。 (元亨三年九月二十六日ヨリ十二月ニ至ル記ハ、一巻ヲ成シ、白紙ニ書記セラル。)

九月

花園上皇脛の雜熱疼痛あり

供花のため六條殿に參る

後伏見上皇出御

廿六日。乙卯。晴。此の日六條殿に參る。供花に依るなり。脛《すね》の雜熱今日痛み有り。晩に及びて膿の血出で減氣有り。風氣又今日猶減を得ず。然り而して相扶けて、供花のため六條殿に參るなり。夜に入りて西面より乘車。親王(量仁)又女房二人車の後に在り。六條殿に至り、門の下より駕を稅《と》く。東面より下車。頃《しばらく》して出御有り。供花の儀例の如し。前大納言(三條)公秀御簾をなす。中納言入道(綾小路信有)了念。・前藤中納言(日野)資名。等座に候す。供花二十前。了りて入御。今夜旁以て病氣有り。仍て內々

和氣仲成をして診療せしめらる

後伏見上皇先日仰せらるゝの重事を申さる

火事

供花結願

憲守北條貞時十三回佛事のため關東に下向す

に供花に及ばず休息するなり。仲成(和氣)を召して脈を診る。風冷の氣有るの由を稱す。

廿七日。丙辰。晴。未の剋出御。〻直衣なり。予狩衣を着す。柳の固織物。薄色の衣。同織物の指貫。白の下袴恒の如し。範賢(高倉)刷《つくら》ふ。御簾右大將(西園寺實衡)。中納言入道・藤中納言同じく召さる。供花了りて入御。大將女房の臨時の座に於いて供花。其の後北面に於いて內〻に供花。大將陪膳。櫛丸(藤原)又別の仰せに依り陪膳を勤む。五獻にて止む。晩に及び定朝堂の弘庇に於いて、季成(藤原)維成の息。實は教定の子と云〻。陵王・落蹲を舞ふ。維成笛を吹く。久春(多)庭上に於いて大皷を打つ。維成の青侍一人砌の下に召され、鉦鼓を打たしむ。昏黑に及び舞訖る。夜に入りて出御例の如し。今夜御簾の人候せず。女房なり。

廿八日。丁巳。晴。出御例の如し。今日御狩衣。花田(縹)の織物。予直衣。綾の指貫。關白(九條房實)御簾のために、一人座に候す。但し供花せず如何。供花の後入御。これより先御對面有り。先日仰せらるゝところの重事、申し入るゝの旨有りと云〻。夜に入りて出御。冬房(松殿)卿御簾をなす。冬房・資名の兩人召さる。今夜南方に火有り。鹽小路油小路と云〻。頃《しばらく》有りて消え了んぬ。

廿九日。戊午。晴。出御例の如し。御簾は土御門中納言顯實。夕に出御。同人御簾なり。

晦日。己未。晴。早旦內〻に供花。結願の儀例の如し。憲守御導師をなす。前大納言公秀・春宮權大夫具親(堀川)・三位隆朝(九條)等着座す。權大夫被物を取りて退くの間、簾下より押し出し布施を加ふ。萌《もやし》の單・重一領なり。具親卿これを取りて憲守に給ふ。今日憲守、此の院より直ちに關東に下向すと云〻。こ

れ貞時(北條)入道十三年の佛事唱道(導)のためと。又八講の故と云々。これより先御影堂に於いて憲守を召さる。下向の旨申し入る。申の剋に及び還御。教行(山科)・重資(庭田)朝臣供奉す。北面二人。西面より下車。即ち女院(廣義門院)の御方に參る。夜に入り又女院の御方に參る。一獻有り。深更に及び寢に着く。

廣義門院方に參らる

今日聞書を披く。前大納言長通(久我)正大納言に還任す。父公(久我通雄)義絶の故職を召さる。今日の還任、若しくは義絶の義(儀)悔い返すか。不審。忠望(平)廷尉に任ず。自餘除書に在り。具さに載せず。内大臣(鷹司冬教)皇太子傅に任ず。

除目聞書を披見せらる

十月

後伏見花園兩上皇中園准后第の蹴鞠會に御幸

朔日。庚申。晴。侍從三位宗緒(難波)參る。四日關東に下向と云々。仍て俄かに蹴鞠會有り。中園(藤原經子)第に御幸なり。冬房(松殿)卿辭すと雖も責め立てらる。予立つべきの由頻りに仰せ有り。然り而して固辭のところ、手を引いて扶け立たしめ給ふの間、力無くして樹の本に立つ。然り而して蹴鞠に及ばず、即ち歸り入るのところ、度々仰せ有るの間、憖《なまじひ》に留まり立つ。一足蹴り了りて又休息。冬房又頻りに辭退。大略宗緒兄弟立つなり。晩に及び又立つべきの由を仰せ下さる。一足蹴り了りて退入す。御名足又宗緒兄弟尤も興有り。宗緒箕弓(裘)の藝を受け尤も堪能たり。宗有(難波)又堪能か。遊

王者の藝にあらずとの御意

後伏見上皇還御せらる

旬儀

兩上皇御幸蹴鞠

戲の中、此の藝尤も興有り。然り而して予幼年これを好まず。中比《なかごろ》一兩度蹴鞠の場に立つと雖も、不堪の間默止するところなり。又強ひて勵《つと》むべきにあらざるの間、自然閣《さしお》くところなり。王者の藝にあらざるの故なり。近代多例好むと雖も、又無難の事なり。暗に及ぶの間、事了りて入御。〻膳の後還御有り。宗緒卿息小冠高教を相具して參るの間、薰物・扇等を給ふ。親王(量仁)の方に於いて種〻の物を給ふなり。宗緒を召して鞠の事を談ず。寔に以て重代他に異り、談ずるところ廣く此の道の事を知る。親王に於いて一向教訓するなり。其の後日來《ひごろ》に似ず。是れ譜代の餘慶か。譜一巻親王に進入すべきの由を申す。此の藝故人已に賤藝と謂ふ。天子の宜しく好むべきにあらず。仍て彈碁を以てこれに代ふ。然り而して近代上は天子より下は庶人に達し、皆以てこれを好み事となす。是れ興有るの故か。但し已に治國の象有り。偏執して非となすべからざるか。天子地に下るの段は然るべからざる事なり。承久後悔の事有るなり。然り而して其の後流例となる。忌諱に及ばざるなり。傳へ聞く、今日旬《しゅん》を行はると云〻。其の儀記す能はず。傳へ語る人無きなり。

二日。辛酉。晴。中園第に御幸。此の院鞠場無きの間、今日又宗緒の鞠を覽んがためなり。知經(橘)・知(橘)春・蔭夏(和氣)等先づ蹴鞠せしむ。時剋を經ると雖も、宗緒卿不參。數剋相待たるゝのところ、所勞と稱して不參。仍て上皇(後伏見)又立たしめ給ふ。資明(柳原)・説藤(藤原)等又立つ。漸く晩に及び分散。聊か酒膳

還御

を供す。後に還御。夜に入りて宗緒卿參る。譜一卷親王に進入すと云々。是れ卌个條の式か。

內裏樂所始

傳へ聞く、今日內裏樂所始。舞曲を覽らると云々。其の儀傳聞せず。

（裏書）「傳へ聞く、樂所別當宗平（鷹司）朝臣。管絃の者にあらず。藏人頭代々の例なり。十月又多く佳例か。寄人の人數傳聞せず。淸涼殿の孫廂に出御。關白（九條房實）・左大臣（洞院實泰）・右大將（西園寺實衡）・按察大納言（北畠親房）簀子に在り。參議等長橋に候すと云々。近代の樂所始、此の如き嚴重の儀無きか。猶勘ふべき事なり。舞曲數番の後御遊有りと云々。是れ轉（傳）說に依る。定めて僻事有るか。

後聞く、淸涼殿に出御、舞曲を御覽は、樂所始の事にあらず。臨時の舞御覽と云々。同日たるの間混亂するなり。傳說の謬なり。是れ右大將の談ずるところなり。」

兩上皇衣笠殿に御幸
伏見天皇御月忌

三日。壬戌。晴。衣笠殿に御幸。御佛事例の如し。玄輝門院（藤原愔子）の御所椎野なり。仍て御留守なり。門內に於いて駕を稅《と》くなり。今日公卿不參。殿上人又不參。仍て布施を取らず。佛經供養了りて還御。々導師隆曉又兼日存知せざるの間、鈍色《にびいろ》を着して參る。今日の儀旁以て違例。此の御月忌近日零落。尤も以て歎息すべし。今夜爲相（冷泉）卿參る。明曉關東に下向、暇を申すなり。

冷泉爲相關東に下向すべしといふ

永福門院花園上皇の御所に御幸

四日。癸亥。晴。今日永福門院（藤原鏱子）御幸有り。晩に及びて還御。此の夜宗緒卿明曉下向の由を申す。御前に召さる。予・親王又此の所に在り。今日鷹司第に於いて、當時法皇（後宇多）の御在所なり。蹴鞠の會有り。仍て遲參するところなり。今日親王の鞠を拜見すべきの由存ずるのところ、夜に入りて參る。殊に恐れ

後宇多法皇御所の蹴鞠會

花園上皇金剛勝院敷地左馬寮押妨の事を奏聞せしめ給ふ

廣義門院御所に白拍子參り箏を彈ず

前關白二條道平に內覽宣旨を下さる

兩上皇今出川兼季の菊亭に御幸舞樂を御覽ぜらる

入るの由を謝し申す。今夜亥子《ゐのこ》餅《もち》例の如し。

五日。甲子。陰ると雖も降雨せず。晩に及び漸く晴る。終日無事。金剛勝院の敷地、左馬寮より使を入る。仍て院宣を以て定房（吉田）卿に仰せ、奏聞せしむるなり。今夜蜜（密）〻に白拍子參る。女院（廣義門院）の御方に於いて聞食《きこしめ》さる。是れ從三位蔭子（藤原）の知音なり。仍て局の中に來たり、蜜（密）〻に召し出だすところなり。又箏を彈ぜしむ。音曲尤も興有り。種〻の雜藝に及ぶなり。深更寢に着く。此の事予甘心せず。但し近代の風か。縱《たと》ひこれを翫ぶと雖も、淫らざれば失たらず。然り而して染を陶《たゞ》し、猶其の微漸を誡むべきか。

六日。乙丑。二條前關白（道平）狀を以て申して云ふ、昨日內覽の宣旨を下さる、殊に畏り申す。返事賀し仰するなり。賢にあらず才にあらず。關白の父にあらず。內覽の宣未だ曾て例を聞かず。朝議の趣何故か。未だ由るところを知らず。

七日。丙寅。天陰り細雨間《まゝ》灑ぐ。中の剋雨脚頗る甚し。然り而して半時に及ばずして、卽ち休止す。酉の剋以後雨脚降らず。此の日右（前脱カ）大臣（今出川兼季）の舞曲を見る。是れ樂所奉行以後初見なり。卯の一點菊亭に御幸。卽ち御車を返され、東面より乘車。女房三人後に在り。公秀（三條）卿車寄を奉仕す。卽ち菊亭に向ふ。西面より下車。時に永福門院已に御幸なり。又車を返す。一品の宮（珣子內親王）已下一車なり。寢殿の南庭の東屛を撤去し、樂屋を立つ。南北行して左右に、㭌・大鼓・鉦鼓・狛鉾・棹等例

の如し。卯の半剋に集會、亂聲。笛・大鼓・鉦鼓二。辰の二點許り已に奏して音聲萬秋樂の破。を奏參の間、上皇・予・中務卿(恒明)親王、量仁・景仁兩親王等寢殿の南面に坐(座、下同ジ)す。同じく東間の二个間に、永福(藤原瑛子)・昭訓・廣義(藤原寧子)・一品宮等御坐。几帳を立てらる。寢殿の西一个間に几帳を立て、女房の坐となす。公卿の座の前の假庇二个間、同じく女房の候所となす。寢殿の簀子に疊を敷き、御座の間、東西相分ちて敷く。公卿の座となす。(前脱カ)右大臣常服。直衣・下袴。・右大將裝束右府に同じ。等御座の間の東座に着く。中院前大納言(通顯)直衣・下絬。舞始の後參る。・三條前大納言(公秀)布衣、上絬。・二條前中納言(爲相カ)・前藤中納言(日野資名)・吉田前宰相(國房)・園前宰相(基成)・藤右衞門督兼高。・室町三位中將(公春)皆上絬なり。等西座に着く。隆蔭朝臣(四條)布衣上絬にて堂の緣に候す。細々の事催促す。自餘の殿上人堂の中間の廊に在り。院の方なり。辰の二點許り萬秋樂の破を奏す。西の織戶より入り、御前を經て樂屋に入る。左右一の者朝葛(狛)・久氏(多)。一曲を施す。厭舞《えんぶ》三節例の如し。朝葛・久氏。

次に舞、

舞人歷名

左	右
萬歲樂一帖。朝葛(狛)以下八人。	地久久氏已下八人。
春鶯囀季眞已下。	古鳥蘇後より參入して舞ふ。忠有(多)已下。
玉樹四反。季眞已下。	退走禿忠有已下。
賀殿入綾《いりあや》有り。	長保樂

還御

青海波小輪無し。垣代《かいしろ》、笙、(豊原)脩秋。・篳篥、(三宅)直保。・笛、(大神)秀賢。　敷手
太平樂急入。　狛桙
甘洲　林歌
五常樂兼日目錄に入らず。剋限早速の間、當座に仰せらるゝなり。　皇仁五常樂に同じ。
還城樂(狛)行政舞ふべきの由、隆蔭を以て、(多)久經に仰するなり。　新鞨鞨
喜春樂　白濱此の番の子細五常樂に同じ。
拔頭(狛)行重舞ふ。當座に仰す。　八仙
傾盃樂　垣破子細五常樂に同じ。
陵王朝葛舞ふべきの由、再三仰すと雖も、窮屈の由申すの間、季眞舞ふ。　納蘇利忠有・久春。

五常樂の後、雨脚頻りに降る。皇仁暫く出でず。雨止みて後出づ。太平樂の間内ゝに供膳。竹若丸大宮大納言(季衡)の息。陪膳。陵王出でんとするの間暗に及ぶ。仍て柱に松三を立つ。北面三人立明《たちあかし》。舞了りて寢殿に於いて酒膳を供す。右大臣陪膳。三獻の間右大將陪膳。四五獻中院前大納言。五獻中書王酌を取る。七獻の後御膳を供す。右府陪膳。右大臣・三條大納言(實躬)入道・右大將・中院大納言・三條大納言・二條前中納言・前藤中納言等御前に候するなり。丑の剋還御休息。今日の舞曲殊勝、餘興未だ盡きざるものなり。

「(裏書)御膳の陪膳右大臣なり。其の次《ついで》に親王の前物同じく陪膳なり。親王の陪膳大臣懃仕の先例不審。議有るべきか如何。中書王尤も氣色せらるべきか。度々に及ぶの後氣色有り。尤も然るべし。猶然るべからざる事か。親王・大臣已に素禮に同じなり。陪膳の進物宜しきか。第三獻に及び、予盃を親王に擬す。固辭。然り而して猶譲らしむ。此の事又然るべからざるか。然り而して近代此の如きか。仍て予本儀を存ずると雖も、猶此の禮有るなり。」

青蓮院慈道親王門跡相承の勅裁あり

八日。丁卯。晴。青蓮院二品(慈道)親王、行守法印をして門跡の事を申さしむ。相承に任せ勅裁有り。殊に畏り入ると云々。承悦の由返答す。隆蔭を以て問答なり。右大臣參る。前に召す。暫くして退出す。今日吉服以後初めて出仕すと云々。今日腹痛有り。終日苦痛。夜分に及び、(和氣)全成をして(脈カ)腹を取らしむ。今日親王北山にゆく。暫く居住すべきなり。薤を服せんがためなり。

御不豫

九日。戊辰。晴。腹痛減を得ると雖も、尚脹滿の氣有り。夜に入りて青蓮院二品親王參る。腹痛に依り對面せず。

舞曲御會

十日。己巳。晴。此の日內々に舞曲を御覽。舞人久春・(多)久成・(多)久俊。笛(大神)景朝・(大神)景茂。笙(豊原)宗秋。篳篥(中原)茂政。先づ參向の儀有り。溢河鳥(藤原)維成朝臣。奚婁久春。一鼓を懸け一曲を施す。振桙《えんぶ》左、維成。右、久春。三節なり。次に舞、萬歳樂維成朝臣・久成右の舞装束たりと雖も、假に立つ。左の舞人無きの故なり。・地久久春・久俊二人立つ。・賀殿維成・久俊。子細久成に同じ。・長保樂久春・久成。・還城樂維成舞ふ。・林歌久春・久成。・太平樂維成・季成維成の息なり。實は教定卿の息。・久成・久俊。・狛桙久成・久俊。・陵王維成。・落蹲久成・久俊。舞曲の間、

公秀卿・基成（園）卿御前の座に候す。基成卿比巴（琵琶）を彈ずるなり。殿上人少〻御廂の縁に候す。御廂を以て舞人の装束所となすなり。今日皆装束なり。是れ新調美麗の装束なり。但し樂人は只布衣なり。太平樂の間松明《たいまつ》を擧ぐ。廳官三人炬く。國房（吉田）卿明日御講の散狀を申す。納言一人不參の間、左右大臣の參り難治たるべきの間、俄かに按察大納言を催すべきの由を仰す。今日の舞曲尤も興有り。凡そ維成朝臣は堪能なり。當時當道の輩皆及ばざるところなり。左の舞朝葛、右久忠（多）、祕奥を遺さず教ふるところなり。久忠已に去るの後、右に於いては久春父子、當時名譽有るか。左に於いては朝葛勿論なり。自餘は光榮朝葛の猶子なり。名譽有るか。季眞亦宿老なれば、堪能の聞え有るか。今日還城樂覽らると云〻。先日行政此の舞相傳の者なり。舞ふ。以ての外相違なり。維成は久忠に習ふなり。先日の舞に超過す。尤も興有り。凡そ堪能たるの故か。將又傳ふるところの故か。優劣同日の論にあらず。尤も感ずるに足る。凡そ當時朝葛の外、道の者と雖も、維成と比肩の者無きか。天骨の堪能なり。

藤原維成は舞曲堪能なり

狛朝葛と維成とに比肩する者なし

十一日。庚午。晴陰定まらず。急雨或は降る。今夜安樂光院の阿彌陀講なり。此の事須く去月たるべし。而して無人に依り延引し、今月となる。左右大臣領狀す。而して位次納言一人も無きの間、俄かに按察大納言に仰せて召さしむ。左大臣俄かに所勞と稱して不參。子の一點始行、丑の終り事了る。

安樂光院阿彌陀講

伶人

伶人交名

導師

三代實錄を閲讀してこれを後伏見上皇に返進しまた本朝世紀を受く

左舞人

右舞人

樂人

笙　按察大納言・四條三位（隆有）・成經朝臣初參。・脩秋。

笛　維成朝臣・教宗（山科）朝臣・景朝。

篳篥　中院宰相（光忠）中將・前右衛門督・直保。

比巴　（前脱カ）右大臣・園前宰相。

箏　藤原實子南の御方。箏無人。仍て俄かに加ふるところなり。・新右衛門局。

羯鼓　久經。大鼓　兼秋（豊原）。鉦鼓　茂政。

導師　朝觀法印。加施衆（伽陀）三人。長講衆。長眞・定辨・實雅。

樂萬歲樂・永隆、（樂、下同ジ）・三臺急・泔洲・陪臚、・夜半、・勇勝急・五常樂序・同破・同急。

今日三代實錄見畢んぬ。院の御方に返進す。又本朝世紀一合を申し給ふ。

左舞人

朝葛・季眞・行政狛則氏の子。季眞の子。實は經成の子。・康繼狛康朝の子。行政の子。・則葛狛則氏の子、朝葛の猶子。・光榮・康眞康朝の子。季眞の子。・眞仲朝葛の外孫。・朝榮狛定重の子。・行重・眞茂・行繼。

右舞人

久氏・忠有・久春・忠脩（多）・久經・久朝久忠の子。同。・久宗・久成・忠榮忠脩の子。・久俊久世の孫、久茂の子。・忠右忠榮の弟。・久好。

樂人

笙

脩秋・兼秋・宗秋・行秋（豊原）・龍秋（豊原）・康秋（豊原）。

篳篥

直保今日大略大鼓。但し青海波、三鼓の代り。・季氏・茂政・季光季茂の孫、季有の子。・茂保眞茂の子。・季成。

笛

景光（大神）今日願の時の間、笛を吹かず。羯鼓を打つ。・有康（多）・秀賢・景資・景朝・景茂。

打物、今日大鼓大略直保。羯鼓大略景光なり。但し時々相替り、三鼓・鉦鼓等、細々相替るの間、注するに及ばず。

十二日。辛未。晴。

管絃の催しあり

十三日。壬申。晴。維成朝臣抜頭を舞ふ。装束・面等恒の如し。久成笛を吹く。教定卿大鼓。久春羯鼓。納蘇利季成・久成舞ふ。装束なり。維成笛を吹く。夜に入りて又内々に管絃の興有り。維成笛。成經笙。兼高卿篳篥。季成大鼓。簾中に於いて羯鼓を打たしめ給ふ。比巴基成卿彈ず。箏女房二人。南の御方（藤原實子）・別當典侍。半更に及び事訖る。舞曲・管絃皆臨時卒爾の儀なり。

紅葉遊覽のため東山に御幸せらる

十四日。癸酉。晴。蜜（密）々紅葉を覽んがために東山に幸す。公秀卿の下部を召さる。牛飼は摩護羅丸なり。女院（廣義門院）御同車。予又女房二人後に在るなり。公秀卿・國房・基成等の卿、資明・經顯（勸修寺）等の朝

臣一車。又女房の一車連軒なり。先づ北白河殿に到る。當時律院たるなり。次に實相院跡を覽る。増基僧正の坊なり。去年燒失し了んぬ。紅葉尤も眺望に足る。又入江姫君の第に到る。又前關白(近衞家平)の崗本第に到り一覽。眺望尤も興有り。今夜月蝕の間、忩ぎ駕を廻らす。但し途中に於いて月已に東嶺に出づ。仍て車に張莚を懸け引くなり。

月食

今夜の蝕亥・子・丑なり。皆既丑の半ば、末に復し天晴れ正現す。前天文博士泰世(土御門)祗候、蝕の子細を申す。

十五日。甲戌。詩を講ぜんとするのところ、無人の間止む。廣義門院今日より御服藥。蒜。

金剛勝院敷地左馬寮押妨の紛爭

十六日。乙丑。晴。資明朝臣申す。左大臣(洞院實泰)申す金剛勝院敷地押小路白川、左馬寮押妨の事。此の事先日執行任賢申して云ふ、押小路白川の地、日來《ひごろ》金剛勝院領敢へて相違無し。而して去る比《ころ》左馬寮より點札を立つるの間、金剛勝院領の由相觸ると雖も、敢へて承引せず。重ねて馬部數十人を付し、土民等を譴責し、禁裏に申さるべきかと云々。仍て吉田大納言(定房)に付し申すのところ、糺明有るべしと云々。日來敢へて違亂無きの上は、先づ寮領の所見を出して後、糺明に及ぶべきか。御沙汰の趣已に以て違ふか。先づは内々に狀を以て直ちに左大臣に仰するのところ、寮領興行の事、綸旨を申し沙汰を致すの最中なり。若し金剛勝院領たらば、證文を給ふべしと云々。此の條申すところ心を得ず。金剛勝院領として管領年序を經、寮領たるの由の事は、今度左大臣管領以後の事なり。先づは須《すべから》く直ちに所存を申すべし。譴責を致すべきところ、其の儀無きの上、剩へ先づ證文を給ふべきの由申さしむるの條參差。但し綸旨を申し下すの由申すの上は、先づ禁裏に申すところなり。但し此の地に於いては、別に綸旨の文章に載せられざるか。然らば猶直ちに問答すべきかの間、沙汰參差の趣、資明を以て左大臣に仰するのところ、もとより都《すべ》て所存無し。又金剛勝院領の由を存知せず。寮領たるの由、寮官等申さしむる間、點札を立つる許りなり。其れに就き金剛勝院領の由、仰せ下さるゝの間、然らばかの寺領分の四至等、存知のため御文書を申すなり。更に相論の義〔儀〕にあらず。是れ仰せに隨ふべきにあらざるなり。此の如く仰せ下され、殊に恐れ入ると云々。最初の沙汰參差に似ると雖も、今の趣神妙なり。忩ぎ寺領分を注し遣はすべきの由を仰せ了んぬ。

禁裏妙音講

傳へ聞く、今夜禁裏に於いて妙音講有りと云々。先例無しと雖も行はると云々。妙音天新造と云々。左右大臣以下の數輩、地下の召人等少々砌の下に候す。朝観法印式を讀むと云々。希有

來月量仁親王元服を加へらるべし

本朝世紀を閲見せらる

覺雲法親王薨ず

妙超と法談せらる

禮記講讀

兩上皇及び中園准后紅葉遊覽のため石藏に御幸

の事たり。仍て傳說を以て記す。今日上皇仰せて云ふ、來月量仁親王元服を加ふべし。予出座すべし。又每事執り沙汰せしむべしと云〻。

十七日。丙子。親王元服の奉行人、行高(平)に仰せらるゝのところ、子細を申す。他に人其の仁無きの由仰せ下さるゝの間、維輔(平)卿に勅免有り。奉行の事、成輔(平)に仰せらるべきかの由執り申し了んぬ。維輔卿、去年末久の事、其の沙汰の趣參差の由、關東に訴へ申すの條然るべからざるの間、勅勘有るなり。然り而して已に兩年に及び、前關白の命の上、強ひて自身の重科にあらず。仍て此の如く申し行ふところなり。本朝世記(紀)一合見了んぬ。又二帙の櫃を取り出だす。

十八日。丁丑。晴、夜に入りて雨降る。今日午の剋二品覺雲法親王薨去と云〻。惜しい哉。當時山門知法の人なり。門跡改替の後隱居し、遂に以て早世す。尤も哀惜に足る。年未だ六旬に滿たざるか。今夜超(妙超)侍者に遇ひ法を談ず。托鉢話下語見せしむ。少〻非を改め了んぬ。大途神妙の由氣色有り。隆蔭御前に於いて包丁(マヽ)。一獻有り。

十九日。戊寅。朝間降雨、午後徐ろに晴る。禮記第七禮運。を讀む。師夏(中原)侍讀。

廿日。己卯。晴。禮器(記)受說し訖んぬ。

廿一日。庚辰。晴。紅葉を覽んがために石藏に幸す。巳の一點出御。予又准后(藤原經子)、女房一人後に在り。出車《いだしぐるま》一兩(輛、下同ジ)。兼高卿已下又一兩轅《ながえ》を連らぬ。午の剋石藏に至る。大雲寺已下を歷覽。紅葉尤も興有り。又聖護院(覺助法親王)二品親王の長谷房に至る。地形尤も興有り。具親(堀川)卿の山庄(莊)又見る。故三位中

短冊に詩一首を書せらる

將彦仁卿の舊宅に於いて、當時息女傳領す。卽ち今日車の後に乘るなり。當時景仁親王方に在るなり。聊か破子を開く。亭主短冊を出だすの間、面々歌を書く。短冊二有るの間、予一首詩を書き了んぬ。卽ち歸洛の便《たより》、道昭僧正の山莊に至る。是れ經(平)高卿の遺跡を傳領と云々。

量仁親王御元服の詮議

廿二日。辛巳。晴。親王(量仁)の元服、來月の由沙汰有り。成輔奉行たり。而して今日內々に定資(坊城)、經顯を以て申して云ふ、此の事定めて御沙汰を經らるゝか。而して久安に重仁親王院中に於いて元服。晴の儀たり。其の外十一歲親王の元服曾て先例無し。若しくは憚らるべきや如何と云々。日來未だ此の沙汰に及ばず。仍て議有り。鷹司前關白(冬平)に仰せ合はさるゝのところ、尤も憚らるべきかの由申さる。仍て只着袴たるべきの由仰せ定む。此の事、凡そ強ひて忩がるべからずと雖も、長大の着袴先例無し。太《はなはだ》遲々の間、一度元服有るべきの由沙汰有り。且つ前《さき》に後白川〔河〕佳例の故なり。且つは前關白に仰せらるゝなり。十一歲の先例見えずと雖も、天皇の御元服佳例有るの間、準據せらるゝものなり。凡そは十三歲、兩院の例尤も庶幾せらるべき事なり。然り而して着袴忩がるゝところに依るなり。但し重仁親王の例未だ勘見せざるの間、今の沙汰此くの如し。先例引見に及ばず。御返事を申すの由、前關白申すなり。尤も未だ定まらざる以前沙汰有るべきか。仍て何と無き由ニテ御着袴成さるゝなり。

廿三日。壬午。

廿四日。癸未。

廿五日。甲申。

廿六日。乙酉。晴。此の間懈怠して記さず。又無事。今日修理事始なり。景繁(大江)參入。聊かの由許りな

花園上皇中園第に赴き給ふ
女房等衣裳を剝奪せらる

り。今夜修理の事に依り方違《かたゝがひ》。中園第にゆく。曉鐘の後還り來たる。牛引櫛丸（藤原）。隆蔭朝臣・成經朝臣等步行して供奉。承仕・御所の侍等車を引く。今夜亥の剋、下女一條の局の半物《はしたもの》と云々。一人、惣門の北邊に於いて衣裳を剝がると云々。昨夜中納言三位の局の下女、一條前關白（內經）の門前に於いて剝がされ了んぬ。此の間近邊狼藉繁多、怖畏すべし。

兩上皇及び廣義門院北山第に御幸

廿七日。丙戌。
廿八日。丁亥。朝間晴れ、午後陰る。夜に入りて小雨灑ぐ。今日北山に御幸。女院・予同車なり。女房一人後に在り。北山第の門外に於いて駕を稅《と》く。紅葉を歷覽して乘船。兩親王（量仁・景仁）即ち乘船なり。南第の屛風の所に於いて酒膳を供す。右大將陪膳。小狩衣を着す。花田〔縹〕の唐織物。四五獻の間、中院（前脫カ）大納言（通顯）陪膳を勤む。大將の讓りに依るなり。此くの如き陪膳揖讓の法無し。然り而して又然るべきの人祗候の時、穩座に及び與奪。近代の故實か。今日久任（秦）を召して騰馬に騎《の》らしむ。三四獻の間起座。北屋に於いて覽せしむ。即ち歸來し、五獻の後御膳を供す。又二獻。其の後女院の御方に於いて亥子餠の事有り。又一獻を供す。即ち還御。時に亥の剋。

亥子餠
後伏見上皇竹中殿に御幸滞留せらる

廿九日。戊子。雨降る。未の剋雨脚休止す。夜に入りて時雨。或は晴れ或は陰る。今日竹中殿に御幸。今日より御所たるべきなり。廣義門院白地《あからさま》に御幸。予又參るところなり。女房二人乘車。竹中殿に至り、棧敷に於いて眺望の間、俄かに今夜一宿すべきの由仰せ有り。廣義門院同じ。棧敷

文字合

文字鏁

に於いて酒膳を供す。大宮前大納言(季衡)陪膳。五獻の間、大納言入道實圓(三條實躬)參入し召さる。基成卿役送の間、一度御前に於いて飲酒せしむ。夜分に及びて罷《や》む。北面に於いて開脫(マヽ)。上皇御大口を給ふ。仍て着す。文字合の事有り。左、上皇・女院・對の御方・大宮大納言・隆蔭朝臣。右、予・今參大宮大納言の女、女院御方の女房。・別當・基成卿・資明朝臣。右勝ち了んぬ。又文字鏁有り。三字。曉に及び基成卿・資明朝臣をして舞はしむ。資明陵王。基成落蹲。形の如くなり。其の後面々上下休息せしむ。予寢に着かず。聊か睡眠許りなり。

地震

戌の刻地震、頗る大。時に棧敷の上に在り。而して後に歸洛。或は云ふ、甚以て微少と云々。若しくは座上に依り大動に似るか。將又地に依るか。

十一月

妙超と法談せらる

廣義門院と共に安樂光院に方違御幸

一日。己丑。晴。卯の剋棧敷にゆき眺望。相續いで兩院(後伏見上皇・廣義門院)入御。天明に及び一獻。又御膳を供す。巳の剋歸洛。夜に入りて超(妙超)侍者に謁し、法談。丑の終安樂光院にゆく。女院又同じ。是れ大(太)白の方を辭(避カ)けんがためなり。鐘鳴の後歸り寢る。

二日。庚寅。

伏見天皇御月忌

花園上皇及び永福門院衣笠殿に御幸

三日。辛卯。晴。御月忌。衣笠殿に參ること例の如し。御車を嵯峨殿に立てらるゝの間、(前脫カ)右府(今出川兼季)の車を借用するなり。基春(園)朝臣、北面親繼(藤原)一人供奉。門下に於いて駕を税《と》く。即ち車を北山に進む。

永福門院（藤原鏱子）御幸有り。即ち御月忌を始む。國房（吉田）卿一人着座。題名僧着座の後、御導師見えず。相尋ぬるのところ北山に參ると云々。良《やゝ》久しくして忠性僧都參入す。說法例の如し。國房卿所勞の間、着座して幾程も經ず早出す。殿上人又不參の間、基春をして布施を取らしむ。上結り間《まゝ》例有るなり。寢殿に於いて膳を供す。女院・親王（量仁）同車して北山に還御。予又同車。仍て先づ北山に寄る。下車に及ばず、直ちに本院に歸る。時に秉燭の程なり。即ち每月の行法例の如し。

四日。壬辰。晴。

日野資朝關東に下向すべしといふ

五日。癸巳。晴。傳へ聞く、別當（日野資朝）勅使として關東に下向すべしと云々。明曉進發と云々。辭狀を進めて下向す。左佐忠望（平）聽務と云々。昨日仰せ下さる。即ち進發すべしと云々。以ての外物忩か。何事か、尤も以て不審。

故藤原宗子影像を竹中殿に書進す

六日。甲午。陰晴定まらず。經顯（勸修寺）竹中殿より御使として參る。仰せ下さるゝの條々等有り。今日故從三位宗子（藤原）の影竹中殿に書進す。去る比《ころ》仰せ有るに依るなり。女房をして彩色せしむ。宛も對面するが如し。甚《はなはだ》御感有り。夜に入りて資明（柳原）參る。竹中殿の御使なり。仰する旨有り。今夜亥の

資朝進發す

剋別當進發すと云々。

今夜乘船。女院同じく乘御。女房兩三有り。重資（庭田）朝臣舟を差す。

尚書談義

七日。乙未。晴。尚書第十多方篇。を談ず。隆有（四條）卿已下三四輩。

竹中殿に參候せらる

一日經書寫

椎野に御幸

故伏見天皇の仙骨奉安あり

八日。丙申。晴。卯の半剋沐浴。小狩衣を着して竹中殿に參る。女院御幸なり。車は右府に召さるゝなり。日未だ出でざるの程、竹中殿に參着。車を桟敷に寄せ下車。朝の景氣を眺望す。須臾にして院の御方に參り見參に入る。今日一日經有り。御分一枚を書進すべきの由仰せ有り。仍て書す。又仰せ下さるゝ事等有り。巳の剋許り院の御方桟敷に渡御。余範賢(高倉)を召し鬢を搔かしむるの後桟敷に參る。申の剋許り椎野に御幸有り。これより先准后(藤原經子)參る。兩院・予・准后同車なり。椎野に於いて門より下車。上皇(後伏見)同じ。是れ舊院(伏見天皇)の仙骨御坐(座)の故なり。櫛丸(藤原)御劍を持つ。自余の公卿・殿上人十餘輩は歩行して供奉。相續いで御車引き入る。女院下御。如法念佛結願の事有り。酉の半ば事了はる。一日經遲く、戌の半ばに及び阿彌陀一尊を供養せらる。淨土三部經又別に供養せらる。本道上人導師たり。又鏡面三尊像彫刻の供養なり。此の鏡故從三位宗子の遺物なり。仍て佛を刻む。又火取・金壺等佛具となすなり。此の事御沙汰にあらず。覺觀法師の沙汰なり。表白更に他事にあらず。一向法文なり。經釋等委細一向念佛の義(マヽ)なり。當世に於いては、一向讚歎施主亡者なり。而して此の上人に於いては一切其の義(マヽ)無し。法文を以て宗となす。尤も然るべき事なり。事了りて還御。抑聽聞の間、觀法を以て仙骨を法樂し了んぬ。此の二階堂に置き奉る故なり。竹中殿に於いて俊光(日野)卿を召され、仰せ談ぜらるゝの事等有り。予同じく候す。子の剋に及び法事讚有り。本道已下淨金剛院の僧衆なり。寅の剋に及ぶの間腹痛有り。休息して聽聞せず。仲成(和氣)を召して腹(脈カ)を取る。今夜逗留、女房具はざるの

今日の佛事故宗子の追善供養

鷹司冬平太政大臣に還任

花園上皇內覽三人の朝儀を批判せらる

永福門院及び量仁親王北山より還御

中園第に方違御幸

禮記講讀

間、櫛丸・隆蔭(四條)・範賢等細々召し仕ふなり。櫛丸を以て陪膳となすなり。此の日の佛事、一向故三品(藤原宗子)の追善なり。今日一廻に當るなり。法事讃の後禮讃有りと云々。今日の布施二衣を送る。女院の御衣なり。說法の布施なり。法事讃の布施は各別か。御衣內々に經顯を以て送らるゝなり。

九日。癸(丁)酉。陰。午の剋桟敷に於いて供御、一獻有り。一向女房なり。申の刻還御。傳へ聞く、今夜鷹司(冬平)前關白の任太政大臣節會と云々。可否如何。未だ其の義(マヽ)を知らず。後聞く、內覽の宣同じく下さると云々。內覽三人は尋常の例にあらず。關白の父にあらざるの仁二人內覽となる。今度初度か。近日朝儀亂るゝか治るか。議する者宜しく決すべきなり。隨分道義の沙汰有り。然り而して君臣皆未だ證せずして證となすの謬有るか。

十日。甲(戊)戌。

十一日。乙(己)亥。今日永福門院幷びに親王北山より還御。

十二日。丙(庚)子。晴。明月。乘船。鐘未明の間中園に幸す。方違《かたゝがひ》のためなり。鐘の後歸る。此の日師夏(中原)參る。禮記郊特牲一篇を讀み了んぬ。

十五日。辛(癸)卯。晴。夜に入りて天陰り雨雪。平地三寸許り。深更に及び雪晴れ月朗らか。宛も子猷山陰の輿の如し。上皇・女院乘船兩三廻。兼高(藤原)卿等郢曲。

十六日。壬(甲)辰。晴。今日より服藥葱。を始む。風氣有るの間相勞《いたは》る。

量仁景仁兩親王著袴せらる

最略の儀を用ひらる

後伏見上皇御座親王の御座

十七日。癸〔乙〕巳。晴。此の日量仁十一歲。・景仁九歲。兩親王着袴の事有り。先例多く三歲五歲なり。十一歲に及び更に先例無し。而して彼年〻障り有りて今年に及ぶなり。尤も晴の儀たるべし。而して兼日儀〔議〕有りて、最略の儀を用ひらるゝなり。且つ伏見院近く佳例たるの故なり。御裝束指したる事無し。寢殿の南面庇の七个間、同じく東面の三个間に簾を垂れ几帳を出だす。但し階間《はしのま》に几帳二本を八字に立つ。是れ御前の物を供せんがためなり。階間の庇に繧繝端《うんげんべり》の帖二枚を敷く。東西行。上に地敷《ちしき》龍鬢。を加へ、唐錦《から》の茵《しとね》を敷き、上皇の御座となす。階の西の間庇。に親王の座を敷く。茵以下一に仙院の御座に同じ。母屋《もや》の疊日來《ひごろ》の如し。是れ今日の設けにあらず。尋常の儀なり。今日女院の御座を敷かず。略儀の故なり。亥の剋許り親王內〻に直衣《なほし》を着す。引直衣《ひき》、文小葵。浮織物。濃打衣《このうちぎ》、蘇芳の二衣《ふたつきぬ》、濃の單《ひとへ》、同袴等、右大臣內〻に調進なり。經康卿〔高倉〕・範賢奉仕す。頃《しばらく》寢殿に於いて着す。而して簾外の掌燈暗然として便宜無し。仍て先づ內〻に着するなり。袴の腰仙院結ばしめ給ふ。吉方巽。に向ひてなり。裝束了りて寢殿の座に着く。これより先成輔〔平〕朝臣日時勘文を覽る。吉方勘文に載せず。只口奏なり。又景仁親王の日時、同じく書き加ふるなり。上皇更に袴の腰を結ばしめ給ふ。巽の方に向ふなり。もとより結ぶと雖も、故《ことさら》に座に於いて結ばしめ給ふなり。次に左衞門督藤原〔洞院公敏〕朝臣打敷を取りて藏人說兼〔藤原〕傳ふるか。參進、階間の簾下より進む。女房廊の御方と號す。親王の侍女なり。柳の衣七領。打衣の上着・張袴恒の如し。取りて親王の座の前に敷く。東西行。此の間親王南方に向ふなり。陪膳御簾を卷くこと五六寸許り。御臺六本次第に供す。第一の御飯茂家〔藤原〕朝臣。第二の四種國賢〔源〕

右大臣吉書を覽る

禮記講讀

後宇多法皇馬を後伏見上皇に贈進せらる

朝臣。第三の（マヽ）（山科）教宗朝臣、第四の（マヽ）（藤原）長朝々臣、第五の（マヽ）（鷲尾）隆職朝臣、第六の（マヽ）（葉室）長光、第七の平盤房光（日野）。第八の（マヽ）（冷泉）定親。銚子成輔朝臣。次第供し了りて簾を下す。陪膳退く。次に親王箸を取りて御飯の上に立て、即ち抜く。又酒盞陪膳を獻ず。内々に御前の物を撤し、即ち入御。親王短き直衣に改め着す。蘇芳の二衣、紅《くれなゐ》の單、紫の二重織物の奴袴、文龜甲、所々に菊八葉。白織なり。紅の下袴。經康・範賢刷《つくら》ふ。此の御裝束右大將（西園寺實衡）調進なり。相續いで景仁親王着袴。其の儀同前。此の間右府・右大將皆直衣を着す。内々に祗候。諸事口入するなり。予又直衣上結。を着し此の邊りに在り。事訖りて庇に出御。盃酌の事有り。兩親王直衣を着し、此の座に在り。右大臣・右大將・三條前大納言（公秀）・前藤（日野資名）中納言長押の下の座に在り。終頭に及び、隆有・兼高の兩卿召され着す。深更に及び入御。今夜右大臣吉書を覽る。執事を補するの後、始めて奏するなり。是れ御着袴以前、成輔を以て覽るなり。今夜上皇御直衣・下袴恒の如し。略義（儀）に依り冠を着せしめ給はず。

十八日。丙午。晴。無事。

十九日。丁未。晴。禮記第八巻を讀み了んぬ。師夏侍讀。

廿日。戊申。晴。晩に及び二條前關白（道平）參り、院の御方に參る。後に予對面。頃《しばらく》して退出す。今日法王（皇）（後宇多法皇）より貢馬二疋六八（マヽ）引き進ぜらる。教行朝臣（山科）御使たり。西面の庭に於いて御覽。維成（藤原）・教行朝臣引く。教行をして乘らしむ。二疋ながら乘る。此の間前大納言俊光・公秀等の卿簀子に候す。

妙超に謁せらる

夜に入りて超侍者に謁す。

後伏見上皇箏名器青海波の由緒を語り給ふ

花園上皇また名器百磯城及び九重の事を述べらる

廿一日。己酉。晴。女院の御方に參るの次《ついで》、上皇御坐(座)有り。御雜談に仰せられて云ふ、青海波箏の名物なり。此の箏實(室町)藤卿の箏なり。(藤原)公信傳領し故院(伏見天皇)に獻じ、今に寶物たり。其の聲殊勝、自餘の名物、皆比類にあらずと云々。其の聲殊勝。是れ穴有るの故か。他の箏にも穴ヲ開ハヤト云々。或は不審の由申す人有るの間、在實(賀茂)をしてトせしめ、始めは吉《よ》しと云々。但し後悔有り。仍て余錐《きり》を以て穴を開《あ》け、又刀を以て雕《ほ》る。青海波の如く、末方に倚りて開くるなり。此の箏百磯《もゝし》城《き》と號するなり。富小路殿の桐の木を以て、故入道相國(西園寺實兼)造進の箏なり。其の聲頗る小、穴を開くるの後音勢頗る勝る。不可說の事なり。夜に入りて九重《こゝのへ》故院より予に給ふ物なり。同じく穴を開《あ》く。此の箏日來百磯城に及ばず、穴を開くるの後、百磯城に差し勝《まさ》る。其聲殊に大なり。二張皆以て其の音勝れ了んぬ。就中九重は更に日來の物にあらず。興有る事なり。百磯城は後日其の聲減じ、日來に似ず。實占在りて符合すと謂ふべし。九重は始終聲有り。

中園第に方違御幸

廿二日。庚戌。晴。今夜方違のため中園第にゆく。曉鐘の後還り來たる。時に明月蒼々たり。

禮記講讀

永福門院菊亭に御幸

廿三日。辛亥。今朝雪屋上に在り。曉に降るところか。但し寸に及ばず。朝間猶散亂す。禮記玉藻を讀む。師夏侍讀。永福門院菊亭に幸す。右大臣の第なり。修理の間、暫く御所たるべきなり。

廿四日。壬子。

薪行事

廿五日。癸丑。晴。夜に入りて召有り院の御方に參る。御薪有り。小一獻有り。此の間人々云ふ、雪

後伏見花園兩上皇廣義門院量仁親王等北山第に御幸雪を賞翫せらる

降ると。出で見るのところ、雨雪紛々地に積むこと三四寸。子の剋に及び見るところ、已に五六寸許り。曉に御幸有るべきの由定め有り。仍て休息す。曉に早起せんがためなり。

廿六日。甲寅。寅の剋聊か小食を行ふ。雪積もり已に尺に盈《み》つと云々。院の御方に參る。女院又入御。寢殿の南面に於いて眺望、尤も興有り。未明右大臣參る。去夜より仰せらるゝところなり。ちかの車を以て御幸すべきなり。即小狩衣を着し、即ちかの車を召さる。寅の中の剋。余・親王合乘して右近の馬場に到り、急ぎ北山第に幸す。惣門内に於いて、宣衡（三善）をして右大將に告げしむ。馬を馳すべきの由、右府下知す。此の間遙かに騎馬の留まるを見る。誰人か未だ知らざるのところ、隨身有りて劒を持つ。即ち大將たるを知る。近く參り來たり、下馬して蹲居す。香の小狩衣を着し、番長久任（泰）劒を持つ。此の間櫛丸下馬す。仰せに依るなり。今日供奉の人無く、櫛丸一人なり。右府宣衡を召具するなり。即ち大將騎馬して御共（マヽ）に候す。所々御歷覽。櫛丸御劒を持つ。尤も其の興有り。堂の方御歷覽。地に降りるのところ、深雪の行歩尤も難し。成願心院より二階に至り、暫く眺望す。寢殿の南面に於いて酒膳を供す。櫛丸・基兼役送す。右府・大將相替り陪膳に候す。大將御邊に參る。古跡に似て殊に御感有り。公相（藤原）公、大臣の後に小狩衣にて騎馬す。先跡有り、雪中馬を馳すと云々。

更に衣笠殿に御幸

今日大將の作法尤も由有るか。七獻の後還御。時に未の剋。其の後衣笠殿に御幸。兩親王着袴以後、初めてかの御所に參るなり。着袴強ひて行始め無し。而してかの女院の見參に入れ見せんがためなり。是れ兼日の定めなり。而して雪に依り

近代更にかくの如き深雪を見ず

量仁親王明日琵琶始あるべし

兩上皇永福廣義兩女院儀式に臨み給ふ

親王の御座

御幸の剋限遲々か。酉の剋に及び公秀卿御車を寄す。北面許り供奉す。余不參。東庭に於いて雪山を作らしむ。隆蔭奉行す。無人の間功を終らず。明日猶催すべきの由仰せ了んぬ。今日の雪、近代更にかくの如きの深雪を見ず。已に尺に過ぐるか。豐年の佳瑞を呈するか。凡そ寒氣例に過ぐ。書を菊第(永福門院)に進むるの次《ついで》、一首の瓦礫を獻ず。御報有り。

廿七日。乙卯。晴。雪山を作らしむ。

廿八日。丙辰。内々に詩を講ず。題して曰く、雪春に先だつ花を作す。冬の字――家高朝臣(菅原)出だすところなり。連句五十韻。先・仙。今日親王、明日の比巴(琵琶、下同ジ)始め習禮せしむ。

廿九日。丁巳。晴。未の一點永福門院御幸。相續いで右大臣參り來りて曰く、院の御方御指貫を召さると云々。予又着すべきか。仍て奴袴を着し院の御方に參る。小選《しばらく》して親王直衣・蘇芳の衣一領を着す。紅の單・奴袴恒の如し。先日二衣を着し、而して比巴を把《と》る時、裝束頗る厚く煩有り。仍て今一領略するところなり。範賢刷《つくら》ふ。裝束了るの後、先づ比巴を彈き試す。(前脱カ、下同ジ)右府此の小習禮に候するなり。其の後手水を供し、右府申し行ふなり。寢殿の西面に出づ。これより先右府公卿の座に着くなり。今日の儀、親王の比巴始め近例無し。議定有る次第なり。寢殿の西面を以て其の所となす。其の裝束、母屋の廂の御簾に卷く。鉤在り。南の障子の二个間の東妻戸幷びに北の障子皆御簾を覆ふ。母屋の北の間東を過ぎ、大文の高麗疊二枚を敷き、南北行。上に東京の茵を加ふ。後方東北二方。に五尺の屛風を立て、親王の座となす。南の間の庇

師匠の座

琵琶は青海波

傳授の次第

後伏見上皇長講堂に御幸
豊仁親王魚味

長押を過ぎ、高麗の小文の一帖を敷き、師匠(今出川兼季)の座となす。南北行。主上・東宮等の時、圓座に簀子を敷き、師匠の座となす。而して今度は親王たるの上、師匠又大臣なり。仍て議有り、長押の上に帖を敷くなり。親王の比巴始め、建久に後高倉院、六條内府(有房)に御傳受有り。其の時の事委しく記さず。公定卿(三條)これを記すと雖も、其の儀委細ならず。又龜山院の御笛、建長に良教卿(二條)に御傳受有り。是れ又大臣にあらず。今度の義(儀)頗る准據にあらず。仍て今の案を以て此くの如し。親王北の簾中より出づ。女房簾を撥《あ》ぐるなり。廊の御方、親王の侍女。柳の衣八領・生袴・裳・唐衣恒の如し。座前より着座。茵の上。奉行人隆蔭朝臣簀子に參進し、氣色を伺ふ。右大臣を召す。右大臣參進し、目を伺ひて着座。大臣冠・直衣恒の如し。次に女房別當。紅葉の衣五領。親王の彈くべき比巴良道。を取り、西面の遣戸御車寄の北の間なり。より出づ。隆蔭朝臣これを取り、親王の座の前に置く。疊の上、茵の下。次に又女房比巴青海波。を取り、御湯殿の南面の遣戸より出づ。定親これを取り、大臣の前に置く。疊の下。大臣目を伺ひ、親王の座の前に參進し、聊か膝行し比巴良道。を取り調ぶ。撥を七《かへ》るに及ばず。爪調べ許りなり。元の如く疊の上に返し置き、逆行して座に復し、目を伺ふ。親王比巴を把る。大臣又比巴を取り撥を七る。次に親王撥を七る。次に師匠萬歳樂三句を彈ず。一句は別に親王これを學ぶ。次に師弟同時に彈ず。二反。師弟共に比巴を閣《さしお》く。次に隆蔭朝臣參進し、比巴を取り返し入る。女房の請け取り先の如し。定親又師匠の比巴を取り返し入る。次に師匠退下す。親王内に入る。右府常の御所に參り、無爲の由を畏り申し、直ちに東宮(邦良親王)に參る。今日蘇香四帖を授け奉るべしと云〻。小選《しばらく》して上皇長講堂に御幸。御別行の結願、彼の院にて行はる。夜に入りて還御。今夜豊仁親王の魚味なり。奉行資明朝臣、陪膳顯實(土御門)卿。其の儀恒の如し。事了りて北面に於いて酒膳を供す。三獻の後、永福門院還御。

五獻の後御膳を供す。廣義門院(藤原寧子)還御。御送りのため余又起座。退歸して寢に着く。

卅日。戊午。晴。

十二月

後伏見花園兩上皇量仁親王菊第に御幸除目書を披見せらる

朔日。己未。晴。今日菊第に御幸。予・親王(量仁)同車。女房一人參る。終日比巴(琵琶)の沙汰有り。晩に及び酒膳。深更に及び還御。昨の除書を披く。權大納言具親(堀川)兼・權中納言藤光經(九條)・辭退權大納言藤定房(吉田)。自餘記さず。

兩上皇衣笠殿に御幸

二日。庚申。晴。夜に入りて衣笠殿に御幸。余又參るところなり。女房一人車の後に在り。今日咳氣有るの間相勞《いたは》る。

伏見天皇御月忌　兩上皇明靜院に御佛事を行はせらる

三日。辛酉。寅の剋行食。卯の剋明靜院にゆく。一日經を行ふ。上皇(後伏見)これより先御座。咳氣術無きの間、一品を終らず、安樂行。半ば許り書し、末は公秀(三條)卿をして書せしめ、即ち休息。未の剋に及び、相扶けて直衣を着し、女院(廣義門院)の御方に參る。小選《しばらく》して御月忌を始めらる。其の義(儀)恒の如し。晩に及び法花堂に御幸。一日經供養せらる。御導師忠性僧都。亥の剋許り還御。今日風氣耐へがたしと雖も、

火事

相扶けて行法例の如し。長途彌以て窮屈の間、聊か讀經の後寢に着く。河東に火有り。戌の一

點より亥の二點に至る。

「(裏書)今日沐浴すべしと雖も、風氣術無きの間略す。一日經幷びに法花堂に參るの日、必ず浴すべきなり。而して所勞力無きの故なり。」

四日。壬戌。新宮の御神樂の日次を尋ぬべき事、(吉田)國房に仰す。國房輕服《きやうぶく》、申沙汰すべきの由、仰せ聞かせ渡すなり。

近代未曾有の大火あり

五日。癸亥。今日南方に火有り。火四條坊門烏丸に起り、楊梅西洞院の東に至る。又東洞院に至る。近代未曾有の火なり。酉の一點より亥の剋に及び火止まず。凡そ燒くところ五十町に及ぶと云〻。人多く燒死すと云〻。

六日。甲子。明月。乘船す。

永福門院持明院殿に御幸　野府記を見了し宇治左府記を閲覧せらる

七日。乙丑。晴。(藤原鏱子)永福門院御幸有り。夜に入りて還御。野府記見了りて返獻す。又宇治左府記を見る。

八日。丙寅。晴。(マヽ)、、禪師參る。良信僧正の弟子。近衞前(家平)關白の息。實名を知らず。指貫を着し對面す。これより先上皇御對面。

後伏見上皇等菊亭に御幸

九日。丁卯。陰。夜に入りて月朧〻。上皇以下女房數輩女院此の中に御坐(座)。歩行して菊亭に到る。女院の御方に入り、(前脱カ、下同ジ)右府(今出川兼季)を召し出し兩三獻有り。其の後還御。永福門院又女房を交へ、還御を送らしめ給ふ。右府・竹若丸大宮大納言(季衡)の息。等又御送りに參る。池に於いて舟に乘り、兩三廻の後下船。女院還御。右府已下供奉す。其の後余寝に着く。時に丑の剋。今日御厩を修理す。行きて作事を見る。

妙超に謁見せらる

十日。戊辰。晴。傳へ聞く、内親王（禖子）春宮（邦良親王）の息所。産氣有りと云々。夜に入り超侍者（妙超）に謁す。北の對屋幷に御厩に行き、作事を見る。此の間毎日の事なり。

十一日。己巳。晴。春宮の息所産氣止むと云々。

後深草天皇御月忌
両上皇六條殿に御幸

十三日。辛未。陰雨。六條殿に御幸。恒例の轉經初日なり。又御月忌例の如し。御影堂に於いて、余一二三卷を讀み了んぬ。還御せんとするのところ、櫛丸（藤原）聊か寒氣を禦がんがため、一獻を番《つが》へ奉る。晩に及び還御。今日より土御門准后（藤原相子）祇候すと云々。かの侍女を召し御車を寄す。櫛丸御劒を取り、御車の内に入るなり。還御の後、院の御方に於いて聊か盃酌の事有り。

妙超宗卓を相具し來る
宗卓と碧巖錄を談ぜらる

十四日。壬申。晴。宗卓長老六條院前長老なり。に謁す。超侍者卽ち相具し參るなり。碧嵓錄を談ぜしむ。先づ一兩問答。訖りて一兩枚に談錄せしむるなり。聞書を披く。權右中辨資房（清閑寺）・左少辨經躬（藤原）・右少辨季房（萬里小路）。自餘一兩人記さず。

（裏書）「余宗卓に問うて曰く、如何か是れ佛法の大意。卓云ふ、紫羅の帳裏に眞珠を散ず。又問ひて曰く、只與麼か又別有るか。卓曰く、陛下の問ふところを離れず。此の一答、頗る參差かの由思ふ。後日超侍者に問ふ。然るの由返答なり。」

禮記講讀

十五日。癸酉。晴。禮記大傳少儀の兩篇を讀み訖んぬ。師夏（中原）侍讀。尚康（丹波）院の御方に於いて語り申して曰く、内親王の御産氣、昨今其の氣無し。十二日參り見奉る

のところ、指して其の氣にあらず。披露の條物忩か。但し女房等云ふ、十日御氣以ての外急ナリキト語ると云々。（丹波）長直管領を止められ、尚忠に仰せらる。再三辭し申申（マヽ）すと雖も、（後宇多）法皇より嚴蜜（密）に仰せ下さるゝの間、力及ばず領狀すと云々。醫師數《しば〱》替るの先規定めて無きか。不便の事か、昨今御加持等止め了んぬ。尋常の時の如しと云々。

上皇等歡を共にせらる

夜に入りて乘船。女房一兩、親王・竹若丸・（持明院）家藤朝臣等なり。三廻の後舟を下る。上皇蜜（密）々に從三位（マヽ）、子の亭に幸す。半更に及び俄かに參るべきの由召有り。即ち車を給はる。仍て忩ぎ參る。女房車の後に在り。一條に至りて下車、即ち御前に參る。四五獻有り。今夜姫宮魚味と云々。院の姫宮。母儀右京大夫。行保の女。如法密儀なり。仍て幸するところと云々。曉更に及び還御。上皇・予・女房三人（藤原實子）南の御方・中納言三位・一條等なり。合乘り。頃《しばらく》して寢に着く。頗る酩酊か。今日詩を講ぜんとするのところ無人。仍て止め了んぬ。

後深草天皇御月忌

十六日。甲戌。晴。曉鐘以後、魚味を食ふの間、今朝精進する能はず。凡そ毎朝精進の上、今日後深草院の御月忌、六條殿に御幸、尤も精進すべきのところ、時剋を知らず、曉に至りて魚味を食ひ了んぬ。仍て長講堂に參る能はず。上皇又同前、御幸止め了んぬ。凡そ予幼年より、毎朝精進し、讀經念誦闕かず、曉鐘以後魚味を食はず、女犯せざるなり。

兩上皇長講堂御幸

十七日。乙亥。晴。今日長講堂に御幸。（松殿）冬房卿御車寄をなす。余同じく參るところなり。御影堂に於

道昭參入す

量仁親王方連句

量仁親王笛始

師匠今出川兼季

笛は下荻と號す

いて經五巻を讀み、先日一二三讀み了んぬ。仍て其の殘り今日讀むところなり。念誦し訖んぬ。上皇同じく五巻讀ましめ給ふ。還御の間、東面に於いて、女房索餅を供す。還御の次《ついで》、菊亭に於いて下御。女院(永福門院)御對面有り。頃《しばらく》して右府參る。資明(柳原)又申す事有り。予同じく聞くべきの由仰せ有り。梨本門跡の事なり。暫くして入御。右府申す事等有り。其の後聊か勸盃の後還御。時に子の剋。道昭僧正參る。余の額放つ。仍て對面せず。六條院に於いて額放つなり。仍て土器に入るゝなり。

十八日。丙子。晴。親王方に連句有り。二十韻。行親(紀)執筆。支韻。資名(日野)卿以下三四輩。

十九日。丁丑。此の日親王笛始めの事有り。未の半許り予直衣上結。を着し、院の御方に參る。右大臣御前に候す。親王北面の常の御所に於いて直衣を着す。範賢(高倉)奉仕す。隆蔭(四條)朝臣前裝束をなす。良《やゝ》久しくして右府と御對面有り。申の剋に及び奉行人隆蔭。笛の筥を親王の座の前に置く。寢殿の西面なり。其の裝束一に比巴(琵琶、下同ジ)始めの日の儀に同じ。親王北の簾中より出で、其の儀▒比巴始めの日の如し。座前より着座。隆蔭參進し、目を伺ひ御師匠を召す。前右大臣(今出川兼季)。御師匠參る。簀子に參り目を伺ひ着座す。其の座又比巴始めの儀に同じ。衣文を抱くの後、懷中より笛を取り出だし、音を取る。次に萬歳樂を吹く。廿拍子。訖りて親王に氣色す。親王笛を取り、笛筥の中に在り。此の笛下荻と號す。右府故院(伏見天皇)より給ふところなり。今日假に進ずるなり。形の如く口に當つ。卽ち笛を筥の中に返し置く。次に御師匠座を起ちて退下す。次に親王座を起ちて内に入る。次に内々に北面に於いて笛を習ふ。萬歳樂の三句なり。上皇幷に予此の座に在るなり。酉の剋に及び右府退出す。今日形の如く習ひ始

御經結願
妙超に謁せらる
西園寺實衡屋形舟を獻ず兩上皇等乘船興ぜらる
熊野新宮御神樂
兩上皇御幸せらる
佛名延引せらる

めなり。後日次第に樂を教ふべしと云々。

廿日。戊寅。晴。夜に入りて急雨。今日御經結願。御幸有り。余不參。足の腫に依るなり。先日車中に於いて聊か指の腱痛み有るなり。夜に入りて超侍者に謁す。

廿一日。己卯。晴。右大將(西園寺實衡)屋形舟を進ず。卽ち池水に浮ぶ。上皇御覽の次《ついで》に召さる。余・親王同じく乘る。隆蔭・資明・説藤(藤原)等の朝臣棹す。兩三廻の後船を下る。此の夜新宮の御神樂なり。須く神事たるべきか。而して先々然らずと云々。仍て神事たらず。但し女房の內、重・輕服幷に憚りの人無し。又予沐浴す。但し魚食もとより忌まざるの間、神事と異る無し。所作人、本拍子有賴卿(綾小路)、末拍子維成(藤原)朝臣、笛敎宗(山科)朝臣、篳篥親光(中院)、和琴大炊御門中納言(氏忠)。近衞の召人久氏(多)代久經(多)參る。・忠有(多)・久春(多)・久世(多)代久俊(多)。・忠脩(多)・直保(三宅)。人長秦弘廉。子の半ば事始まる。上皇以下歩行、新宮に至り、拜殿の內に入る。屛風を立て疊を敷く。女房等頃《しばらく》して參る。屛風の內に候するなり。寅の半ば事了る。今夜議有り。庭火、兩歌なり。猶少々歌等相加へらる。上皇の仰せなり。是れ久しく中絶す。予始めて執行の故なり。有賴を召され仰せられ給ふなり。奉行兼日國俊(吉田)なり。所勞有るの間、俄かに今夜定親(冷泉)奉行なり。今夜佛名有るべし。而して神事佛事の同日、憚り有るの間延引なり。此の御神樂、年來中絶、神事の退轉恐れざるべからざるの間、今年殊に興行せしむるなり。近衞の召人皆祿を給ふ。腰差。但し代物を以て給ふ。

「(裏書)聽聞の女房等は、神事にあらず。然り而して重服幷に月水の女房は不參。鳥居の內たるに依

るなり。
予淨衣を着するに及ばず。只小狩衣上結なり。上皇又同じ。」

量仁親王方連句

廿二日。庚辰。親王の在所に於いて、連句有り。二十韻。蕭・宵。詩を講ぜんとするのところ無人。仍て止め了んぬ。

兩上皇衣笠殿に御幸伏見天皇御月忌を引上げ行はる

廿三日。辛巳。晴。風吹く。今日衣笠殿に御幸。正月三日の御月忌引き上げらるゝなり。澄俊導師たり。圓伊一人題名僧たり。澄俊被物を持參せず。圓伊又布施を持參せざるの間、御導師に裹物許り給ふ。公卿隆朝(九條)一人なり。殿上人不參なり。事々陵夷歎息すべし。今月の布施は永福門院の御沙汰なり。而して此の兩三年無沙汰と云々。雜掌懈怠か。(嗚脱カ)呼悲しいかな。何ぞ嚴蜜(密)の御沙汰に及ばざるか。

永福門院菊亭より還御伏見天皇及び北白河院の御菩提のために不斷念佛を始むべし

廿四日。壬午。晴。永福門院菊亭より還御。破子《わりご》を開かれ一獻有り。今日伏見院幷に北白河院(藤原陳子)の御菩提の奉爲《おほんため》に、不斷念佛を始むべきの由、院宣を以て本道上人に仰す。定資(坊城)を以て書せしむ。小高の御庄役を以て料物に充つ。同じく院宣を以て大宮前大納言に仰するなり。此の事年來北白川(河、下同ジ)院の御菩提のため、北白川法華堂に於いて、不斷念佛の事有り。而して安樂光院御八講等の供料、すべて以て御沙汰無し。仍て又同じく止むるなり。其の故は、安樂光院は予管領の後、法(後宇多)王(皇)更に佛事以下の御沙汰無し。然れば、予又何ぞ此の佛事の沙汰を致さんや。仍て沙汰を致すべからざる由を仰す。但し御佛事(マヽ)轉退然るべからざるの間、本道上人に仰するなり。山田庄は日來本道上人に仰せ付く。而して知恩院申す旨有るの間返付す。伏見院の御菩提又默止すべからず。仍て兩院の御佛事のために、此の趣を仰するなり。

尚書談義

廿五日。癸未。晴。尚書立政篇終一篇。を談ず。指して義勢無し。公時(菅原)・家高(菅原)等の朝臣、師夏・行親。公時

佛名

談ず。今夜佛名なり。定親奉行なり。其の儀例の如し。侍從中納言爲藤（御子左）。・土御門三位中將親賢。只二人なり。仍て行香無し。

禮記講讀
火事
兩上皇今小路殿に御幸

廿六日。甲申。晴。禮記第十一卷を讀み了んぬ。亥の半剋人々云ふ、火有り。出で見るのところ、南方に當り、たとひ一條邊か。下人云ふ、武者小路高倉と云々。今小路殿近々の間御幸有り。予同じく御車に乘る。對の妻に牛ながら差し寄す。急ぎ今小路殿に幸す。火勢尤も盛《さか》り、艮に向ひ燒き來る。更に御車に乘御して火所に幸し、北小路萬里小路に至り御車を立つ。於迅（マヽ）火盛りにして止むべからず。仍て小家等壞却すべきの由を北面等に下知し、今小路殿に還御。乾の風

還御

吹き出で、次第に火勢東に向ふ。子の終りに及び景繁（大江）歸參して云ふ、北小路北面の在家等少々壞却し了んぬ。火北小路富小路西頰に至り、長直の宿所に於いて止まり了んぬ。凡そ南は一條面に及ばず、北は北小路以北、西は高倉、東は富小路に至ると云々。火は武者小路高倉南面の在家より起ると云々。此の間人々少々參る。通顯（中院）卿・兼高（藤原）・在賴（藤原）等の卿、自餘殿上人十人許り、上下北面の輩五六人のみ。火消え了りて還御。兼高卿・經顯朝臣供奉す。北面康任（源）・親繼（藤原）・信（藤原）成等なり。火所に幸するの間、資明・康任北面。・親繼等供奉。上北面宣衡（三善）・元淸等參會す。又下北面景繁參會す。小家破却の事奉行す。

廿七日。乙酉。晴。別事無し。

僧正増基參る
兩上皇關東の事を聽聞せらる

また火あり

花園上皇文選及び宇治左府記を閲讀し給ふ

夜々和漢書を見て或は曉鐘に到る

廿八日。丙戌。晴。夜に入りて前右大臣參る。對面。又增基僧正參る。昨日關東より上洛の由を申す。關東の事等良久《やゝ》しく雜談。上皇又御對面有り。

廿九日。丁亥。晴。午の剋許り南方に火有り。長講堂近〻と云〻。仍て上皇御幸有り。予頭を梳《くしけづ》るに依り行向せず。但し別事無く火消し了んぬ。仍て途中より還御すと云〻。凡そ近日炎上連日の事なり。又今年の寒氣例年に過ぐ。此の間文選と宇治左府(藤原頼長)記を見る。夜〻和漢の書を見、或は曉鐘に到る。晝間一時許り內典の書を見る。是れ毎日恒例の事なり。此の間大日經合義尺〔釋〕を讀むなり。

（端裏書）「元亨四年春」

元亨四年甲子（元亨四年〈正中元〉正月ヨリ三月ニ至ル記ハ、一巻ヲ成シ、白紙ニ書記セラル。）

正　月小

節會

四方拜

朔日。戊子。晴。曉更小雪。寅の剋沐浴。卽ち裝束を着す。束帶例の如し。範賢（高倉）刷《つくら》ふ。重資（庭田）を召して前裝束をなす。裝束訖るの間經康（高倉）參る。召して裝束を直さしむ。卽ち寢殿の西面に到り、出でんとするのところ、未だ座を敷かず。度〻催促すと雖も猶遲〻、良《やゝ》久しくして御座を敷く。簾外に出づ。三位中將親賢（土御門）簾を撥《あ》ぐ。重資沓を獻ず。御劔の人無し。仍て略す。屛風の前に於いて沓を脫ぎ、西の座に着く。北斗を拝する座は西なり。仍て此くの如し。着後見るのところ、花燈等東の座の前に在り。北斗拝する座の前に在るべきなり。須く仰せ直すべきのところ、物忩着座す。予の失錯なり。屬するところの星の名を稱へ、兩段再拜。作法例の如し。此の座に於いて、東南に向ひ神宮を拜し奉る。兩段再拜なり。天地四方を拜せしむる座にて拜すべきなり。而して忘却し此くの如し。次第例の如し。仍て委しく記さず。事了りて還入。時に卯の終りなり。微陰と雖も、

永福門院及び後伏見上皇廣義門院方に御幸

兩上皇女院等の御幸

北斗杓星頭に當りて現ず。年來大略天明に及ぶ。仍て星見えず。今日正しく星宿を拜するなり。拜の間微雪降り、衣の上に霰じ、笏を以て擺《はら》ふ。更に宋殿の佳瑞の如し。解脱の後、更に狩衣・大口を着し、小念誦讀經す。未の剋許り直衣を着す。烏帽。今年より厚塗を着せず。中塗を用ふなり。薄色の衣、白單、薄色の堅(固)文の織物・指貫・下袴恒の如し。範賢刷《つくら》ふ。永福門院(藤原鏱子)の御方に參る。又院(後伏見上皇)の御方幷に廣義門院(藤原寧子)の御方に參る。卽ち兩院幷に予・一品宮親王(久明親王カ)、直衣上結。女院の御方に於いて一獻の事有り。三獻の後還御。時に酉の始めに及ぶ。なほ陪膳の人不參。數剋に及ぶの間、資名(日野)卿を召す。俊光(日野)卿奉行なり。而して歡樂に依り不參。今日相代り奉行するところなり。相尋ぬるのところ、具親(堀川)・經定(花山院)の兩卿領狀、而して皆參內すと云々。仍て人を禁裏に進め催促せしむるのところ、是非の左右無しと云々。秉燭に及ぶの後なほ左右不分明。亥の半ばに及び春宮權大夫適《たまく》參上す。これより先上皇解脱し御休息。出御叶ふべからずと云々。予一人出座なり。これより先前藤中納言(日野資名)を以て畏り領狀を申す。遲參夜陰に及ぶの由、聊か權大夫に咎め仰せらる。陳じ申して云ふ、陪膳の由存知せず。節會の剋限忩がるゝの旨數度召有り。仍て先づ參內するところ(也脱カ)。然り而して陪膳闕如の由、重ねて仰せ下さる。節會の最中早出し直ちに參るところなり。仰する旨殊に恐れ入るの由を申す。頃《しばらく》して予出座。西の簾中より出づ。年々上皇出御の間なり。凡そ裝束の儀去年に同じなり。女房簾を褰《かゝ》ぐること例の如し。座定まり春宮權大夫源朝臣氣色を伺ふ。目するの後、端の座に着す。束帶。前權中納言藤原(葉室)朝臣長隆奥直。・同朝臣資名端直。・前參議同朝臣隆有(四條)端直。等着座。長光(葉室)火を持參し、土器に入る。爐中の炭の

上に置く。これより先陪膳資明(柳原)に仰せ、火爐を東方に推すなり。是れ狹きに依るなり。抑《そも〳〵》御藥夜に入るの事、先例無し。掌燈の在所不審。然り而して御座の前妻戸の左右。二本、公卿の座の末一本燈を擧ぐ。仍て彌御座の前狹少の間、火爐を推さしむるなり。次第先ゝの如し。但し菓子御臺を置くの後、座に復せず。猶余の前に在り。仍て白散の櫃大略御前に置く。此の事例無きか。若しくは是れ忘却して座に復さゞるの間此くの如きか。又一二獻。白散・度章(嶂、下同ジ)散相替へて入る。屠蘇に至りては毎度入る。又三獻に至りては三種ながら入る。此の事毎度不同の條如何。尤も以て不審。但し毎度三種入るゝのところ、予見謬るか。返す〳〵不審なり。三獻毎度一獻ヅヽ、相替へて入る。又毎獻三種入るゝは兩說なり。此の事醫師仲成(和氣)に尋ぬるのところ、毎度一種は醫道の所存と云ゝ。此の事專ら醫書の說を用ふべき事なり。相交へ入るゝは僻事と謂ふべきか。撤却の儀又先ゝに同じ。二獻の後、菓子橘。を申し下すなり。庭に砂を散ずる、又二獻の後なり。陪膳復座し、帶劒笏を取りて候す。但し劒は眞實は帶び得ざるか。只帶びるが如し。袖の下に持つか。予入內。諸卿動座。時に子の剋。遲ゝ不可說ゝゝゝ。半更に及び左大將(近衞經忠)參る。窮屈に依り對面せず。女房を以て其の由を仰す。

(裏書)「陪膳目を伺ひて奉仕す。起座せんとするの間、先づ劒を解き、笏と相具して座の後に置く。疊の下、長押の上。」

花園上皇出御

二日。己丑。晴。飛雪散亂。晡陰に及び雪紛ゝ。未の半ば直衣を着し、裝束昨に同じ。院の御方に參る。今日右(西園寺實衡)

後伏見上皇出御

兩上皇御對面

御酒宴

大將陪膳たり。而して遲參の間、申の半ばに及び上皇出御。女房箔《すだれ》を褰ぐ。此の間余御湯殿の上の南面の遣戸より出づ。從三位平子(藤原)簾を撥《あ》ぐるなり。南行して上皇の御座の間に至り蹲居し、妻戸より入りて着座す。御座の以南、大文の疊一枚を敷き、予の座となす。西面に居廻り右廻り。着するなり。右大將南端の妻戸の下に於いて御目を伺ふ。可許(マヽ)の後着座。端。束帶。前權大納言源朝臣通(中院通顯)。奥。直衣。・前權中納言藤原朝臣長(葉室長隆)。端。直衣。・同朝臣資(日野資名)。奥。直衣。・權中納言源朝臣顯(土御門顯實)。奥。束帶。自然參會、此の座に召さる。・藤原朝臣經(花山院經定)。端。束帶。・前參議藤原朝臣隆(四條)有。端。直衣。等、次第に着座し了んぬ。房光(日野)五位。束帶。火を持參し、土器に入る。爐中に生く(置カ)。隆蔭(四條)朝臣狩衣。先々大略衣冠束帶なり。而して布衣たるべきの由、兼日仰せ下さる。是れ古儀なり。又伏見院の御時、一年此の例有り。菓子を持參す。御目に依り右大將參進し、劒・笏。猶御前に在り、笏を懷中に入る。略義(儀)か。上皇の御前に置き、板。退き候す。重資朝臣布衣。又菓子を持參す。右大將取り、予の前に置くの後復座す。隆蔭朝臣白散の櫃を持參し、陪膳の前に置く。次に長光盃を持參す。右大將取りて御前に置く。疊の上。大將復座す。重資朝臣銚子を持參し、陪膳の座の前に居《す》う。陪膳何種入るゝか。重資朝臣居隱るゝの間見えず。重資朝臣居直るの後、大將參進し、銚子を取りて獻ず。上皇御盃を取らしむ。陪膳進み寄り酒を盃に入る。御飲み了りて盃を閣《さしお》きたまふ。大將取りて、折敷に居《す》う。左手に持つ。銚子猶右手に在り。予の前に來たり、盃を疊の上に置く。余取る。大將進みて酒を入る。一度飲み了りて盃を閣《さしお》く。大將銚子をもとの役人に返す。大將盃を取り折敷に居う。復座す。重資朝臣銚子を取り次第に入る。流巡恒の如し。位次に任すなり。これより先房光澆濁の坏を公卿の前

に置く。飲み了りて沃《そゝ》ぐ。勸盃常の儀の如し。盃隆有卿の前に止まる。重資座の下の妻戸より退下。二獻同前。但し今度二度御飲有り。流巡先の如し。菓子を申し下すこと恒年の如し。三獻の銚子、隆蔭朝臣、右大將の座前南方に居うるの間、陪膳の作法を見る。今度白散を入る。若しくは是れ今日三獻各一種を入るゝか。此の獻を以て以往を察するなり。流巡先の如し。今度又二度なり。盃未だ朕の前に置かざるの先、銚子をもとの役人に返す。予盃を取るの後、又返し取る。若しくは失と思ふか。但し兩方出御の時、此の間銚子を返すは一説なり。但し今日は以前の一二獻然らず。仍てこれを思ふに、氣色失錯に似たり。中院前大納言(通顯)只一度飲む。上皇御氣色有り。仍て更に又酒を受けて飲む。長隆卿頻りに盃を土御門中納言(顯實)に讓る。固辭の間長隆先づ飲む。資名卿良久しく盃を取らず、顯實卿に讓る。又固辭して數剋に及ぶの間、資名遂に飲み了んぬ。二三獻の間、先ゝ皆位次を亂る。今日は然らず。故實無きに似たり。但し顯實卿過法に固辭、力及ばざるか。顯實卿今日俄かに祗候。此の砌先ゝの儀を知らず。偏に位次に任すの由を存ずるか。本儀然るべしと雖も、還つて又故實を知らざるに似るか。本《もと》の役人參進して菓子以下を撤す。次に入御。余蹲居。座しながらなり。諸卿疊の下に下る。

上皇入御

入御の後予起座、此の間諸卿長押の下に下り、緣に蹲居するなり。本所より入る。抑《そもそも》入御以前、本《もと》の役人澆濁の盃を撤すべし。而して撤せず。良久《やゝ》しきに及ぶの間、先づ入御なり。

今日上皇御直衣の裏幷に御指貫白色なり。今年より着御なり。御襪《したうづ》を着せしめ給ふ。

(裏書)「陪膳御盃を置き復座の時、本座の者より遙かに座の上方に着するなり。」

節會の續行

三日。庚寅。夜雪。地に積ること一寸許り。朝間より天晴に屬す。未の一點直衣を着し、院の御方に參る。頃《しばらく》して左大臣(洞院實泰)參入。卽ち出御有り。其の儀昨日の如し。左大臣冠・直衣・襪を着す。端座。・兵部卿藤原(日野俊光)朝臣直衣、襪を着す。端。・前權大納言源朝臣通顯。奧。・前參議藤原朝臣隆。端。皆直衣、次第に着座。房光火を御前の

爐中に置く。隆蔭朝臣菓子を持參す。御目に依り左大臣參進、菓子を御前に置き、少し退き候す。重資朝臣又高坏一本を持參す。大臣これを取り、余の前に置くの後退き候す。公卿の座の北の端の程。正座せず。聊か尻を懸け候するなり。房光白散の櫃を持參し、大臣の前に置き退下。、、(マヽ)御盃を持參す。大臣これを取りて御前に置き、例の如く座に復す。隆蔭銚子を持參す。大臣白散の櫃の蓋を開き、方匕を以て白散を銚子に入る。一度。白散取り出ださず。櫃の內ながら酌む。次に度章の散を取り、左手に持ち、右手を以て圓匕を取り、これを酌みて酒に入る。一度。了りて櫃の中に返し置く。屠蘇を取りて酒に入れ、三匝《さふ》廻し了りて、元の如く櫃の內に返し入る。隆蔭長押の下に下り、大臣參進し、隆蔭長押の上に上る。大臣銚子を取り、此の間上皇盃を取らしめ給ふ。御酒を盃に入る。御飲み了り、盃を折敷に居《す》え、予の前に持ち來たる。一度飲み、盃を折敷の上に返し置く。大臣これを取り復座。本《もと》の座なり。隆蔭次第に勸む。巡流恒の如し。二獻の儀一同一獻。今度兵部卿盃を前大納言に讓る。今度菓子甘子。を申し下し、盃を勸む。了りて菓子を下され、左府實《まこと》に食ふ。自餘は由許りなり。隆有卿の前に止む。三獻又同前。今度朕の前に菓子橘。を申し下す。俊光卿又通顯卿に讓る。流巡先の如し。左大臣起座、白散の櫃の下に就き、膏藥を取り出だし、方匕を以て斟《く》み、御前に持參す。右の無名指を以て塗り、左の掌弁に額に付せしめ給ふ。又大臣朕の前に持ち來たり、塗儀上皇の御作法に同じ。諸卿次第に下され了んぬ。房光澆濁本《もと》の役人參進し、次第に撤す。先づ白散の櫃、次に余の前の菓子、次に御前の菓子なり。此の間人々多く御前より菓子次第に撤す。事理下より撤するの條時宜に叶ふか。

左大臣洞院實泰關白九條房實兩上皇に拜謁す

花園上皇中園第に方違御幸後伏見上皇廣義門院今小路第に御幸

文選及び宇治左府記等を閲覽せらる

兩上皇御歌の贈答

注文選宇治左府記を閲讀せらる

敍位

の盃を撤す。上皇入御。余以下蹲居。入御の後、予起座す。此の間左府以下長押の下に下る。余入内。女房簾を褰ぐ。抑今日二三獻共菓子を申し下す。先〻然らず。今日見る。

次に左大臣を臺盤所に召す。上皇先づ御對面有り。其の後余對面。此の間親王(量仁)又來たる。暫く有りて退出。相續いで關白(九條房實)參る。同所に於いて上皇御對面。入御の後予又對面。卽ち退出。抑三个日の齒固めの儀例の如し。陪膳女房實子(藤原)。明日立春の節なり。仍て方違のため中園第に向ふ。如法密儀なり。丑の剋に及び行き向ふ。これより先上皇今小路殿に御幸。廣義門院御同車なり。曉鐘の後還り來たる。時に卯の一點。仕所《つかへどころ》退出。仍て暗然。奇怪なり。此の後車を今小路殿に進む。上皇還御なり。今日文選・宇治左府記等を見る。

四日。辛卯。小雪。早朝院の御方より御製を給ふ。雪積もりの梅枝に付けらる。返歌を進む。卽ち寢殿の方に參る。山水の雪御眺望有り。頃《しばらく》して還御。終日無事。注文選一卷餘を讀み、宇治左府記を見る。

五日。壬辰。雪降る。地に積むこと一寸許り。未明院の御方に參る。女房を以て伺ひ申すのところ、尙御寢なり。仍て女房を以て、山の雪將に眺望の由申し入る。頃《しばらく》有りて出御。南面に於いて御覽。山樹珠を餝り、池氷鏡を瑩く。感興少からず。日出に及び入御。晩陰院の御方に於いて盃酌の事有り。是れ恒例の事なり。引出物有り。兩女院(永福・廣義兩門院)入御なり。深更に及び分散。今日敍位と

廣義門院加階を欲せらるゝも當代の國母にあらざれば之を止めらる

文選に對する御見識

云々。上皇の御給實弘（西園寺）公基卿の子。従上五位に擧げ申さる。朕の給實守（三條）公秀卿の息。従上五位に同じく擧げ申す。忠望（平）を以て御文をなし、禁裏より尋ね申さるゝなり。兩女院御給無し。廣義門院加階を申さんとす。而して當代の國母にあらざれば、加階の事止めらると云々。仍て申されざるなり。敍爵又望み申すの仁無きなり。注文選を讀むの次《ついで》、首付けに王命論を見る。文に云ふ、高祖の興五有り。一に曰く堯の苗裔。二に曰く體貌多く奇異。三に曰く神武徵應有り。四に曰く寛明にして仁恕。五に曰く知人善く使に任ず。此の五德初めの二疑ひ有り。仍て此の文を書し、幷に愚意を一紙に注し、知音に見せしめんとす。而して當時誰人かこれを知らんや。博學の者多く以て義理に通ぜず。所謂誦文暗義の者なり。談理の者又篤學ならず。仍て古事を知らざる多し。共に談ずるに足らざるのみ。嗚呼悲しいかな人無し。余淺識寡聞と雖も、竊かに義理を思ひ、日月已に久し。亦淺才と雖も粗《ほゞ》經史を見る。仍て此の疑ひに依り一論を作すのみ。其の故は、聖人後に未だ必ずしも天位に昇らず。其の先蹤別に在り。何ぞ堯の苗裔と稱し、高祖登極の基となさんや。異相有りと雖も、未だ必ずしも貴からず。其の文證又別に在り。何ぞ此れを以て稱せんや。若しくは是れ一旦の論か。法を萬代に垂るべからざるか。淺才を以て先賢を疑ふべからず。然り而して義理の疑ひ何ぞ黙止すべけんや。仍てこれを記す。班叔皮豈思ふところ無からんや。粗《ほゞ》察するところなり。然り而して後世の人多く愚頑。仍て先祖を恃み、驕奢の心を作し、異相を見て濫り

に尊貴す。是れ卽ち文の弊か。後人を誡めんために、一端これを論ず。愚意を以て先賢を誇るにあらず。是れ人の弊を救ふ。又是れ古人の意を明らかにする所以なり。

敍位聞書を披見せらる

六日。癸巳。晴。敍位聞書を披く。正三位源光忠（中院）・藤原公泰（洞院）一院（後伏見上皇）當年の御給。・同俊範（藤原）、四位正下從上、五位正下從上等濟〻たり。具さに記さず。此の內道教（九條）關白の息。從下四位に敍す。院の御方幷に予の給に敍せらる。今日文選を見る。

文選講讀

白馬節會

七日。甲午。晴。廣義女院幷に親王の方に於いて盃酌有り。親王先、女院後。年始の恒例なり。夜に入りて白馬を引き來たる。深更に依り見ず。侍臣をして打たしむること例の如し。

八日。乙未。晴。朝間飛雪。

九日。丙申。晴。二條前關白（道平）參り來たる。對面。夜に入り前相國（鷹司冬平）參る。對面す。

三條公茂薨ず

十日。丁酉。晴。此の日盃酌の事有り。三院（後伏見上皇・永福・廣義兩門院）入御。今日聞く、前內大臣正二位藤原公茂（三條）朝臣薨ずと云〻。或は曰く、去夜薨去と。公は入道太政大臣實重。の嫡嗣なり。洪才の譽無しと雖も、能く公事に練り、進退度有り。年纔かに四十一。尤も哀惜に足る。明後日詩筵を展《の》べんとす。此の事に依り延引す。三个日を過ぐれば強ひて憚るべきにあらず。而して哀惜を顯さんがために延引するなり。

十一日。戊戌。晴。日脚和暖春氣に屬す。此の間連日飛雪。嚴寒宛かも冬天の如し。凡そ去冬の寒氣例年に過ぐ。池氷厚く結び、春氣を迎ふと雖も氷雪止まず。今日始めて春氣に似たり。夜に入

りて內大臣（鷹司冬教）參入、對面す。除目《ぢもく》に參ると云々。左大臣執筆と云々。藤原（葉室）成光前參議成隆卿の息。參〔河〕川守を望む。職事に付し奏聞せしむるなり。

文字合
文字鏁

十二日。己亥。降雨。夜に入りて文字合《もじあはせ》繪を以て賭となす。・文字鏁《もじくさり》等有り。

十三日。庚子。無事。

除目

十四日。辛丑。晴。聞書を披く。爲藤（御子左）卿民部卿に任じ、道教右中將に任ず。自餘の雜任記さず。從三位藤原守子、御庭所別當。是れ左大臣（洞院實泰）の息女と云々。和泉守信光（日野）俊光卿の孫、故資冬の子。・參〔河〕川守成光成隆卿の子。任ぜらる。

和泉三河は花園上皇の御分國

三及打

共に擧げ申すところなり。兩國は朕の分國たるの故なり。夜に入りて三及打《さぎちやう》例の如し。

千秋萬歳參入し散樂あり
詩會
兩上皇出御

十五日。壬寅。晴。千秋萬歳參入し、散樂例の如し。晩頭作文有り。寢殿の西面に於いて此の事有り。上皇出御有り。花田の御小狩衣・〔縹〕御奴袴恒の如し。相續いで余出づ。兵部卿・春宮大夫（洞院公賢）・按察大納言（北畠親房）・前藤中納言（日野資名）・吉田前宰相（國房）・大貳（平惟繼）・四條前宰相（隆有）・前左大辨宰相（坊城俊實）・冷泉三位（賴定カ）・修理大夫（三條公明）等次第に着座す。人數多きの間、西向と寢殿との隔障子を放ち、居廻りて着す。此の間暗に及ぶの間、掌燈を召す。房範（藤原）持參す。家高（菅原）朝臣を召して講師となす。講師は五位の所役なり。而して御製の講師は各別すべからざるの間、四位を召す。御談の內なり。公時（菅原）上首たり。而して臣下の講師は必ず上首たるべからず。仍て家高を召すなり。春宮大夫講師となる。俊光・資名・俊範・在登（菅原）等の卿、進みて講師の後方に候す。召しに依るなり。殿上人少々召すべきか。而して公時侍讀たり。尤も召すべし。茂長（東坊城）・々冬（五條）は上首として召されず。面目無きの由申すと云々。然るべからざるか。但し公卿濟々、又便宜無きの間召さず。臣下の詩講了り、親王公卿着座の間出座なり。母屋の前に敷く小文の疊ニ着くなり。詩講ず。其の後朕懷中より詩を取り出だし、讀師の方に投げ遣はす。講了りて御

兩上皇の御製

連句

製出ださる。又講ずること例の如し。講頌了りて兩師退く。面々復座。連句有り。執筆房範。三十韻。亥の剋に及び事了りて入御。相續いで朕入内。今日予小狩衣・指貫。親王は直衣なり。(紀)行親上北面たり。參入不審と雖も、頻りに所望の間召す。細々文道奉公の故なり。又粗《ほゞ》先例有るか。猶尋ぬべし。今日の事、兼日の事余の沙汰なり。仍て密儀なり。又應製臣上の字無し。今日予の詩に人の名成經。を書くこと恒の如し。親王は名字を書かず。御製の如し。是れ去年沙汰有りて治定なり。今日御製を加へらると雖も、本《もと》は予の沙汰たり。仍て人々應製定の字を書せざるか。此の事猶尋ぬべし。但し今日俄かに御製を加へらる。仍て書き改むるに及ばざるか。

この詩會花園上皇の御沙汰なり
御名を成經と書せらる

(裏書)「後日公時愁ひ申して云ふ、侍讀召されず。未だ先例を聞かず。何ぞ上首非理所望の故、侍讀に召されざるやと云々。尤も申すところ理に當るか。俊光卿院の御方に申し入れ、人數を定めらる。余聊か議を申すの間、茂長・々冬止めらる。又猶公時を召されざるなり。侍讀尤も召さるべき事か。」

道意また寛胤參入す

十六日。癸卯。晴。朝間雪降る。寸に滿たず。廣義門院の御方に於いて小盃酌の事有り。此の間道意僧正參入す。御對面あり。余又此の所に候す。夜に入りて寛胤禪師參り、對面す。

道昭參入す

十七日。甲辰。晴。道昭僧正參入す。前に召し對面す。來たる晦日安樂光院御講の伶人の御點、院の御方に申し下さる。狀を以て右府に仰せ合はす。又樂の目錄注申すべきの由を仰す。御點の内

少〻加へらるべきの由、按察大納言・行秋（豊原）等に申し入るなり。但し宗秋（豊原）に仰せざるに依り、細〻出仕せず。出ださるべきかの由申すなり。仍て行秋に取り替へらるゝなり。

三及打

十八日。乙巳。晴。三及打を燒くこと例の如し。

恒明親王參候せらる

十九日。丙午。晴。朝間飛雪。午後風吹き、通夜休まず。此の日中務卿親王（恒明）參る。未の終り參入。門下より下車す。東面の四足。按察大納言車の簾を褰《かゝ》ぐ。中門より昇る。經顯（勸修寺）履を取る。自然參會なり。中門廊の妻戸より入内。女房簾を褰《かゝ》ぐ。卽ち女院（廣義門院）の御方に參入す。上皇又渡御有り、御對面。頃《しばらく》して還御。後に親王直衣上絬。これに同じ。予を相具し、予女院の御方に參り對面。頃《しばらく》有りて歸來す。其の後北面の院御方に於いて廣義門院御對面有り。須臾にして女院還御。其の後上皇廂に出御。予・親王相從ふ。

御酒宴

兵部卿・中院前大納言・二條前中納言等召に依り御前に候し、肴物を供す。前大納言陪膳たり。上皇聊か親王に目し給ひ、後に御飲。了りて予飲まんとするの間、兩三度親王に讓る。固辭に依り予飲む。次第巡流常の如し。二獻の時、予數度頻りに親王に讓る。固く以て辭讓す。余遂に飲む。巡流恒の如し。今度兵部卿、前大納言に讓る。これより先國房・隆有等の卿召され、御前に候するなり。三獻。仰せに依り前大納言盃を持ち中書王の前に來たる。度〻固辭して退く。重ねての仰せに依り酒を以て盃に入るゝの間、親王力及ばず飲む。もとより賞翫か。客の禮を用ひらるゝなり。本儀、親王已に臣下の列なり。盃の儀に擬す、然るべからざるか。然り而して近代此の例有り。所謂今上在潘（マヽ）の時、上皇此の例有るか。近代此くの如し。今日行始めのため參らるゝの間、殊に客の禮を用ひらるゝなり。仍てかくの如きか。

數獻に及ぶの後、予盃を親王に讓る。親王固辭するの間、上皇仰せて曰く、銚子を取りて勸むべしと云々。仍て予酌を取り親王に勸む。飲み了りて前大納言盃を取り、上皇の御前に置く。余卽ち銚子を取り酒を入れんとするの間、親王座を起ち、御座の前に進む。頻りに銚子を請ふの間、余與ふ。飲みたまひ了りて御盃余の前に在り。前大納言に銚子を返し取るべきの由を予示す。然り而して親王猶酌を取る。然れば本座に復すべきかの由、再三示す。猶聽かず。仍て酒を受け、兩度。後に復座すべきの由、頻りに親王に示す。仍て復座す。猶銚子を取らる。余三盃飲み了る。前大納言銚子を取る。親王又一盃飲む。兵部卿已下の面々拂底飲む。諸人頗る醉氣有り。數獻に及ぶの後御膳を供す。了りて分散。親王退出せんとするの間、馬葦毛。を引かる。隆蔭・經顯等の朝臣引く。維成(藤原)松明を取る。中門より退出。上皇仰せて云ふ、車を中門に寄すべしと云々。然り而して門より車に乘ること先の如し。

永福廣義兩門院及び量仁親王北山第に御幸

花園上皇初めて御書を恒明親王に給ふ

尙書談義

廿日。丁未。陰。雪繽紛。雲日間《まゝ》晴ると雖も、雨雪猶休まず。此の日兩女院親王(量仁)を伴ひ北山亭に幸す。前大納言通顯。車寄をなす。夜に入りて還御。今日初めて狀を中書王に遣はす。

廿一日。戊申。雪降り風吹く。連句。

廿二日。己酉。終日風吹く。朝雪。尙書周官篇を談ず。

廿三日。庚戌。雨雪交はり降る。

連句

廿四日。辛亥。晴。連句卅韻。

歌道について伏見天皇の御遺言

御子左爲世その藝不堪なり故天皇の遺命及び京極爲兼の所存を聞知す歌道の本旨を述べらる

廿五日。壬子。晴。申の剋乘船。數廻池上を掉《さをさ》し下船。院の御方北面の庭上に於いて、基國(園カ)を召して笛を吹かしむ。重國の子なり。直垂と雖も、別勅に依り參る。兩三曲了りて退出。女院の御方に於いて雜談の次《ついで》、和歌已に無きが如し。舊院(伏見天皇)御執心を遺はさるゝの事なり。何れの御方と雖も、相構へて御沙汰有るべきの由、御病中に至りて仰せ置かるゝところなりと云々。何れの御方にか仰せらる。上皇幷に朕を指さるゝ事なり。凡そ此の事先々耳に觸るゝところなり。而して自然にして懈怠。稽古の如きにあらず。隙《ひま》無きに似るの間閣《さしお》く。尤も不當の事なり。此の春殊に興行有るべきの由、中心思ふところなり。上皇又此の仰せ有り。凡そ歌道、當時更に氣味を知るの人無し。爲世(御子左)當時道の宗匠として、敢へて比肩の仁無し。譜代誠に然るべし。而して其の藝に至りては、太《はなはだ》以て不堪。都《すべ》て其の境に入らず。かの口傳を以て業となすの仁、豈道を知らんや。歎息すべきことなり。余不堪と雖も、舊院の遺命を聞き奉り、又爲兼(京極)卿の所存を聞き、粗《ほゞ》此の道の趣伺ふところなり。何ぞ況んや佛法の理、儒教の義、此を以て彼を推し、日來聞くところの先院の遺旨、爲兼卿立つるところの義、正道たるの條、疑慮有ること無し。爲世卿の義、更に正理にあらず。君子宜しく審かにすべし。近代の詩歌、徒らに題を得るの後、心を廻らし體を構ふこと尤も密。更に雅正の體にあらず。是れ故人の所謂兼作功無し。蓋し此の謂か。何ぞ況んや近日の作者、皆其の詞太《はなはだ》迂、其の心誠に拙、至道

の理を語るに足らず。嗚呼悲しいかな。詩歌の道已に塗炭に墜つ。亦救ふべからざるのみ。

花園上皇作者名成經

廿六日。癸丑。晴。今夜和歌會。懐帋。各二首。清雅（鷹司）・公脩（富小路）・俊兼（藤原）・隆朝（九條）等の卿、茂家（藤原）朝臣候す。茂家講師たり。女房二人歌に加はる。御製又加へらる。予の歌に、人の名成經。と書くこと例の如し。

詩會

廿七日。甲寅。詩會。連句卅韻。國房卿以下なり。房範講師たり。在成（菅原）執筆。今日予の詩に人の名を書かず。御製を加へられざるの故なり。

三善清行の辛酉勘文を御覧

廿八日。乙卯。終日清行（三善）の辛酉勘文を見る。了見を加ふ。其の詮無しと雖も、不審に依るなり。聊か案立つの事有り。但し猶聊か不審相遺るの間、猶引勘するなり。

安樂光院に赴かせらる

廿九日。丙辰。晴。安樂光院にゆき修理を見る。西門已に大破に及ぶ。修理を加へんとするのところ、料足不足の間、先づは假葺なり。又中門公卿の座の壁等修理を加ふ。御堂の上の檜皮又修理なり。今日恒例の講演を行はんとす。而して今年未だ御幸始め無し。初度堂舎に幸すべからざるの間延引。來月たるべきなり。

二月

慈嚴に就き密教の旨趣を聴き給ふ

朔。丁巳。晴。慈嚴僧正參入す。良久《やゝ》しく蜜〔密〕教の旨趣を談話す。此の間、先日の文字合の負態に依り、

量仁親王連句
花園上皇三善朝衡を召し辛酉甲子の事を尋ねらる

甲子につき了見の旨一紙に注するも破却せらる

畫圖多く集見の間、稽古頗る怠る。性もとより後素を好むなり。誡むべし〳〵。

二日。戊午。晴。無事。

三日。己未。晴。行法例の如し。

四日。庚申。親王（量仁）連句三十韻。今日朝衡（三善）を召し、辛酉・甲子の事を尋ぬ。清行（三善）の新術、口傳を隔つの間分明ならず。但し弘長・康衡（三善）聊か了見の旨有りと云々。其の趣、金火相剋の故、或は年數を減じ、或は年紀を増すと云々。委曲の子細、未だ委しく悉《つく》さず。廿一元三百廿年の事、不審に依り問ふ。朝衡云ふ、是れ術有るの間、一元を加へ、廿二元を以て一部（蔀）となすなりと云々。余今度度々の勘文を見て、了見の旨有り。聊か此の旨を以て朝衡に問ふのところ、尤も謂《いは》れ有るの由答ふ。但し委細は猶朝衡に語らず。後代のために聊か別紙に注す。但し此の事、先賢未だ分明の趣を知らず。末學推して了見を加ふ。尤も恐るべし。仍て大概朝衡に示すと雖も、委曲は言はず。且つは外人これを聞けば、嘲哢の基たるべきの故なり。是れ貴耳賤目の故なり。今日又近邊の下人等、勝負の事に依り風流と云々。親王彼等を召して見る。大將拜賀の行粧に摸すと云々。尤も以て比興。

「（裏書）甲子の事、了見の旨一紙に注するのところ、倩《つらく》案ずるに、天命革變、愚意を以て計る。其の恐れ尤も深し。何ぞ况んや傳にて習はざるは先賢の誡なり。仍て破却し了んぬ。」

五日。辛酉。晴。

持明院殿舞樂

六日。壬戌。晴。今日三十二相、樂に合《あは》せらる。長講衆・樂人等參ること去年の如し。季成（狛）堂上に於いて大皷を打つ。上（後伏見上皇）、簾中に於いて比巴を彈ぜしめ給ふ。事了りて舞を覽らる。久經（多）一人なり。仍て季成・直保（三宅）を召し加へらる。先づ左太平樂二人。季成・装束を着す。直保。左の装束不足。仍て右を着するなり。次に長保樂二人。季成・久經。次に陵王。直保。落蹲。季成・久經。皆装束なり。陵王の間昏黑に及ぶ。俄かに仕所に召さるゝのところ、遲參の間、蠟燭の臺六七本を庭上に立てらる。納蘇利訖りて伶人退散す。今日は笙無し。樂器具はらず。仍て參入音聲無し。退出の時又樂を奏せず。舞の間、上、簾中に於いて四絃を彈ぜしめ給ふ。

今日の伶人

笛秀賢（大神）・景茂（大神）。大皷を打つ。篳篥直保今日一向舞を奉仕す。・茂政（中原）。久經舞に立たざるの時、羯鼓を打つ。久經舞の時、茂政羯鼓を打つ。

妙超に謁見せらる

夜に入りて超（妙超）侍者に謁す。

後伏見花園兩上皇北山第及び衣笠殿に御幸

七日。癸亥。晴。今日御幸始なり。未の剋出御。御直衣恒の如し。余又直衣。前大納言通顯（中院）卿御車寄をなす。中門より乘御。余先づ中門の廊より出づ。簾中陰陽師身固を奉仕す。相續いで上皇（後伏見上皇）出御。身固先の如し。女房御劒を取り、前大納言これを取る。乘御恒の如し。北山に於いて右大將（西園寺實衡）御車を寄す。御膳の儀例の如し。即ち還御せんとするのところ、御馬・御牛等引き進む。隆蔭（四條）・保成（藤原）御馬を引く。

經顯（勧修寺）牛を引く。次に余の分の馬牛先の如し。隆蔭・經顯馬を引く。資茂（日野）牛を引く。即ち還御。直ちに衣笠殿に御幸。酒膳供し了りて還御。時に戌の剋。

八日。甲子。終日雨降る。永福門院（藤原鏱子）の御方に於いて、繪破子を開く。聊か酒を供す。

尚書談義

勝負々態の儀

乘船遊興

九日。乙丑。晴。尚書君陳・康王の誥を談ず。顧命忌諱に依り談ぜず。夜に入り院の御方に去る比の御勝負の負態の事有り。廣義門院（藤原寧子）以下勝方の人〻幷に負人の子・親王等は衆にあらず。又船に乘り、一兩廻るの後、清雅（鷹司）・隆有（四條）・俊兼（藤原）・〻高（藤原）・維成（藤原）・季成等一船に乘る。人皆假の女姿なり。唱歌廻り棹して船來たる。訖りて種〻の郢曲。又樂を奏し、破子を獻ず。一兩廻りて後下船。盃酌の事有り。清雅卿已下、猶女裝束して簾下に候す。比明に及ぶの間更に御乘船。日出に及び下りたまふ。男共猶遊女を學《まね》び、小舟に乘り、種〻郢曲・亂舞等、濫吹の至り敢へて言ふべからず。直ちに廣義門院の御方に入御す。御引出物有り。又聊か酒を供す。事沈醉に及ぶの間、予起座して逃げ去る。

花園上皇諸人の文詞を批評せらる

十日。丙寅。晴。院の御方に參るの間、時に御膳を供す。隆有卿・家高朝臣御前に候す。酒を給ふの間、予又盃を勸む。事亂醉に及ぶ。隆有御酌に候すべきの由仰せ有り。數獻に及び雜談、事時の輩の文章に及ぶ。余醉に乘じ、公時（菅原）・行氏（日野）・家高（菅原）等の文詞を評す。家高に謂ひて云ふ、汝文骨を得ること兩人に過ぐ。但し學猶至らず。能く〱勵むべきの由仰す。平伏して聞く。醉中

長講堂修二月會

の狂言なり。而して理を失はざるか。晩に及び分散。今日長講堂修二月御幸有り。予不參。今夜六條殿に御宿。

作文及び連句の御會

十一日。丁卯。降雨。作文。題に云ふ、洞裏韶景に富む。春の字。公時出だす題なり。連句卅韻。執筆在成(菅原)。講師同人。讀師春宮權大夫(堀川具親)。

尚書談義舟遊

十二日。戊辰。尚書畢命・君牙の兩篇を談じ訖んぬ。晩頭乘船。夜に入り又乘船。池月清明、尤も興有り。清雅・兼高卿、舟中に候して朗詠。兼高卿篳篥を吹く。念誦堂の前を過ぐるの間、賢助僧正一樽を獻ず。曉鐘に及び舟を下る。終頭に及び賢助僧正船中に參る。

宇治左府記を讀了し藤原賴長を批判し給ふ

賴長は僻見の人なり

十三日。己巳。晴。宇治左府記を見了りて返獻す。此の人近古に才學優長の人なり。就中義學を宗となす。而して一期の行迹頗る觀るに足らず。擧兵是れ大事にして輕用すべからず。保元の大亂に謀首として事を成す能はず。其の智以て稱するに足らざるところなり。博學強記に於いては人以て稱す。不審の間、記錄を披見のところ、僻見を作す人か。其の證、官掌某丸。名字覺えず。は公務に練る者なり。使廳の下部千丸のために害せらる。仍て件の下部禁獄せらる。而して程無く赦に會ひ免ぜらる。大臣(藤原賴長)公春に仰せ、これを殺す。記に云ふ、是れ天に代りて罰を行ふ。湯武の桀紂を誅するの故なりと云々。天意豈然るや。又公春壽考の事、祈禱を致し、而して遂に以て死去す。後偏《ひとへ》に佛法を信ぜざるの由を記す。愚の甚しき、敢へて言ふべからず。是れ又天命を知

小右記の藤原實資は賢識無雙たり

らざるなり。論語に云ふ、天命を知らざるは君子にあらずと。其の智の深からざるを察するに足る。大事を立つ能はず殃に遇ふ、誠に宜《むべ》なるかな〳〵。俗に云ふ、五十に至らずして易を學ぶ、故に殃に遇ふと。嗟呼《あゝ》凡俗の道を知らざるの甚しきかな。歎息すべし〳〵。道の正しからざる此くの如し。而して又行迹観るべき有らば、古跡を慕ひ、毎事正理に苛刻。或は過法と雖も、多く古事に順ひ、知理必ず屈す。此れに至れば、賢聖と雖も豈これに如かんや。道の大體を知らざるに依り、心私曲を存ぜずと雖も、皆道に逆ふ。是れを以て殃に遇ふ。後世の人能く慮るべきか。去年予小野宮右記を見る。此の人中古に賢名有り。或は云ふ、神道に通ずと云ゝ。件の記を見るに、君子なり。識者なり。世俗の賢と稱するは宜なるかな。而して神道に通ずるに至りては、未だ必ずしも然らんや。件の記を讀み粗《ほゞ》知るところなり。識に至りては無雙か。當時と云ひ後世と云ひ、準的に資せざる無し。正直賢名又更に言ふべからず。悲しいかな後世に生れて此の人に遇はず。嗟呼ゝゝ。

兩上皇及び量仁親王中園第に御幸

今日中園第に御幸。余又親王同車。晩に及び還御。

十四日。庚午。陰雨。今日咳氣有り。仍て蟄居。夜に入りて大風。

今年餘寒尤も甚し

十五日。辛未。雪降る。凡そ今年餘寒尤も甚し。近日聊か休《や》む。而して昨今寒氣殆んど嚴冬に過ぐ。膚を侵し骨を切る。咳病未だ宜しからず。殊に以て謹慎す。

後深草天皇御月忌
両上皇深草法華堂及び長講堂に御幸

十六日。壬申。晴。今日法花堂に御幸。余又參るところなり。今年初度。仍て御直衣に下袴を召さる。余同じく下袴を着するなり。公秀（三條）卿御車寄をなす。隆蔭・重資（庭田）等の朝臣供奉す。北面の四人共に在り。法花堂の儀例の如し。直ちに長講堂に御幸。御月忌例の如し。實任（三條）・隆有等の卿着座。澄俊僧都導師たり。例時の間、御影堂に渡御。余同じ。即ち還御。今夜風氣有り。仍て謹愼す。

尙書談義

十七日。癸酉。晴。今日暖氣有り。尙書冏命・呂刑を談じ了んぬ。

量仁親王連句
今小路殿に方違御幸

十八日。甲戌。晴。晩に及び陰雨。親王の在所に連句卅韻。其の後の蹴鞠、雨に依り止む。今日今小路殿に御幸。御方違に依るなり。去る一日孝重（藤原）の家、流産の穢有り。而して隱密に北山幷に前右大臣（今出川兼季）の亭に行き向ふ。七日北山に御幸。其の日又孝重參るか。仍て丙穢なり。又内裏に此の穢を引き來たる。仍て諸社の祭等延引と云〻。孝重の尾籠更に言ふべからず。尤も罪科有るべきか。然り而して若しくは是れ優免か。

今小路殿に方違御幸

十九日。乙亥。今小路殿に御幸。御方違なり。

歌合
両上皇また中園第に方違御幸

廿日。丙子。歌合有り。深更に及び中園第に行き向ふ。方違のためなり。院の御方又御幸有り。盃を侑《すゝ》む。天明に及び還り來る。今日深雨。

後醍醐天皇北山第に舞曲を御覽ぜらる

廿一日。丁丑。雨止み風吹く。傳へ聞く、今日北山に於いて舞曲を御覽ぜらると云〻。去る十九日行幸御逗留なり。中宮（藤原禧子）又これより先行啓有りと云〻。夜に入りて前右大臣參る。今日舞曲の事を

語る。凡そ左右の舞各十四。荒序朝葛(狛)。・胡飲酒久氏(多)。等の曲有りと云々。共に勅禄有り。右府取る。〔前脱カ、下同ジ〕
五衣《いつゝきぬ》と云々。荒序殊に興有るの間、當座仰せ賞せらる。男葛好を以て右兵衛尉に任ぜらると云々。禄を給ふの次《ついで》、右大臣仰すと云々。前官何様たるべきやの由、伺ひ申し入るのところ、便宜を以て仰すべきの由天氣有りと云々。今日着座の公卿、前關白(一條内經)已下と云々。前關白獨り南の座に在り。自餘皆北の方に着くと云々。北亭の廊屋御所となすと云々。抑胡飲酒の曲、忠有(多)先々相傳の由を稱し、一人奉仕すべきの由毎度訴へ申すか。去年右大臣に仰せられ、兩方相傳の次第を尋究せらる。久氏相傳子細無きの上は、忠有何ぞ拘り申すべきやの由沙汰有りと云々。此の事當座右府に仰せ合はさると云々。前關白・大將又同じく仰せ合はさる。卽ち三人同じく申すと云々。忠有再三所存を申すと雖も用ひられず。仍て一族連なり出づと云々。凡そ今日の事の儀以ての外嚴重か。近代希有の事か。

彼岸
後鳥羽天皇聖忌
尚書談義

廿二日。戊寅。晴。彼岸初日なり。仍て齋食別行。院に渡り行法。後鳥羽院聖忌に依るなり。慇懃の御遺誡有り。仍て近年此くの如し。尚書文侯之命・貴誓を談ず。秦誓篇は竟宴として遺す。竟宴は詩を賦すべし。其の人數今日定む。然るべき篇等各賦す。

廿三日。己卯。雨降る。

後醍醐天皇北山第より還御

廿四日。庚辰。風吹き雨止む。傳へ聞く、行幸北山より今日還御と云々。此の間毎日群飲・管絃・蹴

周禮注疏を入手せらる

甲子仗議

今年大變に相當せず

花園上皇讖緯の説を批判せらる

鞠種々の遊興と云々。傳へ聞く、池上に三船を浮かべ、詩歌・管絃有りと云々。或る人云ふ、三船の外酒船を浮かべ、大飲過法。凡そ御逗留の間、晝夜大飲の外他無しと云々。

廿五日。辛巳。

廿六日。壬午。雨降る。今日周禮注疏を不慮に入手す。自愛々々。

廿七日。癸未。晴。風吹く。

晦日。丙戌。晴。傳へ聞く、今日甲子の仗議と云々。今日詩席を展べんとす。仗議に計會し無人の上、天下の重事評定の日、遊宴憚り有るに似たり。仍て延引す。安樂光院の講演又以て同前。後聞く、今年大變に當らざるの由、多く以て議奏すと云々。是れ淸行〔三善〕の説に依り、神武天皇元年を以て部首《ほうしう》〔蔀〕となすの故か。又改元沙汰無しと云々。是れ又諸卿の定め申すところか。但し皆時宜を伺ふか。抑變命變運は古來恐れ來たるところなり。而して先度辛酉の時、緯候は聖人の著作にあらず。頗る汙誕《をたん》に渉るの由沙汰有り。余思ふに緯候の文言は、聖人の用ひざるところなり。術數を以て天運を推すは、德を先とせざるなり。而して緯候の説は、偏《ひとへ》に虛説となすにあらざるなり。仍て或はこれを用ふ。但し壽殀貳無し。身を脩めて命を俟つ。是れ君子の志なり。是れを以て天運の術數を用ひず、只德を脩め、緯候の書、學ぶに遑あるべからざるの故なり。然れば變革の年に當ると雖も、朝議豈煩ふべけんや。詩緯に云ふ、新より無窮を始むるが如しと

云々。是れ卽ち緯候の說又此くの如し。況んや他書をや。日新の道を用ひ、變革の運に關《よ》るべからざるの條、文已に分明。延喜元年改元有りと雖も、四年沙汰無し。日新の道有るの故なり。德若し日新にあらざれば、緯候の說又違有るべからざるか。只德の有無に在り。更に變の當否にあらざるものなり。時宜の趣誠に謂れ有るか。後代の君子宜しく據用すべし。若し已れの德を量らず、謬り變革に關《よ》らずと謂ふ、豈天運を免れんや。能く思慮有るべきのみ。抑又緯候の說、聖人の作にあらざるを以て、偏《ひとへ》に無きが如きに處せらるゝの段又如何。子細右に記す。尙思慮有るべきか。

三月

御燈

朔日。丁亥。晴。夜に入り御燈の禊例の如し。春宮大夫藤原朝臣（洞院公賢）御簾をなす。陪膳資房朝臣（清閑寺）、役送忠望（平）。兼日經顯（勸修寺）奉行たり。前辨の冠帶出仕先例無し。仍て子細を申す。然り而して闕如に及ぶの間、中沙汰なり。資明（柳原）同然の由仰す。而して故障に依り、當日忠望奉行す。其の儀例の如し。

伏見天皇御月忌
後伏見花園兩上皇永福門院等衣笠殿に御幸

二日。戊子。晴。

三日。己丑。晴。御月忌、御幸例の如し。永福門院（藤原鏱子）・予又合乘り。准后（藤原經子）又參る。前大納言通顯（中院）御車寄

をなす。御月忌了りて還御。時に酉の一點。御月忌の導師隆曉。題名僧澄俊僧都一人なり。通顯卿・朝衡(三善)朝臣布施を取る。夜に入り連句會有り。良辰を賞するなり。蒸・登の韻。五十韻。曉鐘に及び、行法の後寢に着く。

連句會

四日。庚寅。

五日。辛卯。晴。詩會。題に云ふ、花を尋ねて外事を忘る。家高(菅原)朝臣獻ずるところなり。連句眞・臻。五十韻。

詩會

八日。甲午。晴。今日尚書の談義竟宴なり。春宮大夫以下十餘輩。公時(菅原)朝臣講尺(釋)す。秦誓一篇なり。談義了りて詩を披講す。資明序者たり。御製幷に予の詩已下、皆一篇を分ちて各四韻を賦す。此の內或は不參の輩有り。詩を獻ずべきの由別して仰す。篇數に足らんがためなり。但し五十八篇の內、忌諱の篇、又其の義廣からず。詩と言ふに足らざるの篇等少々除く。在成(菅原)講師たり。春宮大夫讀師。前藤中納言(日野資名)・公時・家高等の朝臣講頌をなす。近進して披講。了りて分散。卽ち六條殿に御幸。明日後白川(河)院御八講を始むべきの故なり。今日維(惟)繼(平)卿遲參の間、更に一義を以て問ふ。樂善の人、其の體如何。行親(紀)同題なり。答ふるところ尤も然るべし。但し事晚景に及ぶ。御幸忩々、委細に及ばず。凡そ此の篇指したる義無し。仍て記さず。凡そ去々年夏より、始めて此の書を講ず。無人と雖も、毎月六个度、大略闕かさず談ず。今日無爲事了る。尤も喜ぶところなり。凡そ六

尚書談義の竟宴

後伏見上皇六條殿に御幸

尚書談義は去々年夏より始め毎月六箇度行ひ之を畢る

後白河天皇供養の御八講

關東事書持參せらる

室町院領の内式乾門院より宗尊親王に讓進の分折半すべしといふ

東關既に亂政を行ふか

此事一向金澤貞顯張行といふ

經皆談ずべきの由、心中の發願なり。一經毎に竟宴詩を賦すべきの由、又心中に企つるところなり。

九日。乙未。晴。今日御八講初日。未の剋鐘を仰す。講師玄智、問者朝觀。夕座の講師朝觀、問玄智。朝座に重難無し。證義たるの故なり。朝座了りて行香。公卿不足の間、四位の院司茂家朝臣(藤原)を加ふ。夕座の論義終頭の間、經顯丙穢に觸るゝの間、堂上せず。御神事に依るなり。關東の事書室町院(暉子内親王)御遺領の内、建長元年式乾門院(利子内親王)、宗尊親王に進ぜらるゝ所々、別儀を以て折中し分つべしと云々。右大將(西園寺實衡)の狀を副へ、春衡法師、定資卿(坊城)の宿所に持ち來たると云々。武家の使、昨日北山第に向ふと云々。を持參す。此の事日來《ひごろ》巷說有り。而して更に信用に足らざるのところ、今已に申さしむるの條、不審極まり無し。關東の沙汰以ての外參差。歎息すべし〳〵。余管領の分幾《いくばく》も無し。これを分たば大略有名無實か。驚歎すべし。然り而してもとより名利を好まず、強ひて歎きをなすに足らず。一方の申す旨に付き是非を定め、左右無く裁許の段、東關已に亂政を行ふか。此の事深く歎息するところなり。更に身上の愁にあらず。只天下の亂を悲しむのみ。去年秋の比《ころ》永嘉門院(瑞子女王)の雜掌下向の由、風聞の間、院宣を以て物忩の沙汰有るべからず、沙汰有るべくば、使者を遣はすべきの由を仰するところなり。而して今院宣の返事に及ばず、此の沙汰に及ぶの條、尤も面目を失ふ。然り而して一身の上は猶歎くにあらず。東關已に亂る。是れ我が國の塗炭に墜つるなり。豈悲しまざらんや。但し此の事一向貞顯(金澤)張行すと云々。一人亂政を行ふと雖も、他人何ぞ議に隨ふべけんや。尤も歎息すべ

しく〳〵。

御八講參仕の公卿交名

今日參仕の公卿

土御門中納言顯實。・九條中納言光經。・弼宰相（三條）實任。・大貳惟繼。・九條三位隆朝。

堂童子

相秀・藤原說兼

室町院領の事につき使節を關東に遣すべし

十日。丙申。晴。室町院御遺領の事に就き、使節を關東に遣はすべきの事、重〻の沙汰。前右大臣（今出川兼季）を召し仰せ合はす。又院（後伏見上皇）の御方に申し入る。終日此の沙汰なり。仍て論談の聽聞に及ばず。余深く法文を愛す。而して今日世事に妨げられ、佛法を聞かず。嗟乎〔呼〕悲しいかな。

十一日。丁酉。御八講例の如し。朝座の講師祇圓、問者光憲。問ふ、經に云ふ、往きて親友の家に至り、酒に醉ひて臥すト云ヘリ。親友の家に至るの後醉ふか、本來醉ふか。答ふ、本來醉ふ人なり。又問ふ、一偈一句に一念隨喜する者は、我皆與《とも》に阿耨多羅三藐三菩提を授かり訖る。餘行を兼ねざるの人、只此の經に依りて一念隨喜せば、記を得べきか別なるや。答ふ、機根不同の故、利根の人餘行を兼ねずば、記を得べしと云〻。問答の委細、講師の述ぶるところ大概神妙。而して機根の差別。了見然るべからざるか。玄智此の旨を稱す。夕座の講師房榮、問者仲圓。達多の授〔受〕記、往昔善知識の因緣と謂ふべきか。答ふ、然るなり。又問ふ、龍女の卽身成佛、海中

の解悟を指すか、南方の成道を謂ふか。答ふ、海中の成佛を謂ふべし。講答義理を盡くさず。證義頻りにこれを叩きて應ぜず。兩條共に以て滯停す。晩頭資明を召し、條々を兵部卿(日野俊基)に傳へ仰す。

着座公卿交名

今日着座の公卿
師賢卿(花山院)・經定卿(花山院)・實任卿・隆有卿(四條)・隆朝卿。

今夜入御、御合宿有り。
「(裏書)一念隨喜、是れ甚深の義なり。仍て自ら諸行の趣を具し講答有り。誠に神妙。而して此の義をなさば、機根の差別と謂ふべからざるか。問者の難、證義の不審、只此の一節に在り。」

御八講續行せらる

十二日。戊戌。陰。夜に入りて降雨。講論先々の如し。夕座許り聽聞す。朝(座脱カ)の講師俊豪、問者宗雲。夕座の講師隆曉、問者忠性。

十三日。己亥。微陰。朝座の講師宗雲、問者俊豪。六十二位恒河沙菩薩禮拜の功德を以て、觀音一時禮拜の功德に比すト見タリ。而して論判して云ふ、諸佛如何。答、增句の尺(釋)義なり。又問ふ、勸發品に說くは有相安樂行か、將又無相に亙るか。答、無相に亙るの條謝《や》むべからず。而して尺(釋)義の判有相安樂行。此れに依り此の兩條不審。勸發品ト尺(釋)するなり。夕座の講師光憲、問者祇圓。經供養例の如し。比論諸問經に云ふ、我心自空、罪福無主ト云ヘリ。罪福共に滅すべきか。答、法性に約

せば空寂共に滅すべし。修行の本意を約さば、罪滅し福滅せず。一家天台の意、圓頓を付する修行は分別すべきも、乘と戒とは不同なりや。答、行者に約さば乘と戒とは不同有るべし。圓頓の尺〔釋〕義に約さば、戒定惠の三學は卽ち一なりと云〻。此の答分明に覺悟せず。數日を經て記す故なり。但し大意は此の分なり。事了りて行香例の如し。公卿足らず、茂家朝臣加ふ。

今日の公卿

春宮大夫宮司は行香に立つべからず。然り而して此の御八講、先〻憚らず。此の由兼ねて茂家を以て仰せらる。別勅たれば、存知すべきの由申す。仍て立つるところなり。布施同じく取る。・民部卿〔御子左爲藤〕・萬里小路中納言〔宣房〕・弼宰相・九條三位。

行香の間、茂家朝臣輪を取るの後、簀子に退くべきか。而して退かず。是れ違失なり。

還御
昭慶門院崩ぜらる
世良親王御元服

事了りて晩に及び還御。傳へ聞く、昨日昭慶門院〔憙子内親王〕崩ずと云〻。腫物日數を經ると云〻。世良親王昨日元服。加冠前關白〔一條内經〕と云〻。是れ彼《か》の女院養ふところなり。存生の間、加首服を見るべきの由餘執なり。仍て俄かに此の義〔儀〕有り。卽ち午の剋元服の義〔儀〕了る。申の時崩ずと云〻。物忩の事か。

十四日。庚子。晴。

十五日。辛丑。

十六日。壬寅。晴。

十七日。癸卯。晴。資明朝臣を以て、條々を兵部卿に仰す。

十八日。甲辰。

室町院御遺領の紛糾

十九日。乙巳。陰雨下る。永嘉門院より仰せらるゝ（藤原）雅任卿使として、定資卿の第に向ふ。室町院御遺領の事、關東の計らひ申すに任せ、忩ぎ其の沙汰有るべきか。定資一紙に注し進む。

廿日。丙午。晴。（後宇多法皇）大覺寺殿より、（吉田）定房卿を以て仰せらるゝ室町院御遺領の事、關東の申す旨に任せ、分進せられ了んぬ。此の方沙汰の様何様なるやと云々。去年已に永嘉門院に返進せられ了んぬ。今又分進せらるゝの條尤も以て不審。表裏の御沙汰か。定房不參。經顯を招き申すところなり。

火事

深更今小路出雲路に火有り。

火事

廿一日。丁未。（日野）俊光を前に召し、關東に仰すべき條々委細に仰す。文書の正文等を給ふ。覺圓僧正參る。（廣義門院）女院の御方に於いて對面。今夜西南に火を見る。五辻大宮と云々。

廿二日。戊申。晴。俊光今日進發せずと云々。不審極まり無し。明曉の由を申す。

後醍醐天皇石清水行幸日吉社客人宮及び劒宮等災す

廿三日。己酉。晴。今日石清水行幸と云々。院幷に女院密々に御見物有り。余思ふところ有りて見物せしめず。又上氣の故なり。後聞く、今夜亥の始め、日吉社の客人宮・劒宮等回祿と云々。驚歎極まり無し。

廿四日。庚戌。晴。

六字法行はる
安樂光院に赴き信西の文書を披見せらる

廿五日。辛亥。晴。今夜より增基僧正六字法を行ふ。寢殿西面の五个間（西二間・同北三間、隔障子を放つなり。）を以て道場となす。東の鳴戸に本尊を懸く。（兩界曼荼羅。是れ本尊祕するの故と云々。）其の前に大壇を立つ。大壇の南に護摩壇を立つ。大壇の北向き東北に高座を立つ。御車寄を以て御聽聞所となし、廂を以て壇所となす。此の法三井流殊に祕法なり。又時久しきの間、初夜許り行ふ。三時の佛供一度に備ふ。今日安樂光院にゆき、文車を開き本書等取り出だす。是れ信西（藤原通憲）の文書と云々。其の內南北史節要・鬼谷子・宋齊丘化書等取り出だす。一見のためなり。史通又修復のために取り出だす。子の時修法を始む。供養法了りて念誦の間、高座に登る。上皇鳴戸の北扉を開き、線を引かしめ給ふ。阿闍梨引くの時一たび結ぶと云々。寅の剋に及び一時了る。伴僧六口なり。上皇・予定資に仰せ、沙汰を致さしむるなり。余先日夢想の事有り。又近日思ふところ有り。仍て殊に申沙汰せしむるなり。

禮記講讀

今日禮記を讀む。師夏（中原）侍讀。

廿六日。壬子。

始めて論語を講讀し給ふ

廿七日。癸丑。今日始めて論語を講ず。師夏講師たり。隆有卿已下六七輩、序幷學而篇四五章を談ず。委細記す能はず。

論語注記を抄録せらる

廿八日。甲寅。此の間論語末書（皇侃疏已下數部類聚む。）を抄するの外他無し。談義のためなり。本經を書し、其の下

歌合

に各義を注するなり。

廿九日。乙卯。關白(九條房實)參り、對面す。師夏、禮記を談ず。第十五一巻已に受説し了んぬ。今日歌合有り。夜に入り衆議判。女院の御方に於いて此の事有り。前右府・覺圓僧正・內侍小兵衞督・兵衞督等祗候す。其の後又一獻の事有り。曉に及び寢に着く。

(端裏書)「元亨四年自四月至十二月」

(元亨四年〔正中元〕四月ヨリ十二月ニ至ル記ハ、一巻ヲ成シ、四月ヨリ十月十三日マデハ白紙ニ、十月十四日ヨリ十二月三十日ニ至ル間ハ、同年七月・八月・九月具注暦裏ニ書記セラル、)

四月

日食正現せず

朔日。丙辰。雨降る。今日ゝ蝕。陰雲掩蔽して正現せず。仍て格子を上ぐ。續歌《つぎうた》五十首有り。清雅(鷹司)卿已下候す。

論語談義

花園上皇感慨を述懐せらる

二日。丁巳。晴。論語談義。光繼(堀川)・公時(菅原)・家高(菅原)只三人なり。公時講尺(釋)す。無人と雖も式日を闕かざるがためなり。毎句甚深重ゝの義有り。明珠六合を蘊含すの譬誡なるかな。只恨む、末代の學者其の一を知り、妙理萬端に渉るを辨ぜざるのみ。余聊か學びて一文の淺略の義を示す。諸人初めて開悟す。此の書聖人の言たり。仍て毎章無邊の深義有り。淺見の者は淺く得、深見の者は亦深く義理を識る。體道を得ずして孰《たれ》か其の義理を盡くさんや。

伏見天皇御月忌

後伏見花園両上皇及び永福門院衣笠殿に御幸

花園上皇此院に御滞留

三日。戊午。晴。御月忌、衣笠殿に御幸例の如し。院(後伏見上皇)幷に永福門院(藤原鐘子)御同車。余今日より衣笠殿に留まり住するなり。御月忌。前右衛門督兼高(藤原)。一人着座。忠性僧都導師たり。事了りて布施を引く。被物《かぶりもの》無し。仍て殿上人許り取る。其の故を知らず。酉の剋に及び還御。余獨り此の院に留まる

なり。行法例の如し。

四日。己未。晴。山陰の閑居、終日無事。只墳典を讀み古人に向ふのみ。近日持明院の邊りに於いて、老尼一人死す。下人一人知らずして往きて問ふ。其の死を知り了りて卽ち出で、持明院殿に參り、主人の局に告ぐ。人聞いて卽ち追ひ出だすと云々。是れに依り穢の疑ひ有り。章房（中原）・章香（中原）等に問ふ。皆穢にあらざるの由を申す。是れ彼の男尼の死を知らずして往く。又持明院殿に於いて座に着かず。卽ち追ひ出だされ了んぬ。沙汰に及ぶべからざるの由を申すなり。縱《たと》ひ堂上すと雖も、卽ち追ひ下せば穢にあらずと云々。向後のために記す。

五日。庚申。

六日。辛酉。

論語注疏抄出に努めらる

七日。壬戌。此の間論語抄出の外他無し。今日第一學而・爲政の兩篇功を終へ了んぬ。疏・正義幷に近代の學者の注等、部類幷に他の書又抄し入る。仍て盡期有るべからず。然り而して先づ以て疏・正義・集注等を抄出するなり。今日左右肩の上各七十壯に灸し了んぬ。今日鬼谷子三卷見了んぬ。南史節要見了んぬ。是れ此の七八日許りに見るところなり。閑かに鬼谷子を讀み、粗《ほゞ》義理を知る。淺智測るに足らず。而して抑揚の間、頗る縱横に渉る。其の意豈玆に止まらんや。

鬼谷子を閲讀して所感を述べ給ふ

而して秦（蘇秦）・儀（張儀）業を受け、纔《わづか》に其の一を知る。是を以て諸侯に遊説し、霸王の業を成す能はず、

宜《むべ》なるかな。子貢は孔門の高第たり。吳・越に遊說し、未だ縱橫の術を超えず。況んや鬼谷の仲尼に逮《およ》ばざる、秦・儀の子貢に比せざる、能く道に至らんや。後世此の書を學ぶ者、愼まらざるべからざるのみ。縱橫の說、此の書より出づ。故に此の書を號して縱橫鬼谷子と爲す。說として縱橫の術にあらず。後學能く思ふべきなり。

灌佛會

八日。癸亥。晴。今日神事に當らず。仍て禁中灌佛《くわんぶつ》有り。諸院宮又同じ。持明院に於いて行ふなり。

花園上皇持明院殿に參るの後衣笠殿に歸還

未の剋持明院殿に參る。禁裏(後醍醐天皇)・龍樓(邦良親王)以後公卿等參るの間、子の剋に及ぶ。其の儀先例に同じ。經顯(勧修寺)奉行す。前辨官冠帶の奉行、院中の事先例無し。然り而して當時公事の奉行、其の仁無きの間、別しての仰せ奉行せしむるなり。具親(堀川)卿一人參入す。灌佛了りて卽ち衣笠殿に歸る。

量仁親王方連句

今日晝の間、親王(量仁)方に於いて連句卅韻東。有り。長冬(五條)執筆。

九日。甲子。雨降る。

十日。乙丑。左右の三里に灸す。

十一日。丙寅。雨。夜陰に及び風吹く。

論語談義

十二日。丁卯。晴。論語を談ず。無人と雖も、式日を闕かざるためなり。今日學而の一篇功を終る。寂閑の間、只稽古を事とす。閑かに文中子を見る。尤も味有り。寔に諸子の比にあらざるか。而して諸子に於いて、荀・楊又宗(崇)敬すべきか。宋齊丘化書有り。先日信西(藤原通憲)の遺書中に得たり。其の辭約にして義尤も深し。珍敬に足るものなり。

東宮妃禖子内親王流産せらる

賀茂行幸

賀茂祭
花園上皇行幸の奢侈を批判し専ら讀書研鑽せらる

學道の本義を一紙に錄せらる

十三日。戊辰。今日東宮(邦良親王)息所内親王(禖子内親王)流産すと云々。今月已に十一月なり。或る説に云ふ、只流水の如し。或は云ふ血。實は穢無しと云々。

十四日。己巳。陰雨。晩に及び晴。今日御幸有り。

十七日。癸〔壬〕申。今日賀茂行幸と云々。終日雨降る。今日染装束《そめしやうぞく》を着せずと云々。

十八日。壬〔癸〕酉。賀茂祭例の如し。兩日見物の貴賤首を擧げて趣〔赴〕く。余獨り閑寂。書案に憑り古事を見る。今度兩社の行幸制符無し。仍て上下綾羅錦繡を着し、儉素を忘れ奢侈を事とす。見て何の益ぞ。古人の行迹皆仁義忠孝を本となす。彼と此と用捨如何。書典に對《むか》ひ古人に逢ふに如《し》かざるのみ。史通二帙廿卷、昨日より今日に至り夜分粗《ほゞ》見了んぬ。第十七疑古篇に至りては、多く聖人の心を知らず。異説に付き聖作を疑ふ。愚の甚しき言ふべからず。書を廢《お》いて歎息す。此れ以下觀るに足らず。仍て疑古篇等に於いては見ず。所々引見し了んぬ。古今を評するの史官、直筆にあらざるを責め、煩文を省かんと欲す。此の類數事誠に觀るに足る。舜の堯を放ち、湯の桀を誣《し》ふる等の數事を疑ふ。何ぞ聖の遠を知らざるか。是れ博聞強識餘り有り。通聖極道足らざるの故なり。己れの才智を恃み、古賢の非を出だすを好み、史漢〔官〕の謬りを出だすに至りては采《と》るべきもの有り。仲尼の聖作を疑ふに至りては亦甚しからずや。此の書後生を迷はすに足る。來葉に傳へ難し。其の以て聖人の心に達せざるところ、一紙に錄して此れを來者に遺さんと欲す。是れ古人を判するにあらず。後生を迷はすを恐るゝがためなり。魏晉の僞詐を以て虞

夏の聖賢を推す。暗惑の甚しき亦言ふべからず。敢へて孔門の義を望まず、只亂世の俗に慣る。學百家に渉ると雖も、道を知るに益無し。後世の君子、是れを以て鑒誡となすべし。嗟呼悲しいかな。是れを以て一端を別紙に記す。

後聞く、春宮の使立たずと云々。是れ坊中觸穢の故なり。或は云ふ、穢無し。或は云ふ、七日。而して三十日穢の由披露有りと云々。

慈什不動供を修す

十九日。甲戌。終日無事。書案に憑り永日を消すのみ。慈什法印不動供を修す。寢殿の東一間《ま》を道場となす。

論語談義

廿二日。晴。論語爲政篇の過半を談ず。

廿六日。爲政篇を談じ訖る。詩を賦す。題に云ふ、山中の夏景清し。探韻なり。公時獻ずるところなり。無人に依り期せずして中絶。▨▨少々除く。然るべきの字等を書す。予盃の字を取る。

任大臣節會
任官の諸卿

廿七日。任大臣節會と云々。左大將（近衛經忠）右大臣に任ず。右大將内大臣に任ず。權大納言公賢（洞院）・親房（北畠）大納言に任ず。中納言公敏（洞院）權大納言に任ず。參議公明（三條）・資朝（日野）權中納言に任ず。藤房（萬里小路）・宗平（鷹司）參議に任ず。參議實任（三條）左大辨に任ず。藤房右大辨に任ず。行高（平）左中辨に任ず。資房（清閑寺）右中辨に任ず。忠望（平）權右中辨に任ず。參議冬方（吉田）左兵衛督に任じ、檢非違使別當となる。成輔（平）中宮亮に任じ、藏人頭となる。冬信（大炊御門）又頭となる。自餘除書に在り。兩大臣（鷹司冬教・近衛經忠）今夜饗を行ふと云々。互に尊者となると云々。

伏見上皇々子
出家

今日茂長（東坊城）養ふところの舊院（伏見天皇）の皇子、恒定親王の室に入り出家。如法蜜（密）々の儀なり。師賢（花山院）中宮大夫に任じ、公泰（洞院）權大夫に任ずと云々。

六　月

花園上皇慈嚴より胎藏界念誦作法を受けらる

十六日。庚午。晴。前權僧正慈嚴に遇ひ、胎藏界念誦の作法を受く。一昨日より精進なり。七个日潔齋すべきかの由、僧正に仰するのところ、凡人は皆四度の加行、各百个日なり。而して天子は義有り。仍て先例七个日なり。仍て去年十八道傳受の時此くの如し。今度に於いては三个日たるべきか。是れ予弘法・智證の兩流を受け、已に蜜〔密〕法の器たり。凡人猶重ねて灌頂《くわんちやう》を受くるの時、加行の日數を縮む。況んや天子をやと云々。仍て此くの如し。持佛堂の佛前に於いて受く。作法十八道の時の如し。僧正軌儀を讀み、所々義を申す。事了りて退出。

十七日。辛未。晴。今日より初夜の行法を始む。是れ初行なり。三時恒の如し。

廣義門院御惱　花園上皇持明院殿に御幸見舞せらる

廿日。甲戌。廣義門院（藤原寧子）去る十八日より御惱有り。御瘧病の疑ひ有りと云々。仍て持明院殿に參る。午の剋乘車。中門より下車。先づ便に付き永福門院（藤原鏱子）の御方に參る。頃《しばらく》して廣義門院の御方に參る。一昨日猶疑ひ有り。今日已に御發有り。仍て瘧病の由治定すと云々。院（後伏見上皇）の御方に於いて食を行ふ。酉の初に及び漸く御醒の氣有り。即ち退出。

狼藉者あり

一條町の邊りに於いて、笠を着けたる法師二人轅《ながえ》の邊りを過ぐ。召次《めしつぎ》叱る。敢へて承引せず。仍て召次等石を以て打つ。法師二人卽ち

刀を抜く。北面康仲（源）の下人これを見て、大刀を抜いて追ふ。行人等又合力の間、法師退走す。北面已下これを追ふ。近邊の篝屋《かゞりや》召取ると云々。狼藉比類無きか。不可説なり。夜に入り隆蔭（四條）を以て、持明院殿より訪らひ仰せらる。即ち景朝（大江）に仰せ召取らると云々。一人は篝屋已に召取るの間、後日院宣を以て武家に感じ仰せ了んぬ。

廿二日。丙子。廣義門院猶御發有りと云々。

柳原資明關東より歸洛

今日資明（柳原）關東より參る。委細記し盡くし難し。所詮女院（廣義門院）の雜掌を召し、沙汰有るべしと云々。

廿三日。丁丑。別行此の曉結願し了んぬ。

資明を召し委細問答せらる

廿四日。戊寅。今日猶女院御發有り。資明を召し委細問答す。飛脚を以て女院の雜掌を召す。其の由且つは資明を以て俊光（日野）に申すところなり。關東の沙汰未だ其の意を得ず。女院仰せらるゝの時、一方を以て沙汰有り。今所存を仰するのところ、已に兩方の所存を聞く。何の不審に依り、重ねて雜掌を召すや。何ぞ況んや龜山院御分の事、沙汰有り難きの由申さしむるの條、一事の內用捨何事や。關東の沙汰未盡に似たり。但し君子は素より其の位の行、貧賤の者は素より貧賤の行、富貴の者は素より富貴の行。是れ內經の所謂先世の宿業。外典の說に於いて命と謂ふものなり。今卒爾に此の事、何ぞ必ず悲しむべけんや。傳へ聞く、東夷の蜂起先例に過ぐと云々。是れ亦資明の說なり。

後宇多法皇崩御事歴

廿五日。己卯。晴。卯の一點太上法皇(後宇多)已に崩御と云々。法皇は諱世仁、法名金剛性。龜山院第一の皇子。母京極院(藤原佶子)。入道左大臣實雄公(山階)の女。天性聰敏、經史を博覽し、詩句に巧みにして、亦隷書を善くす。文永中に立坊、何《いくばく》も無く登極。在位十三年。龜山院の遊幸度無く、內寵多く、政事整はず。是を以て貞時(北條)天意に代り、先皇(伏見天皇)を天位に薦む。これより以降父業の脩まらざるを悲しみ、西郊の離宮をトし、仰鑽を事とし道義を脩め、令名有り。遂に正安に使して遜讓の事有り。乾元・嘉元の間は政理亂れず。徳治中に遊義門院(姈子內親王)の早世に遇ひ、一旦落飾して佛道に入る。續いで後二條院の晏駕有り。彌俗塵を厭ひ、深く釋家に歸し、律義を習ひ蜜(密、下同ジ)宗を學び、西郊大學(覺)寺を以て棲遲の仙居となし、寛平法皇(宇多)に擬し仁和寺に坐す。徳治中に前大僧正禪助に對《むか》ひ、祕蜜灌頂を受く。以來蜜宗の高德、比肩する者少し。

附法の御弟子性圓法親王僧正道意等あり

二品(性圓)親王・道意僧正以下、法皇の蜜灌を受くる者多し。當今(後醍醐天皇)龍興の後、再び政柄を執る。晩節政事齊《とゝの》はず、政賄を以て成す。惜しいかな始め有りて終り無し。元亨元年今上(後醍醐天皇)に委託の後、又仙居を西郊に移す。法皇の近臣任官等、或は叡旨を稱せず。此れに依り不和の事有りと云々。三四年來、脚氣の故起居協《かな》はず、玉體不和。この春より彌留まり、炎節に入り增氣す。或は云ふ、宋醫石藥を薦む。是れに依り內熱尤も甚しく、尊體火の如しと云々。遂に以て崩御。天下の歎き敢へて言ふべからず。

晩節修らずと雖も末代の英主なり

晩節脩らずと雖も、末代の英主なり。愛惜せざるべからず。去る十六日の行幸、七日に滿つるに依り廿二日還御。

故法皇に對する御批評

遺詔に依り後宇多院と號し奉る

善胤來たり廣義門院の御禮を行ふ

増基關東に下向すべしといふ

妙超と法談せらる

獲麟の期に臨み又行幸。辰の剋に及び還御すと云々。或は云ふ、行幸以前に崩御と云々。御没〔歿〕後の法事等行はるべからざるの由遺詔有り。人々素服《そふく》を着すべからざるの由、同じく遺命有りと云々。近年禁裏(後醍醐天皇)・龍樓(邦良親王)不和。法皇の御旨、東宮(邦良親王)に在り。これに依り舊臣等怖れを懷き、薄氷を踏むが如しと云々。舊院無人頗る散々と云々。法皇學内外を渉獵すと雖も、百世を鑒るの智猶乏しきところなり。是れを以て禍數年に萌《きざ》す。叡聽未だ覺めず。没〔歿〕後におよび亂難を免る。後世の君子準的に資す。庶《こひねがは》くば將來を愼むのみ。

後聞く、御終焉に五字明を誦せしめ給ふ。或は云ふ、分明ならず。然り而して獨鈷を持たしめ給ふと云々。後宇多院と號し奉る。是れ遺詔か。

廿六日。庚辰。晴。二條前關白(道平)牛一頭を引き進む。是れ今日廣義門院御虐病御落居有れば、御驗料を給ふべきなり。用意のために召すところなり。今日道昭僧正の門徒善胤僧都參入す。中の剋に及び御發有るの由聞く。夜に入り増基僧正參入す。此の間關東に下向すべきの由を語る。條々仰せ含むの事等有り。

廿八日。壬午。持明院殿に參る。未の半ばに及び、女院の御虐病御發有り。前右府(今出川兼季)に遇ひ仰せ合はす事等有り。晩頭に退出。

廿九日。癸未。妙超上人に遇ひ法談。先日の下語挨拶有り。後宇多院の御事、狀を以て慈道親王

方違に依り持明院殿に御幸

弁に前左大臣《洞院実泰》等に弔ふ。皆返事有り。

晦日。甲申。持明院殿に参る。方違《かたゝがへ》のためなり。今日女院の御虐病御發無し。但し聊か御溫氣有り。又御頭痛、又御氣分有り。然り而して剋限以ての外遲ゝ。法驗と謂ふべきか。然り而して猶明後日參るべきの由仰せ含めらる。善胤申して云ふ、是れ御落居の分なり。御溫氣は御餘氣なり。然れば明後日と雖も此れに勝るべからず。然れば參るべからずと云ゝ。卽ち退出。尙康《丹波》を召し尋ねらるゝのところ、御落居と謂ふべきの由申す。仍て牛馬等、追て善胤僧都に送り給ふなり。

六月祓

夜に入り六月祓《みなづきばらひ》例の如し。經顯《勧修寺》奉行す。

「《裏書》諒闇の間なり。何ぞ況んや後宇多院の御事、未だ三十个日に及ばず。折節無骨の間、御驗者當座賞翫の儀無し。送り遣はさるべきの由、兼日治定の上、已に面目を失ふの由を存し退出の間、道昭僧正の許に送るところなり。馬は院の御方より引かる。牛は予の獻ずるところなり。又衣一領送らるゝか。衣に於いては、當座給ふべきの由議有り。然り而して退出の間、送らるゝか。」

七月

衣笠殿に還御

乙酉《マヽ》。朔。未明衣笠殿に歸る。經顯《勧修寺》を以て內府《西園寺実衡》に仰する事有り。又持明院殿に申し入る。

二日。丙戌。

伏見天皇御月忌

三日。丁亥。御月忌例の如し。

花園上皇御不豫

五日。己丑。卯の剋より心神違例。

六日。庚寅。心神本《もと》に復せず。申の剋より溫氣尤も甚し。終夜惱亂。

七日。辛卯。長直（丹波）・仲成（和氣）・蔭夏（和氣）等參る。皆云ふ、風氣上氣の故と。但し瘧病の疑ひ有りと云〻。

今日心神別事無し。仲成卽ち祗候せしむ。

八日。壬辰。未の剋心神違例。瘧疑ひ無きの由、仲成稱す。明後日驗者の事、持明院殿より道昭僧正に仰せらると云〻。

病中記す能はず。後日記さしむるの間、每事脫略。差したる事無く記さず。

十四日。未の終りに及び發せず。申の剋發動。寒氣等例の如し。剋限遲〻を以て、祿を俊幸僧正に給ふ。牛馬幷に女房の衣等なり。此の事後日人〻云ふ、然るべからずと云〻。余病氣蒙昧の間、委細の事知らず。

御病惱平癒祈願の驗者

廿六日。終日發せず。今日驗者定仙法印なり。太子堂上人又神呪を誦して祗候。驗者と相並ぶ先例有るなり。牛馬各一疋、衣一領を定仙に給ふ。卽ち退出のところ、夜に入り又其の氣有り。但し溫氣少し許りなり。心神すべて違例の事無し。此の後猶隔日每に其の氣有り。但し少し許

御子左爲藤薨ず

花園上皇爲藤を評せらる

りなり。

今月十(マヽ)日、民部卿(御子左)爲藤薨ず。瘧病と云々。或は云ふ傷寒と。其の事裏に記す。

(裏書)「爲藤は前大納言爲世卿の二男なり。始め爲雄(藤原)卿の猶子となる。爲道(通)朝臣早世の後家督となる。藏人頭を經て參議に任じ、後中將を兼ぬ。始めての家例、人以て榮となす。正和に爲兼(京極)卿勅を奉じ、玉葉和歌集を撰進す。爲世卿頻りに訴ふ。是れに依り旨に忤《そむ》く。爲世又朝廷を怨み籠居し、隨ひて又職を辭す。數年の後爲兼坐(マヽ)の事、(有り脱カ)仍て又出仕す。何《いくばく》も無く正三位に敍す。籠居して積薪の愁ひ有り。仍て同日に位記を給ふ。人以て過分の朝奬となす。今上(後醍醐天皇)龍興の後、權中納言に任じ、今年正に轉ず。去年和歌を撰進せしむべきの由勅を奉ず。父存生の時勅撰を奉ず、未だ先例有らず。況んや一人をや。其の藝人以て仰信すと雖も、實事尤も不堪なり。今不慮に早世す、道に於いて恐るべきか。向後斟酌有るべき事か。爲相(冷泉)・雅孝(飛鳥井)・隆教(九條)等の卿殊に欝念せしむ。誠に謂《いは》れ無きにあらざるか。或は語りて云ふ、爲世卿云ふ、爲藤の歌、其の風聊か父祖に似ず。此の故に此の夭死有り。勅撰の事、爲定(御子左)を以て面となし、爲世撰ぶべしと云々。此の事如何。父子の所存尤も同じからざるか。傳へ聞く、時宜爲藤に在りと云々。爲世卿の歌、偏《ひとへ》に古風を知らず、其の本《もと》に暗し。爲藤聊か本意を探らんとするの意有り。これに依り、父の旨に違ふか。悲しむべし〳〵。但し爲藤、又堪能にあらざるなり。爲世はす

べて和歌の本意を知らざる者なり。諸藝當時皆其の本《もと》を知らず、纔《わづか》に其の末を論ず。就中和歌は、天下の人皆其の本意を知らず。只舊院（伏見天皇）と爲兼卿、此の道の陵夷を歎き、漸く古風を復歸す。爲兼和歌を以て近習となり、漸く朝權を弄す。是れを以て廢黜せらる。人以て和歌のために天意に背く、是れを以て此の災有りと云々。愚暗の甚しき謂ふべからざるものなり。朝權を執るを以て罪に遇ふ。豈和歌の咎ならんや。和歌は只始め君を浸すなり。伊尹の鼎俎を負ふ、執政の後鼎俎の貴きを稱せず。甯戚の牛角を叩く、豈歌曲の是非を論ぜんや。亂政の名を以て退けらる、何ぞ和歌の是非に關せんや。愚人の口實を以て、爲世彌和歌の道を獨歩し、以て吾が立つるところの義天意に叶ふとなす。後生必ず分別すべきを畏るべし。主上儒教の義理を以て、歌道の本意を推知す。爲世立つるところの義淺近にして用ひられ難し。而して爲藤聊か本《もと》を探らんと欲し、纔に時宜に叶ふか。予の言拙にして文俚、和歌の道に堪へず。然り而して先院の御旨、爲兼卿の教誡、深く耳底に在り。此の事を追思し、儒釋の奥義と已に以て符合、仰いで信ずるところなり。爲世立つるところ、譬へば猶溟海と牛蹄の涔《くぼみ》のごとし、同日にして語るべからず。人未だ此の理を知らず。嗟呼悲しいかな。」

石清水放生會延引
大風雨
大炊御門冬氏薨ず
風雨洪水四十年來未曾有
比叡山諸堂多く顛倒す

八月

朔日、晴。今月猶隔日に小瘟氣有り。

十五日。放生會《はうじやうゑ》延引す。諒闇の故か。

十六日。終夜大風雨。屋を發《あば》き樹を拔く。所々皆破損す。朝に及び休《や》む。後聞く、入道內大臣〔大炊御門〕藤原冬氏朝臣薨ずと云々。公は大納言良宗の嫡男なり。良宗早世の後、祖父太政大臣信嗣養ひて子となす。昇進の次第、委しく記す能はず。上表辭職の後、籠居して偏《ひとへ》に酒色に耽り、長夜の飲をなす。茲に因り諸病競ひ起こる。氣力枉〔尫〕弱、兩三日病惱霍亂《くわくらん》すと云々。昨日出家入道し、今日薨去すと云々。公才翰の譽無く、唯家業を傳へ、和琴を學ぶ。每《つね》に宸遊には必ず其の撰に應ず。今年大臣多く夭亡し、諒闇の事有り。甲子の變恐れざるべからざるか。

今夜風雨洪水、四十年來未曾有と云々。或は云ふ、建保以後かくの如き洪水無しと云々。諸河溢流し、民屋多く以て流失し、人馬の死ぬ者數を知らずと云々。鳥羽の門顛倒し、比叡山の諸堂多く顛倒の由、慈什語る。

今夜、卌五日方忌《かたいみ》、明靜院に於いて違ふべきの由、陰陽師稱す。然り而して病氣を勞らんがために代官を用ふ。此の事陰陽家用ひず。然るべからざる事なり。然り而して聊か思ふところ有

り。例となすべからず。

慈嚴六字法を修す

廿日。慈嚴僧正六字法を修す。

廿一日。慈嚴僧正を前に召し語る。今度悩むところ怨家の疑ひ有り。故に此の法を修すと云々。此の法無我に住し他の呪詛を破るなりと云々。これに就き予曰く、無我の心に住す。豈怨家の呪詛便を得んや。僧正云ふ、勿論。但し凡夫は眞實無我に住すること尤も難し。是れを以て本尊の加持に依るなりと云々。予心中に思ふ、心もとより自無く他無し。無我に住すること難ならず。然り而して思ふところ有り。輙《たやす》く開口して語らず。此の法殊に必ず聽聞すべきの由稱す。仍て今夜より闕さず聽聞するなり。

後伏見上皇衣笠殿に御幸　慈嚴來たり尊勝陀羅尼を誦す

廿三日。上皇（後伏見）御幸有り。申の終りに及び、慈嚴伴僧を率ゐ加持、尊勝陀羅尼を誦す。今日開白なり。然り而して此の間毎日小溫氣有るの故なり。僧正一人障子の內に在り。伴僧外に在り。今日殊に溫氣無し。僧正に語りて云ふ、此の曉に夢想、山伏一人御前より退出、病氣を給ふの間、寢殿東南の欄下に於いて病氣を拂ひ棄つ。然るに猶棄つる能はず。而して病を懷いて退出すと云々。此の僧の名字ヤウカと云々。其の字夢中に覺えざるか。仍て記さず。是れ減兆を得べきなり。尤も信ずるところなり。凡そ今度病中に俊幸僧正參るの時、余夢想す、俊幸は叶ふべからず、慈嚴必ず驗有るべしと云々。然り而して其の間法皇（後宇多）の御祈に祗候。日數幾《いくばく》ならず籠居

の由稱するの間、召す能はず。仍て此の間祇候なり。此の法計らひ申すところなり。料足遲ゝの間、私力を以て懃仕すべきの由、懇切に申さしむの間、然るべからずと雖も修せしむるところなり。向後は例となすべからず。僧のために不便の事なり。

廿四日。晴。申の剋に及び、慈嚴僧正伴僧六口を率ゐ、尊勝陀羅尼を誦す。酉の一點聊か其の氣萌《きざ》さんとするのところ、卽ち平減し遂に發せず。併しながら法の効驗か。僧正の行德尤も貴むべし。余先日の夢想驗有るに似たり。

廿五日。今日又溫氣無し。晩に及び僧正を召し談ず。

邦良親王の使者六條有忠鎌倉に下向す

廿六日。傳へ聞く、前中納言有忠（六條）、春宮（邦良親王）の御使として關東に下向すと云ゝ。

廿七日。此の曉六字法結願す。結緣《けちえん》の灰等を進む。

衣笠殿に伏見天皇法華八講行はる

廿八日。御八講例の如し。余大病の餘氣未だ散ぜず。指貫《さしぬき》を着するに堪へず。密ゝに女房中に於いて聽聞。又精進に及ばざるなり。次第例の如し。朝座の講師玄智法印、問者朝觀法印。問、無量義經中ニ、權乘の益を得る者有りと謂ふべきや。答答（マヽ）、權乘の益を得ると雖も、遂に大乘の心を發すべしと云ゝ。證義の者たるに依り重難無し。一个條、予聊か起座の間聽かず。今日公卿只二人。仍て行香無し。夕座の講師光憲法印、問者憲信僧都。問、五千上慢の輩退座の後、還來と謂ふべきか。答、測り難しと云ゝ。問、三世の諸佛世に出づれば必ず法花を說くべきや。

答、必ずしも此の經を說かず。根機不同の故と云々。酉の半ば事了る。

今日參る公卿、

春宮大夫（洞院公賢）吉服。帶劒・笏。・勘解由宰相（三條公明）諒闇裝束。笏を持つ。

晦。癸未。晴。朝座の講師朝觀、問者玄智。問、經文ニ今此の三界皆是れ我が有。其の中の衆生悉く是れ吾が子ト云ヘリ。結緣の諸子に約するか、理體に約すとなすか。答、理體に約す。但し事相の邊に謝《や》まずと云々。難じて云ふ、理性一如の故、無緣の慈悲起こるの條は置いて論ぜず。然り而して今文の面專ら事相に約す。而して今此れ三界ト云ふなりと云々。講答に云ふ、然るなり。道理二邊に涉る。然り而して義を尺（釋、下同ジ）し理に約すと云々。問者云ふ、何の尺義か不審と云々。講答、尺義を出だす。問者難を加へず。大才と雖も此の尺を忘却するか。驥《き》騏《ゝ》の一躓《ち》か。問、信解品中に一城に止む、自他中間ト尺セリ。實報土を以て自土となすべきや。答へて云ふ、實報土を以て自土となす。將又他土たりと雖も謝《や》むべからずと云々。自土に就き難を加ふ。問答の往復。報土の中、常寂光の覺智を以て自土となす。無明所感の邊を他土となすと云々。然れば寂光を假りて自土となす。報土自土たるの條、有名無實の由頻りに難ず。答、寂光都を出づる以後は皆他土なり。然り而して覺智と謂ふは自土なりと云々。問答數度。但し甚深の法門に及ばず。朝觀強ひて才名の譽無しと雖も、一流の者なり。又問答の體神妙か。夕座の講師仲

圓、問者俊豪。問、十二因緣ヲ說クニ就テ、無明の惑能くこれを治す。觀門中道に限るか、將《はた》空假に涉るか。答、專ら中道に約し空假に涉るにあらず。三惡は三觀の無明に當る。何ぞ空假に涉らんやと云〻。講答、三觀は卽ち一の故と云〻。問者難の趣、法門頗る融《とほ》らざるか。今一个條、法門の趣大略一同か。但し名字等、字の不審有り。仍て記さずと云〻。俊豪は未練の若輩なり。仲圓は才名有り。仍て問者の難當らざるか。抑二〔三カ〕个條の論義、文異り義同じ。頗る無念と謂ふべきか。

今日資朝卿（日野）・實任卿（三條）着座す。今夜內大臣（西園寺實衡）拜賀すと云〻。春宮大夫以下扈從すと云〻。

九月

朔。甲申。晴。辰の二點內大臣（西園寺實衡）參る。所〻に參り遲〻の故か。前に召し對面。諒闇の裝束、帶劍恒の如し。講問例の如し。朝座の講師忠性、問者隆曉。問、尺〔釋、下同ジ〕迦と多寶との分身は三身を表《あら》はす。然れば何の佛體が何の身を表はすや。答、分身は應身を表はす。第二重ねて問うて云ふ、尺を進めて分身は應を表はす。表の字は既に是れ非實の面を見《あら》はす云〻。答、三身相卽の中、分身應を表はすなりと云〻。篇目數多く、問答記す能はず。問うて云ふ、無價の寶珠を以て其

の衣裏に繫ぐ。信樂無ければ珠を繫ぐと謂ふべきか。答、信樂慙愧の衣、一乘無價の珠を繫ぐ。但し信樂無ければ、珠を繫ぐと雖も謝《や》むべからずと云々。今日公卿無し。又堂童子遲參す。夕座裏に記す。

「（裏書）夕座の講師憲信、問者光憲。講讃經文ニ、文殊海中に赴く、正宗以前と謂ふべきや。答、序分の終に流通分兩說有り。難じて云ふ、文殊深く薩埵を信ずるなり。何ぞ三種の正說を聞かざるや。若し然りと謂はゞ經文據るところ無し。答、流通分なりと云々。但し經中に現文之を出ださず。證義頻りに之を叩く。然り而して遂に出でず。又問ふ、法相大乘の意、不定性の者、大乘經を聞いて小果を得ると謂ふべきや。答、必ず大乘の益を得べしとは測り難しと雖も、兩方の僕揚人般若を引き、小果を得る事之を許す。已に大乘性を具す。何ぞ大乘經を聞いて小果を得べけんや。講答、大乘の益を得べき事一方の難の如し。大を退くの類は謝《や》めずと云々。論義の間雜言繁多、太《はなはだ》狼藉。比興々々。」

二日。乙酉。晴。講師祇圓。問者澄俊。經文に、我本《もと》菩薩の道を行じて成ずべき壽命、今猶未だ盡きず。因位か果位か。答、因位に文を進むるが法花の論なり。又問ふ、教主尺〔釋〕尊の本《もと》實に成ずる土は淨土穢土何れか。答、淨穢に涉る。但し解する人には淨土なり。難、淨穢に涉るの條然るべからず。答、四土不二、一土相卽の故と云々。玄智頻りに難を加ふ。問者大略閇口。證

義相代りて問答。講答頻りに多言を吐くと雖も、落居未だ分明ならず。一義又謂れ無きにあらざるか。暮座の講師隆曉、問者忠性。問ふ、經文に、皆成佛道の旨ニ付テ因幾種の佛性有るや。答、五佛性中の三因。難、三因の佛性は一法諸教に見えざるところなり。答、大經の所說幷に或る一經に所見有りと云々。又問ふ、經文に、我無量阿僧祇劫に於いて修習是れ得難しと云々。法の得難きヲ謂ふか。修行の時分ヲ謂ふか。答、修行の長遠、法の得難きなりと云々。難、尺〔釋〕尊長遠の修行の事、定と短と正尺相違をなす事、講答の趣、證義難を加ふると雖も、一義を存するに似たり。未練の若輩の所作神妙と謂ふべきか。今日公明(三條)・資朝(日野)の卿着座す。

後伏見上皇法華堂御幸

三日。丙戌。拂曉法花堂に御幸。午の剋還御。申の一點左大臣(鷹司冬教)參入す。卽ち御八講を始めらる。朝座の講師俊豪、問者仲圓。問うて曰く、觀音普現三昧ニ付テ、菩薩の身を現ずと謂ふべきか。答、現ずべし。但し經文に見えず。難じて曰く、經文に書を見ず。此れ經文略か如何。答、尺〔釋〕文見るべし。猶未だ分明ならざるか。又問ふ、四王・十羅刹女等陀羅尼を說くト見タリ。然れば當經梵語を翻せざるの由、何の經文に因るか。答、因るところの經文當座詳かならず。然り而して不翻の由は梵語多く含むの故かと云々。難じて云ふ、梵文多く含むは陀羅尼に限るべからず。何の經文梵語を翻して漢語となすかと云々。問者重々難を構ふ。講答唯大概を述べて委悉に及ばず。是れ蜜〔密〕教に暗きの故か。但し兩難共分明ならず。頗る澁滯に似たり。夕座の講師澄

俊、恒例、第二の講師御經供養の導師となる。而して今年若しくは申請か。累葉の跡を受けて道を説く。殊に骨を得。但し一文不通は、説經の中多例の事、傍輩口を掩ふか。晴の時導師用意有るべきか。論義又大略閇口。講師憖《なまじひ》に答ふ。詮無きに似たり。問者祇圓。問ふ、經文ニ、我が心自らの定めにて罪禍に主無しとは、罪禍共に滅すト謂ふべきや。答、滅罪は禍を滅ぜず。問ふ、普賢の色身を見るに、必ず三生を過ぐべからずと謂ふべきや。答、極めて大なる癡者は三生卽ち得ト尺〔釋〕するなりと云々。左大臣・三位中將（西園寺公宗）等早出の間、新大納言（洞院公敏）・資房朝臣（清閑寺）相加はる。其の作法、上卿の如し。頗る禮を失するか。布施例の如し。

奉仕の公卿

今日參仕の公卿、

左大臣・新大納言公敏（洞院）。・土御門中納言顯實。・西園寺三位中將公宗。・藤房朝臣（萬里小路）。

公宗卿早出。左大臣又暮座未だ訖らざるの間に退出。仍て四位の院司相加はる。四人行香なり。藤房禮を左大臣に致さず、只平伏なり。近代然らず。如何々々。

花園上皇病惱以後初めて沐浴せらる

八日。今日病惱以後初めて沐浴なり。全成（和氣）・仲成（和氣）等撰び申す日次なり。慈嚴僧正を召し加持せしむ。湯浴了りて祿を兩醫に給ふ。各單・重一領。內々に女房簾下より給ふ。各再拜か、見えず。此の外各馬一疋を給ふ。凡そ度々の例、醫師の祿、浴殿の日にあらず、落居の日に御驗者と同じく給ふ。又牛馬に及ばず。而して上皇（後伏見）初度の御瘧病、正安。御湯の日に祿を給ふと云々。彼の例を追ふところなり。兼日牛馬を給ふべからざるの由治定すと雖も、今朝前左大臣（洞院實泰）馬一疋を引き

進ず。仍て今度仲成寓直の間、別して引き給ふところなり。而して全成は上首として別祿に預らず。已に仲成管領の義(儀)なり。然れば管領代〻多く以て上首に就くの由、内〻愁ひ申すの間、當座馬を長隆(藤原)卿に召し引き賜ふところなり。凡そ今日の儀如法内〻なり。全成衣冠、下絬。仲成布衣。下袴を着す。祿直に簾下より給ふ。公卿に及ばず取る。浴し了りて上皇還御。晩頭慈嚴僧正を召し對面す。今夜より大威德護摩を修す。七个日。

慈嚴大威德護摩を修す

(裏書)「全成、予幼少より寓直功勞有り。仲成又全成に猶子の儀有り。旁相論に及ばざるものなり。」

十二日。今日始めて女院(廣義門院)の御方に參る。又慈嚴僧正に對面す。夜に入り覺圓僧正參る。同じく對面す。一度にあらず。

兩上皇贈答の御製

十三日。六條殿より御製を給ふ。和答を進ず。和漢兩篇なり。御返事同前。夜に入り續歌《つぎうた》。公脩(萬里小路)・俊兼(藤原)・隆朝(九條)、公卿四五輩なり。今夜人定《にんぢやう》に及ぶ。月明佳期を失はず。

綾小路信有薨ず

入道前權中納言源信有(綾小路)朝臣、去る十日薨去すと云〻。累家の業を受け、歌曲を以て朝に仕ふ。先院(伏見天皇)の舊臣獨り殘る。今忽ち歸泉。尤も憐むべし。

京中に謀叛勃發す

日野資朝同俊基謀反人土岐賴員と通ず

十九日。晴。傳へ聞く、京中に謀叛の者有り。四條の邊に於いて合戰。死者數多と云〻。未の剋武家の使者時知(小田)・行兼(二階堂)、北山亭に向ふ。民部卿資朝(日野)・少納言俊基(日野)を召し給ふべきの由を奏聞すと云〻。今朝より人口紛紜《ふんうん》、巷説極まり無く、奏聞を果す。不可說〻〻〻。謀反人源賴貞(土岐)(員、下同ジ)、彼の兩人と

資朝俊基六波羅に拘禁せらる

土岐頼有多治見國長等誅せらる

刎頸の交はりをなす。故に此の事有るか。人口猶未だ息《や》まず。密詔有る故、此の兩人陰謀有るの由風聞と云々。後聞く、今夜戌の剋藏人少納言俊基六波羅に向ふと云々。民部卿資朝丑の剋行き向ふと云々。事の根元は、土岐左近藏人源頼員（兼カ）、日來禁裏より語り仰せらる。而して事の就《な》らざるを恐れ、自首して六波羅に告ぐと云々。茲に因り張本土岐十郎（頼有）實名《じつみやう》を知らず。等誅せられ了んぬ。此の事資朝卿・俊基奉行せしむと云々。仍て事の子細を尋ねんがため、召し取るところなりと云々。實否未だ知れず。只閭巷の説を以て記すところなり。種々の説等、耳に滿つると雖も記す能はず。言詞の及ぶところにあらず。翰墨記し盡くすべからざるのみ。

後聞く、今日誅するところ土岐十郎五郎頼有・田地味某。（多治見、下同ジ）國長の二人と云々。

「（裏書）後日或は語りて云ふ、土岐左近藏人頼員（兼カ）、去る十六日俄かに上洛、齋藤某。頼員は俊幸の聟《むこ》たりと云々。俊幸の宿所に向ひ告げて云ふ、去る比《ころ》田地味、（マヽ）國長伯耆前司、頼貞外戚の親族と云々。頼員に語りて曰く、資朝卿云ふ、關東の執政然るべからず。又運已に衰ふるに似たり。朝威太《はなはだ》盛ん、豈敵すべけんや。仍て誅せらるべきの由の綸言を承る。或は直に御旨を承り、或は資朝勅語を傳ふと云々。頼員同心すべしと云々。當座愍《なまじひ》に以て許諾。後日關東の恩の謝し難きを思ひ、忽ち上洛して告げんとす。而して先づ事の體を聞かんがために、國長の宿所に向ひ相尋ぬるのところ、來る廿三日は北野祭なり。件の祭禮に喧嘩有り。是れ恒例の事なり。仍て武士等馳せ向ふ。件の隙を以て六

波羅に向ひ範貞（常葉）を誅すべし。其の後山門・南都の衆徒等に仰せ、宇治・勢多等を固むべしと云々。此の事資朝卿・俊基奉行、近國の武士等多く召さるべしと云々。武家此の事を聞き、未明に國長・頼有等を召すのところ參らず。兩三度使者を遣はすのところ、返事に及ばず矢を放つと云々。仍て武士等行き向ひ合戰、遂に以て自殺すと云々。即ち又資朝・俊基を召し下さるべきの由を奏聞するなりと云々。或は談ず、主上（後醍醐天皇）頗る迷惑せしめ給ひ、勅答等前後依違すと云々。彼の兩人早旦北山に參り、夜に入り武家に向ふ。即ち二人ながら郎從等に預け置くと云々。

後醍醐天皇頗る困惑し給ふ

兩人陰謀の事、未だ實證を聞かず。信用に足らずと雖も、もとより立つるところの義〔儀〕、勇にして道の正を測らず。恐らくは此の謀有るか。是れ卽ち其の智の足らざるなり。

花園上皇事變を批判し給ふ

漢書魏相傳に曰く、宣帝匈奴《きようど》の衰弱に因り、兵を出ださんとす。魏相上書し諫めて曰く、臣聞く、亂を救ひ暴を誅す、これを義兵と謂ふ。兵義なる王は、敵己に加はる。已むを得ずして起たば、これを應兵と謂ふ。兵應なれば勝つ。爭ひて小故を恨み憤怒に勝《た》へざれば、これを忿兵《ふんぺい》と謂ふ。兵忿なれば敗る。人土地貨寶を利すれば、これを貪兵《たんぺい》と謂ふ。兵貪なれば破る。國家の大を恃み、民人の衆を矜《ほこ》り、威を敵に見せんとするは、これを驕兵と謂ふ。兵驕

なれば滅ぶ。此れ但《たゞ》人の事にあらず。乃ち天道なり。此の言誠に以て是《ぜ》なり。今の兵恐らくは貪に軼《す》ぎざるか。宜《むべ》なるかな。發覺して事敗る。貪心《たんしん》の矯を以て義兵となす。豈天意に叶ふべけんや。」

後醍醐天皇行幸還御

廿一日。傳へ聞く、行幸還御と云〻。兼日八講の間、北山に御坐（座）すべきの由治定。而して此の事に依り還御と云〻。

勅使萬里小路宣房鎌倉に下向す

廿三日。此の曉權中納言宣房（萬里小路）卿、勅使として關東に下向す。是れ此の事の根源、詔旨に依り、兩人奉行の由風聞の間、御陳謝のためと云〻。別居怖畏有り。忩ぎ持明院殿に歸參すべきかの由或は勸む。朕思ふに、此の事に依り忩ぎ出京、物忩に似る。還つて然るべからざるか。暫く事の體を聞き、御月忌の次《ついで》に歸參すべきの由治定す。

方違御幸

廿七日。晴。今夜卅九日の方忌《かたいみ》に依り、丑の終り明靜院に行く。入内に及ばず。弘廂《ひろびさし》に立ち、頃《しばらく》して大皷の聲に依り寢殿に歸る。

持明院殿に御幸　藤原經子危急の病あり

廿八日。晴。今日持明院殿に參る。是れ中園准后（藤原經子）去る十八日より危急の病有り。仍て度〻女房を差し訪ふ。猶減氣無しと云〻。仍て行き訪はんがため、便路先づ參るなり。而して今日重日、忌有り。然るべからざるの由、女院（廣義門院）の御方に於いて沙汰有り。院の御方に申し入るゝのところ、猶然るべからざるの由仰せ有り。仍て參る能はざるの由、隆蔭（四條）を以て准后に示す。晩に及び歸

世情不安にして諸人氷を踏むが如し

り了んぬ。余は尋常は陰陽の忌諱を用ひず。仍て暦を見るに及ばず、尤も失錯なり。我がために陰陽の術を用ひずと雖も、猶此くの如き事必ず尋ね知るべきなり。此の間人〻安からず、荒説耳に滿つ。當時朝廷に仕ふるの人、大略此の人數の由風聞有り。諸人氷を踏むが如しと云〻。但し大略浮説か。關東の早馬歸洛の後、沙汰有るべきの由風聞。紛〻の巷説等記し盡くす能はざるのみ。

今日關東の飛脚到來の由風聞。

鎌倉幕府の使者上洛す

廿九日。雨降る。關東の飛脚昨京着す。一門の輩七人、大名七人上洛すべしと云〻。或は曰く、公家に進ずるの事書《ことがき》有り。凡そ此の間巷説多しと雖も、是非未だ知らず。

卅日。傳へ聞く、關東の使、今日下向すと云〻。

（裏書）「此の間、世間甚怖畏有り。警護を武家に召さるべきかの由議有り。然り而して又然るべからざるかの由議有り。遂に召されず。還て其の詮無かるべきの故なり。」

十月

平忠望の出家

朔日。藏人右少辨平忠望俄かに以て出家すと云〻。甚だ以て物忩。不可説〻〻〻。昨日頓病の故

伏見天皇御月忌
花園上皇持明院殿に御歸參
藤原經子病危急
資朝陳謝のため鎌倉に下向すべし
藤原經子薨ず

と云々。或は云ふ、病は危急にあらず、其の故を知らずと云々。

三日。御月忌例の如し。余今日より持明院殿に歸參す。仍て院(後伏見上皇)幷に女院(廣義門院)還御の車に合乘りせしむるなり。

四日。曉更准后(藤原經子)危急と云々。仍て御幸。別事無きに依り未明還御。午の剋に及び予又行き訪ふ。以ての外火急の事か。尙康(丹波)・仲成(和氣)等を召し事の子細を尋ぬ。脚氣の段、皆以て異儀(マヽ)無しと云々。

五日。中園第に御幸。予又これに同じ。今日輕きに似たり。但し憑み有る事にあらざるなり。還御以後資名(日野)卿參り申して云ふ、只今武家の使者二人來たる。資明(日野)卿召し仕ふるところの青侍《あをざむらひ》俊宗・賴茂、自專の限りにあらず。俊光(日野)卿恩顧有るの由資朝卿申す。相尋ぬべき事等有り。急ぎ召し出だすべしと云々。此の間二人逐電し了んぬ。然り而して相尋ぬべきの由返答するところなりと云々。

九日。壬戌。資名卿云ふ、武家召し出だすところの青侍等逐電の間、武家主人に懸くべしと云々。陳謝のため關東に下向すべしと云々。太《はなはだ》以て物忩、思案すべきかの由を仰す。

十一日。甲子。雨下る。曉更卯の終りと云々。許准后從三位藤原朝臣經子薨去す。准后は參議經氏(五辻)卿の女なり。正應中に典侍に補し、正(マヽ)、、從三位に敍し、延慶(マヽ)、、准后。上皇(後伏見)の御母儀なり。然り而して永福門院(藤原鏱子)准母の儀として、收養の儀實事に異らず。仍て國母の禮無し。隨つて今又上皇御着

服無く、觸穢又混合せず。忌陰の佛事等、一向に頓惠上人沙汰を致すと云々。葬禮同じく上人の沙汰なり。終焉日來の所存の如く、念佛百廿返許りと云々。

十三日。丙寅。今夕准后の葬禮と云々。先づ粟田口に移し、平生の如し。件の所に於いて葬禮有りと云々。

邦良親王御使六條有忠上洛す

有忠(六條)卿今日上洛。直ちに龍樓(邦良親王)に參る。御吉事の由風聞す。此の間使節上洛すべし、其の時御返事を申すべしと云々。

月食

十四日。丁卯。夜に入り御所中を裹む。是れ明曉望蝕正現すべきの故なり。寅の剋に及び蝕正現す。

土御門泰世變異の事を申す

十五日。戊辰。前天文博士泰世(土御門)、内々に變異の事を申す。太白南斗を犯す。十五日の月蝕。共に兵革の文有り。月蝕は毎年の事と雖も、十月の月蝕は重變と云々。凡そ今年變異荐《しき》りに現る。太白哭星を犯すは重變なり。幾日數を經ず、今又此くの如し、長寛以後の近例を注進す。皆以て讓國の年なり。誠に以て重變か。

萬里小路宣房歸洛す

廿二日。乙亥。權中納言宣房(萬里小路)卿上洛す。無爲の由の御返事有りと云々。

資朝俊基等關東に下向す

傳へ聞く、資朝卿・俊基・祐雅法師等、糺明のため、召に依り關東に下向すと云々。

京官除目

廿九日。壬午。今夜京官除目と云々。

高倉範春幕府に召取らる

傳へ聞く、正三位範春(高倉)關東より召さると云々。國長(多治見)の縁者の故か。由緒を知らず。息女日來《ひごろ》此

の方に候す。未だ其の故を知らずと雖も、先づ退出。謹愼の故なり。事の體に隨ひ歸參すべきの由を仰す。

除目聞書
宣房權大納言に任ぜらる

卅日。癸未。聞書《きゝがき》を披く。權大納言藤原宣房、中納言源顯實（土御門）・藤原師賢（花山院）、權中納言藤原實任（三條）・源光忠（中院）、參議藤原公宗（西園寺）・同冬信（大炊御門）、左大辨藤原藤房（萬里小路）、右大辨平行高、左中辨藤原資房（清閑寺）、右中辨同清忠（坊門）、權右少辨藤原有政、少納言藤原實治（三條）、民部卿藤原光經（九條）、五位藏人藤原政經。後聞く、顯職

課試

所望の輩、淸忠・實治・有政・兼顯・政經等、昨日課試《くわし》有り。此の三人（五カ）及第か。猶所望の輩數輩、或は課試に及ばず、或は故障と云々。藏人頭中宮亮成輔（平）兩職を辭し籠居、所勞の由を稱すと云々。但し實事にあらざるか。諸人不審と云々。宣房歸洛し、無爲の由披露有りと雖も、近

天皇無爲の由なるも近日猶御謹愼あるべきか

日猶御謹愼有るべきか。除目數多の昇進、顯職課試等、時分然るべからざるの由、或は難有りと云々。可否如何。愚意未だ決せず。但し無爲と雖も、謹愼誠に失有るべからざるか。

宣房使節の忠勤

（裏書）「宣房卿、今度使節を勤む、尤も忠臣と謂ふべし。忠臣は國の危きを見る。誠なるかな。東關亦其の至忠を稱美す。或は云ふ、此の忠節に依り、頗る賞翫の儀有りと云々。但し出仕の時、々（時）顯（秋田城介）・圓喜（長崎高綱）問答の間頗る迷惑す。後日出仕の時、彌臆病の氣有り、時顯を恐れ忽ち退座し、板敷に下る。此の事に依り、諸人嘲哢の口遊有りと云々。」

源爲守及び智曉鎌倉に送らるべしとの説あり

資朝俊基等無禮講を催すといふ

破佛講とも稱す

禮記講讀

十一月

朔日。甲申。晴陰定まらず。傳へ聞く、兩人關東に召さるゝの事、不實の由後日聞く。從三位爲守《(源)》・智曉法師等、西大寺門徒、律僧なり。召に依り關東に下向すべしと云々。爲守卿は資朝《(日野)》知音《ちいん》の故と云々。凡そ近日或人云ふ、資朝・俊基《(日野)》等、結衆會合し、亂遊して或は衣冠を着せず、殆んど裸形、飲茶の會有り。是れ達士の風を學ぶか。嵆康の蓬頭散帶、達士先賢、尚其の毀教の譏を免れず。何ぞ況んや未だ高士の風に達せず、偏《ひとへ》に嗜欲の志を縱《ほしいまゝ》にし、濫りに方外の名を稱す。豈孔孟の意に協《かな》ふや。此の衆數輩有り。世これを無禮講或は破佛講と稱す。の衆と稱すと云々。緇素數多に及び、其の人數一紙に載せず。去る比《ころ》六波羅に落つ。或は云ふ、祐雅法師自筆を染め書す。此の內に或は高貴の人有りと云々。件の注文未だ一見せず。仍て知らず。件の衆の內爲守卿專一なり。仍て此の召有るの由巷說有りと云々。智曉に於いては、朝夕禁裏に寓直し、又武家の邊に行き、漏達の事有るの由、同じく以て閭巷の風聞なり。後聞く、此の兩人關東に下向せずと云々。若しくは是れ荒說か。何れが是何れが非、眞僞辨じ難し。凡そ近日此の事種々の說かくの如し。毎事信用の限りにあらず。街談巷說萬端と雖も、實少く虛多きものなり。

二日。乙酉。晴。禮記第十六を讀む。師夏《(中原)》侍讀。

花園上皇白晝北野天神を夢想せらる

三日。丙戌。晴。卯の剋許り夢想。予簾中に在り。時に白晝なり。簾外に束帶を着する俗人兩三有り。人々曰く、今時昌泰の比《ころ》なりと云々。予心中に思ふ、然れば簾外の人の内、北野天神坐(座)せしめ給ふべし。御體拜見せんと欲す。仍て重ねて簾外を見るのところ、一人の容皃〔貌〕奇猗(マヽ)の俗有り。眼睛光輝人を射る。其の鬚《ひげ》(マヽ)頗る赤し。簾の隙より其の眼精透徹し、眼を合はすの由を見て覺め了んぬ。瑞夢たるかの間記す。

伏見天皇御月忌

後伏見花園兩上皇及び永福門院衣笠殿に御幸

北野社に廻向せらる

今日御月忌。御幸恒の如し。院(後伏見上皇)幷に永福門院(藤原鏱子)御同車。予又乘る。聖廟の社頭に於いて、殊に欽敬し心經を讀誦して廻向す。是れ毎度の恒式たりと雖も、今日殊に信心を致す。夢想の故なり。申の剋御佛事了る。晩に及び還御。

土御門泰世土圭及び占事略決を進覽す

四日。丁亥。泰世(土御門)度景(土圭《とけい》)を持參す。先日召に依るなり。又卜筮の事を學ぶ。占事略決一帖を進じ置く。閑見して返すべきの由を仰せ了んぬ。格子月進圖を持參す。一見す。但し天文を學ぶに及ばず。唯圖を見る許りなり。

文字鏁

夜に入り親王(量仁)の方に於いて文字鏁《もじぐさり》有り。

五日。戊子。晴。夜に入り女院(廣義門院)の御方に於いて、覺圓僧正に對面、聊か世上の事を談ず。又法相の大綱を談ず。

泰世卜筮盤を進ず

慈嚴參り對談せらる

六日。己丑。晴。泰世卜筮盤を進ず。慈嚴僧正參り、對面。先日の夢想に神體を拜する事を語る。彼の社の別當なり。殊に祈請せしむべきの故なり。又別して忠を致すの仁なり。仍て殊に仰するなり。

竹中殿に御幸

七日。庚寅。晴。未明竹中殿に御幸。
九日。壬辰。申の一點竹中殿より還御。
十日。癸巳。

花園上皇御不豫

十三日。丙申。晴。今朝初雪降る。霜よりも薄し。脚氣緩弱の氣更發の間、蟄居し寫〔瀉〕藥を服す。下痢の後減氣を得。宿曜師善算の子息童、今夜仁和寺宮(寛性法親王)に於いて出家を遂ぐべしと云々。仍て前に召し見る。

兩上皇及び永福門院中園第に御幸

藤原經子の法事讃を行ふ

萬里小路宣房鎌倉下向の際持參の勅書の内容

此書猶信用し難し

十四日。丁酉。晴。院并に永福門院中園第に御幸。予又同じ。御車を寄するのところ、上皇(後伏見)仰せて云ふ、喪家に行く必ず物忌《ものいみ》を付すべきなり。仍て隆蔭(四條)を召し書せしめ、御袖に付せらる。予同前。中園に於いて、堂の車寄より下りたまふ。寝殿皆格子を下《お》ろす。堂許り上《あ》ぐるなり。頃《しばらく》有りて頓恵門弟六人を率ゐる法事讃を行ふ。又禮懺一時有り。初夜、時に子の剋許り。聊か盃酌を行ひ還御。女院法事讃の半ば程に還御。女院に於いて覺圓僧正に對面す。今度重輔關東より持參の物一巻に書す。是れ今度勅使として宣房(萬里小路)卿下向に所持と云々。其の文體詔にあらず宣にあらず。又作名なり。關東は戎夷なり。天下の管領然るべからず。率土の民は皆皇恩を荷《う》く。聖主の謀《む》叛《ほん》と稱すべからず。但し陰謀の輩有り。法に任せ尋ね沙汰すべきの由を載せらる。多く本文を引かる。其の文體宋朝の文章の如し。不可説々々。此の上は、日來謳歌の說子細無きか。但し此の書猶信用し難

金澤貞將勢五千騎を率ゐ上洛す
兩上皇中園第に御幸
藤原經子養女の女王出家せらる
法名清淨理
京都南方炎上あり
兩上皇御覽ぜらる

し。若し實事たらば、已に是れ誅罸せらるべきの由の詔書か。勿論〻〻。世間怖畏の外他無し。書き遣はさるゝところ實たらば、君臣皆是れ狂人か。言詞の及ぶところにあらざるものなり。

十六日。己亥。晴。貞將（金澤）上洛、六波羅南方となると云〻。其の勢五千騎許り。先例に超過すと云〻。

十九日。壬寅。晴。夜に入り雪降る。中園第に御幸。予御車の後に同乘す。先づ女王出家。是れ故准后（藤原經子）養ふところなり。仍て遺命に云ふ、猶子の儀として着服せしむべし。又忌中出家せしむべきの由、予行き向ふの時、直に示し置くところなり。幼少より養育。其の儀實母に異らず。然るべきの由返答し了んぬ。又出家の事、此くの如き女王等、皆出家は第一の事なり。縱《たと》ひ不調の事有るも、猶出家に於いては在家に勝る事なり。仍て承諾し了んぬ。今年十歳か。頗る早速と雖も、旁思ふところ有りて許容なり。凡そ向後と雖も、早速の出家、殊に以て庶幾すべき事なり。靜觀上人戒師たり。西大寺の門徒、太子堂の長老。俗姓教良（二條）卿の息なり。内〻の儀尤も其の仁に當る。仍て召すところなり。沙彌を以て剃手となす。持律の人、手を女人に觸れざるの故なり。酉の半剋許り表白等の事有り。其の後祖神八幡。・國主内裏の方。・父母等を拜す。出家の儀委しく記す能はず。事了りて法衣を着す。戒師法名を折紙《をりがみ》に書し獻ず。清淨理と云〻。先例多く三字たるの故なり。其の後袈裟を受く。訖りて聖人退出。次に佛經供養有り。是れ宸筆阿彌陀經・轉女成佛經なり。如法内〻の沙汰、頓惠上人供養す。辯說涌泉の如し。尤も信仰するに足る。其の後又本所の佛事有り。宮の沙汰か。此の間南方に炎上有り。長講堂に近きの疑ひ有り。仍て人を遣はし見せしむるのところ、猪熊の邊りと云〻。仍て即ち御幸有り。予車の後に乘る。保有（持明院）・成經（藤原）等の朝臣、召さるゝと雖も遲參。只牛飼一人を召具す。六條院に於いて、楊梅面の門より入り下車す。火勢太《はなはだ》盛ん。正北

貞將防火の處置を行ふ

量仁親王方の續歌また歌合

後醍醐天皇より貢馬を進ぜらる

兩上皇及び廣義門院中園第に御幸

慈什天神御影を進獻す

量仁親王方連句

に當る西風尤も烈し。資名（日野）卿・雅行（北畠）卿・兼高（藤原）卿、隆蔭（四條）・重資（庭田）等の朝臣もとより祇候。成經朝臣、北面信成相續いで參る。仲經（源）又參る。頃《しばらく》有りて西風火を吹き、直ちに東に向ふの間、其の恐れ無きに依りて還御。今夜貞將人勢を進め、近邊の小屋を壞却す。仍て無爲、尤も高名か。炎上の所に御幸、風尚未だ息《や》まず。三所に火有りて敢へて滅せず。亥の始より寅の半剋にまで、火六條坊門猪熊より起こり、四條東洞院西面に至り、火止まり了んぬ。西は火綾小路に及ぶか。火滅し了りて還御。時に寅の終。

廿日。癸卯。晴。親王（量仁）の在所に於いて續歌《つぎうた》有り。

廿一日。甲辰。晴。親王の在所に於いて歌合有り。衆議の判。

廿二日。乙巳。

廿四日。丁未。晴。禁裏（後醍醐天皇）より貢馬二疋を引き進ぜらる。使教宗（山科）朝臣。又歌合有り。

廿五日。戊申。晴。中園に御幸。廣義門院（藤原寧子）・予又合乘り。廿五三昧有り。聽聞了りて還御。

廿六日。己酉。飛雪散亂。夜に入り地に積ること三寸許り。慈什法印天神御影を進ず。是れ先日の夢想院の御方に語り申すのところ、先年彼《か》の御影御拝見有るのところ、今夢中に拜するところと符合、奇異の由仰せ有り。仍て尋ね召すところなり。粗《ほゞ》相似ると雖も、相異の事等有り。夜に入り親王の在所に於いて連句卅韻。廣義門院の御方に於いて薪有り。小一獻。

菅原家高天神御影を持參す

廿七日。庚戌。雪降る。曉天乘船す。

廿八日。辛亥。晴。家高（菅原）聖廟の御影を持參す。卽ち本主の聖相具して參るところなり。予持佛堂に於いて拜見、夢想と符合す。信心を催し、書寫せしむべきの由を仰す。本主の聖手を放つべからざるの由申すの間、後日畫工を召すの由仰す。先づ返し遣はし了んぬ。家高持參すと雖も拜見せず。是れ父祖の口傳と云〻。

十一〔二〕月大

衣笠殿に御幸

明靜院に至る

後伏見花園兩上皇伏見天皇御月忌法會を修し給ふ

一日。癸丑。陰雨。

二日。甲寅。夜に入り衣笠殿に御幸。明日一日經の料なり。女院（廣義門院）の御方に參る。後寢に着く。

三日。乙卯。晴。卯の剋狩衣《かりぎぬ》・指貫《さしぬき》を着し、明靜院に向ふ。殿上人等脂燭を指す。上皇（後伏見）もとより御坐（座）なり。予勸持品を書す。行信墨を摺る。書損の所〻行信をして摺《せう》せしむ。卯の終に書寫訖んぬ。此の間上皇同じく書き終へしめ給ふ。入御有り。予同じく歸寢休息す。未の剋御月忌有り。導師憲守。公卿無人。仍て雅行（北畠）卿上紐《うはぐゝり》ながら着座し、布施を取る。上皇御膳《おもの》。予同所に於いて行ふ。其の後卽ち法花堂に御幸。路に於いて小用有り。仍て車を官司に寄す。上皇又下り

たまふ。同事か。水を求め手を洗ふ。雅行供す。上皇又同じ。昏黑法花堂に於いて下車例の如し。雅行卿御劍を取り、隆蔭(四條)御沓を獻ず。重資(庭田)予の履を取り、榻《たふ》重資兼ね行ふ。一日經供養の事有り。導師憲守。隆朝(九條)卿着座。供養の事訖り、直ちに持明院殿に還御。路頭の寒氣過法。頗る風氣有り。仍て今夜行法する能はず。只念誦許りなり。

還御

四日。丙辰。親王(量仁)の在所に於いて、連句又和歌有り。

量仁親王方連句及び和歌會

五日。丁巳。

六日。戊午。今日より六條殿に御幸。予今日白地《あからさま》に參るところなり。第二卷轉讀了りて急ぎ歸る。日暮るゝに依るなり。

兩上皇六條殿御幸

十 九日。庚申。

十日。辛酉。晴。永福門院(藤原鏱子)北山に御幸。傳へ聞く、今夜正中に改元すと云〻。親王の方に於いて連句十合。訖りて續歌《つぎうた》。甲子の改元今年沙汰無し。歳末に及び沙汰尤も不審。但し風水に依る改元と云〻。然り而して實たらば、若しくは甲子の灾重疊の故か。〇正中改元ノ日時ハ、十二月九日辛酉ナリ。本記ハ後日ノ追筆ナルガ如ク、日時干支共ニ違フモノアリ。

永福門院北山御幸
正中改元行はる

十一日。癸亥。晴。今日永福門院北山より還御。今日禮記一部、師夏(中原)の説を受け了んぬ。去年の春より連〻讀み合はせ、今日一部廿卷忌諱の巻等は除く。受說訖んぬ。夜に入り親王の方に於いて歌合有り。清雅(鷹司)卿已下十餘輩。衆議判。但し所決は女院の時宜に在るなり。入道右府(花山院家定)、清雅卿を以て

禮記講讀完了す
量仁親王方歌合

畫工幸增をして北野天神御影を模寫せしめらる

申す旨有り。

十二日。甲戌〔子〕。晴。畫工幸增を召し、北野天神の御影を寫さしむ。此の本粉川の聖名を知らず。所持の本なり。古筆たるに依り寫す。持佛堂内に於いて寫さしむ。終日これを見る。

十三日。癸亥〔乙丑〕。晴。聖廟の御影を寫すこと昨日の如し。夜に入り六條殿より還御有り。此の曉、聖廟の御本地幷に小神何社か知らず。御本地夢想の事有り。寅の半剋許りか。夢中に又夢を見る。佛師一人天神の御本地十一面觀音木像一軀を持參す。是れ先日夢想の事に依り、彼の垂迹の御影寫し奉るの間、彼と同じく所持のため、本地を造り奉るの由夢中に思ふ。此の觀音の眷屬又一體有り。其の體天女の體に似て、白衣を着す。見了りて夢覺め了るのところ、佛師聖廟の御本地を持參す。以前夢に見る十一面觀音一軀の如し。其の長さ二尺餘。眷屬の體は以前の夢想に似ざるの間、佛師を召し、此の由を語るのところ、前右府〔今出川兼季〕の所持召し覽るべきの由思〔申すカ〕ふ。即ち召し寄するのところ、俗體又白衣頗る薄墨なり。を着し牛に駕す。予夢中におもへらく、以前の夢想は女體か童體か、全く俗體なり。頗る相違し了んぬ。又思ふ、此の眷屬は、先日神體を拜するの時、傍に在るの俗人は、卽ち北野の小神本地かの由思ふ。佛師語りて云ふ、量仁親王は性仁惠を稟け、尤も貴むべき事なり。賢明を加ふれば彌賢主たるべしと云〻。其の後猶夢想有りと雖も、慥かに覺えず卽ち覺め了んぬ。時に卯の剋。奇異たるに依り記す。佛師の容皃〔貌〕眼に在るが如し。仍て寫し留

毛詩講讀切音と引音との口傳

室町院領既に治定の由なり熱田社領延方名永田郷は急ぎ返付せらるべし

め了んぬ。裝束の衣鈍色《にぶいろ》か。頗る薄紫。又聊か紅と墨色有り。白袈裟を着す。彼の影寫すところなり。裝束夢の如く采(マヽ)色すべきなり。

今日毛詩第一を讀む。師夏侍讀。師夏云ふ、御前に於いて讀書皆切音なり。但し詩に至りては頌聲有るべきの故、聊か御氣色を伺ひ、音を引くべきの由口傳と云〻。尤も興有り。仍て今日音を引き讀むなり。禮記の終は音を引かざるなり。清家の侍讀皆音を引く。御讀聲別に在るの由口傳と云〻。良枝(清原)卽ち然るが如し。師夏は一向音を引かざるの由申す。兩家の相違か。但し別の仰せの時は、音を引くの由申すなり。

資名(日野)、俊光(日野)の狀を持參す。室町院御遺領の事、已に治定の由承る。但し未だ御返事を承らず。範春(高倉)卿關東に召取らるゝは大謬なり。仍て卽ち免ぜられ了んぬ。熱田社領延方名・永田郷、忩ぎ返付せらるべきの由、俊光の使者を召し申すところなり。仍て馳せ申すと云〻。又息女追放の由、範春卿申す。召返さるべしと云〻。急速に御沙汰有るべきの由、內〻に申すの間、卽ち兩庄の院宣を息女右衛門督予の侍女なり。に遣はさる。これより先此の四五日の間、予夢想の事有り。大雷鳴のところ、基成(園)卿・公時(菅原)朝臣等參り、只今雷鳴奇異の由を申す。予云ふ、雷鳴は常の事なり。何ぞ奇ならんや。兩人云ふ、雷音賀茂範春ト鳴るなり。是れ範春關東に召さるゝ事を歎き申すの間、神助有らんとする由なり。奇異の由思ふのところ、女房參り申して云ふ、賀茂社司

參り申して云ふ、範春餘りに歎き申し、不便の間、關東に仰せられんとし、院宣を給ふべしと云〻。上皇仰せて云ふ、此の事左右《さう》無く、院宣を以て擧げ仰せらるゝの條、斟酌有るべしと雖も、神慮是れ程の事の上は、院宣を遣はさるべきなりと云〻。卽ち夢覺め了んぬ。今此の事を思ひ合はすのところ、偏《ひとへ》に神慮たるか。隨喜極まり無きものなり。範春卿は、日來賀茂社を信ず。參詣の功拔群の者なり。仍て神助有るか。末代と雖も神明猶信ずべきものなり。

（裏書）「觀音・普賢は一體。是れに依り此像師子（獅、下同ジ）に乘るの由思ふ。覺めて後案ずるに、普賢は象に乘る。此の像然れば象に乘るべきか。而して師子の由見るは不審。又觀音象に乘る事尤も不審。後日慈嚴僧正に尋ぬるのところ、普賢・觀音は同體。眞言・天台の祕傳の由申す。仍て其の子細を注進す。別紙に在り。」

藤原經子月忌始
兩上皇中園第に御幸
量仁親王方歌合
慈嚴來り普賢觀音一體の夢想を對談せらる

十五日。丁卯。幸增をして寫さしむる聖廟の御影日來の如し。今日准后（藤原經子）の月忌始。御幸有り。予聽聞せず。夜に入り座主（慈道法親王）の宮參る。予對面。仍て關東申す旨▨、明後日登山すべしと云〻。

十六日。丁卯（戊辰）。夜に入り親王の方に於いて歌合の事有り。前左府（洞院實泰・公賢）父子參る。對面す。

廿一日。癸酉。慈嚴僧正參る。前に召し對面。先日夢想の普賢・觀音一體の事に就き、委しく相尋ぬるのところ、先達の抄記等注進す。大日・法花兩經の肝要、眞言・天台二宗の祕奧と云〻。委しく記す能はず。具に彼の記等に見ゆ。又先日の夢想に云ふ、一俗人有りて告げて云ふ、天

慈鎮和尚夢想日吉山王垂迹根本印

花園上皇毎日北野天神御影を書寫せらる

洛中の訛言綸旨に基づくといふ

伏見天皇御月忌引上げ行はる

量仁親王方連句

神祕印を以て余に授けしめ給ふと云〻。其の印の覺悟分明ならず。頗る兩端に渉る。一は外五鈷の印なり。一は左右の手背に向く。其の體猶分明ならず。此の事又如何の由相尋ぬるのところ、外五鈷の印は尤も符合す。其の故は、此の印無所不知の印と號す。是れ大日如來の內證、十界の表に遍《めぐ》るなり。故に外部の天童等專ら此の印を用ふ。垂迹の印尤も相叶ふか。何ぞ況んや慈鎮（慈圓）和尚夢想の日吉山王垂迹根本印、亦無所不知の印なり。但し此の印にあらざるか。此の印を以て垂迹の印に用ひるの段、本意と云ひ傍例と云ひ、旁以て三个の靈夢に符合し、皆以て本文に叶ふ。不可說の靈告なり。況んや亦此の印は四海通領の印なり。神明此の印を授く。吉瑞言ふべからざるの由を語る。心中自ら恃《たの》む。敢へて外に告げず。

此の間、毎日魚味を食せざる以前、天神の御影を書く。浴後淨衣を着してこれを書くなり。

廿二日。甲戌。晴。夜に入り相國（鷹司冬平）參る、對面す。

近日洛中の訛言。諸國の年貢遲濟の間、正月を以て潤（閏）十二月となし、閏正月を以て明年正月に用ひるべきの由、綸旨を下さると云〻。誰人の說たるを知らず。綸旨の案所〻に遍滿す。季房（萬里小路）名字を載するの間、所〻より尋ぬと云〻。

廿三日。乙亥。明年正月の御月忌引上げられ行ふ。御幸例の如し。夜に入りて還御。

廿四日。丙子。親王の方に於いて連句有り。余戲れに詩序を書し、公時（菅原）・家高（菅原）等に見せしむ。

廿五日。丁丑。親王の方に於いて歌有り(脱アルカ)。

覺助法親王對談せらる

廿六日。戊寅。聖護院(覺助法親王)二品親王參る、對面。

廿七日。己卯。夜に入り道昭僧正參る、對面。

鷹司冬平關白に還補せらる

安樂光院惣社神樂

兩上皇量仁親王等御參詣

廿八日。庚辰。晴。傳へ聞く、去夜相國關白に還補の由宣下と云々。去る比《ころ》九條前關白(房實)、解《げ》狀《じやう》を出だす。彼の趣を以て關東に仰せ合はされ、昨日左右到來、補せらると云々。三个度の還補誠に希有の例か。幸運と謂ふべし。但し今度は頻りに辭退し、左府(鷹司冬教)を擧ぐ。然り而して時宜猶推して關東に仰せらると云々。夜に入り安樂光院惣社の御神樂有り。是れに依り予神事洗髮す。子の剋惣社に御幸。予・親王幷に女房等三四人參る。今夜の所作人、兼高卿(藤原)和琴。・長朝々臣(藤原)笛。の外領狀無し。然り而して神事を闕かざるのために行ふ。兼高卿太《はなはだ》以て遲參。子の終に及び始行、寅の一點に及び事了り、歸り寢る。抑地下《ぢげ》の召人六人なり。此の間景光(大神)を加ふべきの由定め仰せらると云々。然り而して今夜例に任せ六人を召すなり。祿物等用意無きに依るなり。明年は七人たるべきか。

室町院遺領の奏聞

廿九日。辛巳。晴。內府(西園寺實衡)、定資(坊城)を以て、武家の狀幷に關東の狀・事書《ことがき》等を奏聞す。關東の狀は卽ち返し給ひ了んぬ。狀等は別紙に在り。其の趣正安四年の落居改動せられ難しと云々。日來已に正安折中の義(儀)を破り了んぬ。今是れに就き本理に歸し、仰せ披かんとするのところ、又立ち

歸り正安の儀を用ふ。是れ偏《ひとへ》に彼の女院（永嘉門院）引汲の仁の所爲か。但し此の春、太〔多〕年の義〔儀〕已に破らるゝの條、慶賀と謂ふべきか。

訛言の綸旨は中原章緒の謀作

傳へ聞く、正月延引の綸旨、官人章緒（中原）の謀作。罪科の沙汰有りと云々。不可説々々々。或は云ふ、酒宴の砌の興遊と云々。

晦日。壬午。晴。

今年所學の目錄

今年學ぶところの目錄

內典

圓覺經上　大日經義釋

理趣尺〔釋〕

外典

論語一より二に至り談義し了んぬ。論語皇侃・刑昺等の疏幷に精義、朱氏竹隱注等、同じく一より二に至り抄出し了んぬ。

左傳一部　禮記一部師夏侍讀。

注國語三十卷、復五帖。　漢書一部

鬼谷子三卷。　淮南子缺卷有り。

史通廿巻。　　華陽國志十巻。
宋齊丘化書三帖、復十巻。　　南北史節要廿帖、抄出。

記録

宇治左府記

今年瘧病、夏より秋に至り一向に廢學。仍て書典幾《いくばく》ならず。向後毎年學ぶところ記すべし。

凡そ讀むところの經書目録

内典

大日經七巻　　金剛頂經三巻
蘇悉地經三巻　　理趣經一巻
法華經八巻　　最勝王經十巻
仁王經二巻　　維摩經二巻
楞伽經、巻（マヽ）　　地藏本願經三巻
如意輪經　　般若心經
壽命經　　阿彌陀經
無量義經　　普賢經

記無量壽經
無量壽經　稱讚淨土經
轉女成佛經　天地八陽經
金剛般若經　像法決疑經
造塔延命功德經　遺教經
圓覺經　首楞嚴經
金光明經
菩提心論　三十頌
唯識論　大日經疏
理趣尺〔釋〕　卽身成佛義
阿字義　三教指歸
二教論　聲字實相義
心經祕鍵　寶鎰〔鑰〕論
吽字義　大光明藏
碧嵓錄　普燈錄
悉曇字紀〔記〕　悉曇要集記

梵語集

外書

左傳　毛詩　尙書　禮記

孝經　論語　孟子缺卷、古注。

史記　漢書　後漢書

南北史抄　通鑑　老子　莊子缺。

荀子缺。　揚子法言　鬼谷子　淮南子缺。

文中子　國語　宋齊丘化書

史通　帝範　臣軌　貞觀政要

文選　帝王略論三卷。　孝經述義

禮記子本疏缺。　尙書正義缺。　周禮缺。

次禮缺。　大（マヽ）

本朝の書幷に記録

日本紀　續日本紀　日本後記〔紀〕

續日本後記〔紀〕　文德實錄　三代實錄

本朝世記〔紀〕　令廿巻章任（中原）侍讀。　律廿巻章任侍讀。
古事記　古語拾遺　一條院御記
三代御記　後朱雀院御記
後三條院御記　人左記
小一條左大臣記　小野宮右大臣記
宇治左大臣記
随分研精すと雖も、巻帙幾《いくばく》ならず。向後の志を勵まさんために、記し置くところなり。猶雀屛の室に入り難きか。恥づべしゝゝ。

（端書）正中二
「元亨五年」

（正中二年正月ヨリ六月ニ至ル記ハ、一巻ヲ成シ、同年月具注暦ノ表裏ニ書記セラル。）

〔正月小 戊寅〕

節會
四方拜

後伏見花園兩上皇廣義門院量仁親王等永福門院を訪はせらる

〔一日。癸未。〕晴。卯の一點裝束了りて天地四方を拜す。陵を拜する座設く。仍て撤せしむ。前大納言公秀（三條）御簾を褰《かゝ》ぐ。御劍は略す。重資（庭田）朝臣沓を獻ず。屬星《しよくじやう》の座西。に於いて再拜の後、更に巽に向ひて天照大神を拜す。其の後東の座に着き、天地四方を拜すること例の如し。未の一點直衣《なほし》例の如し。今年より白衣を着するなり。・奴袴《ぬばかま》青の鈍《にぶ》。文菊丸。を着し、永福門院（藤原鐘子）の御方に參る。これより先上皇（後伏見）幷に廣義門院（藤原寧子）御坐（座）。頃《しばらく》して親王（量仁）參る。盃酌有り。是れ毎年の事なり。中の剋御藥を供す。出御の後、予庇の南面より出で、御前に於いて蹲居、着座例の如し。春宮大夫（洞院公賢）・前藤中納言（日野資名）・土御門中納言（顯實）・四條前宰相（隆有）等着座。皆諒闇の裝束なり。沙汰有りて治定なり。定親（冷泉）火を置く。春宮大夫陪膳。毎獻一種を供す。二獻の時上皇の御前の菓子を申し下す。三獻余の前の菓子を下す。二獻の後、資名（日野）卿砂を敷くべきの由を仰す。召次所兩三參上して敷く。事了りて入御。余以下蹲居。余起座して長押《なげし》に下るの間、諸卿同じく下り居《す》う。其の後臺盤所に於いて春宮大夫を召し御對面。

白馬踏歌の節會すべて停止せらる

御藥

相續いで予又對面。夜に入り左府（鷹司冬教）參る。臺盤所に召す。女房等列居す。今年諒闇に依り裎衣《ていゝ》なり。此の事理強ひて然るべからず。而して例年に違ふために此くの如し。上皇御對面の後、余又對面。平座《ひらざ》行はるゝの間參行すと云々。

「（裏書）公卿

春宮大夫直衣。・前藤中納言同。・土御門中納言束帶。・四條前宰相、直衣。已上皆諒闇。

役送の殿上人、隆蔭（四條）朝臣諒闇布衣《ほい》。・資房（清閑寺）朝臣同束帶。・保成（藤原）吉服布衣。・定親吉束。・隆持（四條）。同。

今年御藥の人々裝束の事、先例を尋ぬるのところ、永萬二年仁安元年。正月の御藥、公卿已下皆諒闇の裝束なり。仍て此くの如し。役送の殿上人等皆諒闇の裝束を着すべしと□（雖カ）も、或は吉服を着す。是れ亦強ひて難に及ぶべからざるかの由、人々所存有るか。去る元應の諒闇の時、關白（鷹司冬平）時に前關白。・故入道相國（西園寺實兼）等に仰せ合はさるゝの時、吉服たるべきの由申す。而して今年先例を勘《かんが》へられ、關白・前左大臣等に仰せらるゝに、皆□□（吉服）先例に依るべし。但し内々に祗候の輩、吉服相交はる何事有らんやの由、元應に沙汰有り。仍て今度亦此くの如し。少年の輩兩三吉服を着す。強ひて難に及ぶべからざるか。召次所皆吉服を着す。公私の隨身、主人の裝束に依るべきの故なり。北面等は諒闇の裝束なり。

四方拜神事たるの間、皆吉服なり。

節會元日平座を行はる。白馬《あをうま》・踏歌《たふか》一向に停止と云々。除目《ぢもく》は行はるべし。敍位は行はれずと云々。」

〔二日。甲申。〕晴。時々飛雪。御薬の儀昨日の如し。人數昨に同じ。但し顯實卿不參。役送國（源）資束帯、諒。資（マヽ）布、諒。・重資朝臣參る。資房不參。今日の陪膳、毎獻三種入る。又三獻の度菓子を下さず。事了りて内々に春宮大夫前に召し對面。今日三獻の時、陪膳隆有に擬す。

西園寺公宗慶を申す

〔三日。乙酉。〕晴。今日權大納言（堀川具親カ）陪膳たり。御薬の儀昨の如し。今日毎獻一種入る。其の次第屠蘇・白散・度章（嶂）散なり。又二獻余の前の菓子を下す。三獻下さず。二獻の陪膳土御門中納言に擬す。夜に入り宰相中將（西園寺）公宗。慶を申す。兩女院（永福・廣義両門院）の御方を召さる。廣義門院の御方より箏袋に入る。を給ふ。諒闇の束帯恒の如し。

膏薬

（裏書）「三獻巡流了りて、陪膳起座。白散の櫃の下に就き方匕を取り、膏薬を塗り御前に持參す。右の無名指を以て塗り、御額と左の掌に付けしめ給ふ。其の後陪膳子の前に持參す。作法前の如し。其の後次第に取り下す。菓子の如し。

今日參仕の人々、

權大納言直衣。・前藤中納言同。・土御門中納言束帯。・四條前宰相。直衣。

役送隆蔭・重資等の朝臣、保成・定親・隆持。」

〔四日。丙戌。〕陰。時々微雨下る。終日無事。

〔五日。丁亥。〕晴。夜に入り風吹き陰る。雪平地に二寸許り。

降雪豊年の佳瑞を表す

雪山

關白鷹司冬平拜賀

〔六日。戊子。〕雪降ること二寸許り。卯の剋山地を眺望す。夜に入り小盃酌の事有り。

〔七日。己丑。〕早旦眺望。雪平地に五寸許り。山水尤も興有り。風氣に依り卽ち休息。終日降雪尺に盈つ。豐年の佳瑞を表はすか。今日節會無しと云々。親王の在所に於いて盃酌の事有り。

今日院の御方常の御所の前庭に於いて、雪山を作らる。高さ丈餘。

〔八日。庚寅。〕微雪時々降る。今夜關白拜賀なり。丑の初めの剋關白院の御方に參入す。御前の召を略せらる。予馬を引くこと例の如し。上皇內々に御對面有り。予又同じく對面。其の後廣義門院の臺盤所に於いて、贈物の比巴（琵琶、下同ジ）一面（袋に入る。）を出ださる。永福門院の御方に於いて笛（袋に入る。）女房に給ふこと同前。

（裏書）「御前に召すの儀先々の如し。召次所二人馬を引く。前駈二人松明《たいまつ》を取る。中門の切妻に下り綱を取り一拜。廣義門院の臺盤所に於いて、比巴取らず、殿上人をして取らしむ。笛は自ら取るなり。

今夜左大臣一人扈從す。殿上の前駈一向略す。諒闇中殿上の前駈例有りと雖も、今度は略するの由語るところなり。先々兩院（伏見・後伏見兩上皇）御同宿の時、多く本院（伏見上皇）より馬を引かる。而して今度の諸公事、院の御方皆略せらるゝの上は、御前の召略せらるべきの由仰せ有り。仍て定資（坊城）に仰せ、召次所等催し具するところなり。」

後伏見上皇安樂光院に御幸

兩上皇管絃清談に時を移さる

方違にて兩上皇及び廣義門院土御門殿に御幸

日野俊光立坊についての幕府の返事を語る

北條高時亭燒失す

〔九日。辛卯。〕雪降る。

〔十日。壬辰。〕雨雪紛〻。

〔十一日。癸巳。〕陰。雪休《や》まず。

〔十二日。甲午。〕深雪地に積むこと尺餘。早旦上皇安樂光院に渡御。女房等扈從す。雪猶休まず、各笠を擁す。院の御方に於いて面〻入御。酒膳を供すること例年の如し。深更前左府(二條道平)參る。御對面。余又其の座に候す。事管絃に及ぶ。清談剋を移す。卯の半ばに及び催馬樂《さいばら》・風俗《ふぞく》・朗詠、又箏を彈ず。上皇頻りに御感。餘興未だ盡きずして退出。

〔十三日。乙未。〕晴。今夜御方違《かたたがへ》のため土御門殿に御幸。朕又同じ。廣義門院又御同車。女房一人扈從。卯の剋還御。

今日俊光(日野)卿參り、關東の事を語る。立坊の事御返事先〻の如し。所期無きに似たり。去る三日關東相州(北條高時)亭燒失の由風聞。仍て院宣を以て訪ひ仰すなり。武家奏聞せずと雖も、其の說必定の間、綸旨・院宣等を下さるゝところなり。

「(裏書)立坊の事、猶御和談たるべきの間、禁裏(後醍醐天皇)に申すべしと云〻。其れに就き龜山院の御流已に又相分かる。此の事正安に重〻申す旨有り。而して今相違に似たり。如何の由相尋ぬるのところ、始終の繼體は龍樓(邦良親王)の由申す。これに就き又所存を申すと雖も、猶和談せらるべきかの由

勅使吉田定房関東に下向すべしといふ
東宮使者六條有忠また下向すべしといふ
世競馬と號す
持明院統の開運は東宮の後といふ
覺助法親王また良信參る
關白鷹司冬平直衣始
杖勝負
女房一條死去す

計らひ申すところなり。頗る所期無きか。近日定房（吉田）卿下向すべきの由風聞。これに就き春宮（邦良親王）より又有忠（六條）卿鞭を揚ぐべしと云々。近年兩方の使者同時に馳せ向ふ、世競馬《けいば》と號す。而して今又一流の内已に此の事有り。歎息すべし〳〵。後宇多院崩御の後一朞に及ばず、纔《わづか》に六七个月の内、兩度使節同時に馳せ向ふ、尤も不穩便か。但し當流の運、偏《ひとへ》に龍樓の驥尾に付くか。」

〔十四日。丙申。〕

〔十五日。丁酉。〕晴。親王（量仁）三《さ》及打《ぎちやう》を燒く。夜に入り聖護院の二品親王（覺助法親王）參る。深更良信僧正參る。上氣に依り對面せず。

〔十六日。戊戌。〕晴。夜に入り雨降る。今日關白直衣始《なほしはじめ》なり。未の剋參る。上皇先づ御對面。相續いで予對面。此の間親王又出座。關白動座。今日議定始《ぎぢやうはじめ》と云々。

今日より十八日に至る、老若方《かた》に分ちて杖勝負有り。梅花を以て賭物となすと云々。

〔十七日。己亥。〕陰雨。上皇從三位蔭子（藤原）の局に入御。予又行き向ふ。毎年女房等會合す。是れ年始の祝着なり。其の砌推して入御なり。聊か盃酌の事有り。小引出物を獻ず。又相續いで、子（實）の局（南御方と號す。）に入御。彈箏有り。女（公時（菅原）朝臣の妻なり。）調ぶ。（又幸時（正親町）女の尼同じく彈ず。）局の主又同じく調ぶ。

〔十八日。庚子。〕晴。院の御方の女房一條、（入道大納言實明（正親町）卿の女。）昨日歸泉すと云々。去年春より所勞、（瘧病と傳ふ。）

或は吐血すと云ふ。遂に以て逝去。心中悲哀淺からず。手書を以て大納言入道を弔ふ。老少不定の悲しみ定めて切か。殊に以て悲歎の由傳聞す。不便〻〻。

山槐記を披見せらる

〔十九日。辛丑。〕陰。夜に入り雨下る。今日御方〻入御、盃酌の事有り。曉に及び分散。今日山槐記を取り出だし見る。

〔廿日。壬寅。〕陰雨降る。

關白と皇位繼承につき談合せらる

〔廿一日。癸卯。〕晴。關白參る。召に依るなり。是れ御和談の事、禁裏に申さるべきの由、關東申さしむるの間申さるゝなり。卽ち參內すと云〻。

〔廿二日。甲辰。〕晴。關白昨仰する詞を書進す。禁裏より書進すべきの由仰せらるゝの故と云〻。

詩會

〔廿三日。乙巳。〕晴。今日賦詩、絶句。當座の會なり。諒闇に依り聊か謹愼、兼日の催しに及ばず。但し連句の由內〻に觸るゝところなり。題者前大納言俊光。出題して書し、上皇に獻ず。次第に見下す。仙松春色久し。題中。頃《しばらく》して面〻の詩出來、卽ち披講す。講師爲親（御子左）、讀師俊光卿。公時・家高（菅原）等の朝臣近く召す。春宮大夫又近く候す。其の後連句卅韻。執筆家倫（藤原）。今夜行法。一條の初七日に依るなり。

一條の供養

兩上皇量仁親王北山第に御幸

〔廿四日。丙午。〕晴。晩に及び陰る。日景間《まゝ》見る。今日御幸始なり。未の剋直衣を着す。良《やゝ》久しくして通顯（中院）卿已下參る。寢殿東面の妻戸より出御。これより先親王・予等簾外に出づ。通顯卿

衣笠殿に御幸

御劒を取り、女房出だす。御車を寄す。中門より乗御、門外に於いて牛を懸く。幸路恒の如し。北山第に於いて南亭より下りたまふ。暫《しばらく》して内府(西園寺實衡)參る。烏帽・直衣、吉服。少選《しばらく》して御膳を供す。内府陪膳。通顯・公秀・長隆(葉室)・資名・隆有等の卿候す。五獻御膳を供す。還御の次《ついで》、御車寄に於いて牛馬を覽る。院の御方牛一頭。余・親王の料馬各一匹、殿上人引き、直ちに衣笠殿に幸す。御對面の後御膳。卽ち還御。時に戌の終。

「(裏書)今日親王御同車有り。衣笠殿に於いて、御車寄に寄せらるゝの段恐れ有り。中門より下りたまふべきの由仰せ有り。女房寝殿に候すべきの由、内々に告げ申すのところ、只御車寄に寄せらるべきの由申さる。仍て此くの如し。今日の御車寄通顯卿。供奉の殿上人隆蔭・資明(柳原)・經顯(勸修寺)等の朝臣、北面康任(源)五位。・教重・信成・景資・基綱等なり。皆吉服を着す。此の事兼日沙汰有り。仁安の年始修正の御幸吉服たり。彼《か》の准據に依り沙汰有るなり。又人々に仰せ合はさるゝなり。元應は又吉服。其の時は先例の沙汰に及ばず。只人々故入道相國・關白。時に前關白。に仰せられ治定せらる。今又變ふべからざるの間、旁以て此くの如し。元應は神輿の事に依り御藥無し。然り而して吉服諒闇の間の事、人々に仰せ合はさるゝの次《ついで》、御藥・御幸始吉服たるべきの由計らひ申すところなり。但し今度は仁安の例に就き、御藥に於いては諒闇の装束なり。參會の人又吉服を着す。但し公秀卿一人諒闇の布衣《ほうい》を着す。」

縣召除目

〔廿五日。丁未。〕

兩上皇及び永福廣義兩門院今小路殿に御幸

〔廿六日。戊申。〕雪降る。地に積む寸に及ばず。傳へ聞く、除目今日より始行せらると云〻。今日今小路殿に御幸。兩女院・予合乘り。其の後御車を返す。宮〻一車。女房一兩（輛）參る。晩に及び還御。上皇御大口《おほぐち》を着したまふ。予奴袴《ぬばかま》を着す。

兩女院北山第に御幸

〔廿七日。己酉。〕晴。兩女院北山亭に御幸。北面或は諒闇の布衣を着す。吉服相交はるなり。沙汰有りて、吉服の由先日治定。然り而して女院何事有るやの由仰せらる。仍て今度諒闇相交はるなり。

鷹司冬平後醍醐天皇の御返事追て申さるべしといふ

〔廿八日。庚戌。〕晴。関白（鷹司冬平）狀を以て、禁裏の御返事、追て申さるべきの由を申す。

長講千日講結願

〔廿九日。辛亥。〕今日千日御講結願なり。仍て長講堂に御幸。明日八千日開白なり。仍て御逗留。予不參。廣義門院御同車有り。

〔閏正月小〕

永福廣義兩門院及び珣子内親王今出川第に御幸

去夜の除目聞書を見給ふ

〔一日。壬子。〕申の一點還御有り。兩女院（永福・廣義兩門院）・一品宮（珣子内親王）、今出川亭に御幸有り。今日除目《ぢもく》の聞書《きゝがき》を披く。去夜入眼《じゆげん》と云〻。淸書酉の剋に及ぶと云〻。師賢卿（花山院）彈正尹に任じ、惟繼卿（平）刑部卿に任ず。

公春（室町）・冬雅（花山院）卿中將を解く。經通（一條）・道教（九條）從三位に敍し、中將元の如しと云々。自餘除書に在り、記さず。明清本姓坂上に復す。是れ何の故か。

當座和歌會

〔二日。癸丑。〕晴。夜に入りて雨雪。戌の剋許り前關白（九條房實）參る。對面の後退出。今夜始めて和歌を詠ず。題は春山の月、野邊の霞。勅題なり。讀師前中納言、清雅（鷹司）。講師資明（柳原）朝臣。當座の會なり。脚氣發動す。仍て寫（瀉）藥を服す。亦薪を燒く。今日餘寒肌に入り、烈風面を拂ふ。

伏見天皇御月忌
後伏見花園兩上皇衣笠殿に御幸

〔三日。甲寅。〕朝雪降る。日出の後晴。今日御月忌例の如し。午の半ば衣笠殿に御幸。御車寄の公秀（三條）卿遲參。北野に參會して伏し拜す。隆蔭（四條）・資明・重資（庭田）等の朝臣供奉。寒氣尤も甚し。御月忌以前、御膳の次《ついで》、寒氣を避けんために溫酎を羞《すゝ》む。御月忌了りて直ちに深草法花堂に御幸。門下より下りたまふこと恒の如し。時に昏黑なり。御誦經了りて還御。長途の寒嵐骨を切る。別行の後薪を燒く。聊か餘寒を却く。心神疲極、卽ち平臥す。

後伏見上皇等六條殿に御幸

〔四日。乙卯。〕今日上皇（後伏見）・廣義門院（藤原寧子）・親王（量仁）等同車、六條殿に御幸。七个日御別行有るべきの故なり。親王又密かに若宮に參詣。近々の故參るところと云々。

〔五日。丙辰。〕

白川資清顯時卿記を進獻す

〔六日。丁巳。〕資清（白川）卿、顯時卿記一合を進む。院中の事記すの故、召すところなり。外家の故相傳すと云々。但し正本にあらざるか。不審。

日野資朝は佐渡に配流同俊基は近日歸洛に治定す

資朝書狀に不審あり

花園上皇六條殿御幸

宣陽門院御月忌

六條有忠關東に進發す

幕府に遣すべき事書の詮議

事書を西園寺實衡に遣はさる

〔七日。戊午。〕傳へ聞く、資朝(日野)・俊基(日野)陰謀の事糺明有り。其の實無きの由治定し了んぬ。但し資朝に於いては佐渡の國に配す。是れ何事の罪科や、尤も不審。俊基は近日歸洛すべしと云〻。祐雅法師は追放せらると云〻。近日此の事に依り、使節上洛の由風聞す。

(裏書)「後日或人密〻に談じて云ふ、長崎入道(高綱)圓喜密談、或者云ふ、此事尤も不審。資朝書狀に不審の事有り。見せしむるのところ、披陳不分明と云〻。然り而して恐怖を成すの故、嚴密の沙汰に及ばず。無實の由を披露か。」

〔八日。己未。〕雪降り、樹木花に似たり。今日洗髮沐浴。新宮に參るためなり。申の剋六條殿に參る。今日長講衆皆參る。長講を行はるゝなり。これより先晝間、宣陽門院(覲子内親王)の御月忌を行はるゝなり。導師慈什法印。夜に入り退出。重資東面に候す。件の經供養夜に入るに依るなり。

〔九日。庚申。〕傳へ聞く、昨日曉有忠(六條)卿進發と云〻。

〔十日。辛酉。〕晴。六條殿より還御。關東に遣はさるゝ事書《ことがき》の事等沙汰有り。經顯(勸修寺)を以て前右府(今出川兼季)に仰せ合はさる。

〔十一日。壬戌。〕

〔十二日。癸亥。〕晴。早旦事書を北山に遣はさる。忩ぎ遣はすべきの由仰せ下さる。勅書に副へらるゝなり。遠衡法師を以て内府(西園寺實衡)に仰せらるゝなり。晩頭盃酌の事有り。是れ廣義門院の御方

恒例の事始の事なり。

〔十三日。甲子。〕

〔十四日。乙丑。〕

後伏見花園兩上皇及び永福門院等菊亭に御幸

〔十五日。丙寅。〕晴。前右府（今出川兼季）の亭に御幸。予・親王等合乗りす。又車を返し、永福門院（藤原鏱子）入御有り。酒膳を供す。引牛三頭。是れ方々に進む。各別なり。女院の御分御比巴（琵琶）を獻ずるなり。今日孔子《くじ》を取り勝負の事有り。是れ毎春定めの事なり。然り而して此の事に於いては、眞實或人の夢想なり。仍て此の事有り。但し信用に足らざるなり。

量仁親王のために學問所結番を置かる

〔十六日。丁卯。〕雨降る。今日より學問所の結番を置く。是れ親王稽古の料なり。予殊に沙汰を致すなり。今日番衆或は故障。仍て代官を進むるなり。連句廿韻。執筆資明。又公時（菅原）をして出題せしむ。明後日講せしむべきの料なり。

短册詩

〔十七日。戊辰。〕晴。風氣有り。仍て沐浴せず。今日短册の詩有り。

講詩

〔十八日。己巳。〕晴。内々講詩。題は閏に依り餘寒有り。連句廿韻。執筆資明。支の韻。

後伏見上皇及び永福門院今小路殿に御幸
量仁親王蹴鞠せらる

〔十九日。庚午。〕晴。關白（鷹司冬平）參る。禁中興行の條々今日沙汰有り。仍て參内の次《ついで》と云々。先づ院の御方御對面有り。朕相續いで對面。今日院幷に永福門院今小路殿に御幸。御風爐と云々。晩頭親王東面の庭に於いて蹴鞠の事有り。資淸卿已下兩三人。無人極まり無し。當時未だ廣きに及

ばざるなり。今日讀書等例の如し。

和歌の競詠

〔廿日。辛未。〕晴。親王蹴鞠。淸雅（鷹司）・公脩（富小路）等の卿已下六七人。暗に及び止め了んぬ。卽ち和歌有り。一題を以て各十首を詠ず。蠟燭三寸を以て限となす。御製七八分出來すと雖も、予一寸の内に閣（擱）筆、二寸餘に少〻詠出し、且つ披講す。親王の歌七首、親時（平）卿四首。披講の間參る。仍て追て詠ずるところなり。隆有（四條）二寸一二分の間參る。披講の程十首を詠出し了んぬ。

北條高時亭炎上の事につき鎌倉の返書到來す

〔廿一日。壬申。〕晴。炎上の事、關東の返事到來す。連句廿韻。

論語講談

〔廿二日。癸酉。〕晴。今日論語を談ず。公治長半篇を談ず。公時（菅原）講釋す。春宮大夫（洞院公賢）・勘解由宰相（平惟繼）已下六七許りの輩。

連句

〔廿三日。甲戌。〕晴。連句卅韻。支。

舊冬より大略毎朝雪降る

〔廿四日。乙亥。〕雪降る。凡そ舊冬より此の春に至り、大略毎朝雪。記す能はず。今年餘寒例に軼《す》ぐ。終日連句五十韻。支。

慈嚴をして天神御影を供養せしめらる
一體は花園上皇一體は幸增の模寫なり

〔廿五日。丙子。〕晴。今日天神御影を供養す。慈嚴僧正導師たり。供養法なり。又委細の表白は尤も感有り。是れ予先年夢想の像、手自ら書するところなり。又或上人相傳の本、繪師幸增をして書せしむ。二體一度に開眼なり。夜に入り詩歌百首。又小盃酌の事有り。曉更寢に着く。

（裏書）「供養訖り、高座を降りるの間、簾下より水精の念珠一連松の折枝に懸く。を出だす。僧正參進してこれ

兩上皇及び永福廣福兩門院二親王等菊亭に御幸

禪林寺鏡圓入滅す

論語講談

量仁親王蹴鞠會

續歌

方忌に出御

を取り退下す。」

〔廿六日。丁丑。〕晴。風吹く。夜に入り雨降る。

〔廿七日。戊寅。〕朝雨にて午後晴。菊亭に御幸。是れ先日勝負の辨なり。上皇・廣義門院・女房合乗す。先づ御幸。是れ負方なり。御車を返され、予・二親王〔量仁・豊仁〕同車。是れ勝方なり。又永福門院入御。三度車を返すなり。盃酌有り。五獻の後に引出物。夜に入り還御。

〔廿八日。己卯。〕晴。乘船の事有り。五反〔返〕許りの後下りたまふ。連句廿韻。傳へ聞く、禪林寺長老鏡圓入滅すと云々。是れ當代の帝師なり。宗門に於いて其の名有り。去年請せらる。而して諸叢林皆以て受けず。是れ只法門を以て先となし、叢林の法を知らずと云々。當世才學を以て宗となし、更に鼻孔無し。法滅の期已に至るか。歎息すべし〳〵。或は云ふ、盗人のために殺さる。或は云ふ、路頭に於いて殺害せらる。誰人なるを知らずと云々。不可説なり。

〔裏書〕「後聞く、殺害の事虚説。只頓死すと云々。」

〔廿九日。庚辰。〕晴。論語を談ず。隆有已下兩三人。尤も以て無人。晩に及び親王蹴鞠會有り。賀茂貞久交はる。人數無人。暗に及び止め了んぬ。夜に入り續歌《つぎうた》卅首有り。又以て無人。深更車に乗じ四足門前に引き出だす。曉鐘の後還り來たる。是れ卅五日の方忌《かたいみ》の故なり。

〔二月大己卯〕

百首詩會

〔一日。辛巳。〕昨今日景和暖、風光春を知る。今日百首詩初日なり。仍て先づ一首を講ず。具親(堀川)卿已下の月卿雲客二十許りの人。披講了りて連句五十韻。今日の講師房範(藤原)、讀師具親卿。資名(日野)・俊範(藤原)等の卿。公時(菅原)・行氏(日野)・家高(菅原)等の朝臣、講頌として召す。

連句

勝負妬

〔二日。壬午。〕陰雨。晩に及び晴。今日先日の勝負の妬有り。當方負に居るなり。此の方に於いて破子《わりご》等を設く。三獻の後破子、古今序の風流。引出物。十二代集の風情。十二人に宛つるなり。數獻に及ぶの後相引く。西面此の所に御寢所を相儲く。莚・片高枕・脇息・机・茶具足等有り。是れ實雅(三條)儲くるところなり。今度の引出物の外なり。、(實)子箏を彈ず。前右府(今出川兼季)起ちて舞ふ。事酩酊に及び各分散。

伏見天皇御月忌

両上皇及び永福門院等衣笠殿に御幸

〔三日。癸未。〕晴。微雪散り猛風吹く。今日又餘寒尤も甚し。御月忌に依り衣笠殿に御幸。今日今宮(中園宮カ)同車。永福門院(藤原鏱子)御幸なり。先づ永福門院・宮等北山に入御。上皇(後伏見)・予聊か西園寺に下り、妙音堂を覽る。是れ去年更に修理を加ふるの故なり。次に衣笠殿に幸す。晡時に及び永福門院北山より御幸、御月忌有り。暗に及び還御。

量仁親王方管絃會

〔四日。甲申。〕晴。風吹く。今日親王(量仁)管絃の會有り。是れ練習のため、毎旬此の事有るべきなり。上皇又比巴(琵琶、下同ジ)を彈ぜしめ給ふ。女房箏を撫す。基成(園)卿簾外に於いて比巴を彈ず。久經(多)・景光(大神)砌の

下に陪す。隆職《(鷲尾)》・成經《(藤原)》等の朝臣相遞《たが》ひに笙を吹く。景光笛を調べ、久經鞨鼓を打つ。高麗曲の時三鼓を打つ。數曲の後事了る。

後伏見上皇六條殿に御幸

晩頭六條殿に御幸。予不參。

續歌

〔五日。乙酉。〕晴。夜に入り續歌有り。恒例の式日なり。二條前關白《(道平)》參り對面。良《やゝ》久しく雜談。

今夜より別行の事有り。阿彌陀。

講詩

〔六日。丙戌。〕晴。此の日講詩。毎日分朔日以後の五首取り集め、講ずるなり。當日分許り講頌、自餘は唯讀み度《(渡)》すなり。國俊《(吉田)》講師たり。國房《(吉田)》卿讀師たり。連歌五十韻有り。執筆國俊。今日人ゝ多く詩許りを獻ず。仍て無人。百日の間、故障の日は詩許りを獻ずべきの由、兼日仰するの故なり。

故女房一條供養經の書寫

〔七日。丁亥。〕陰雨。今日齋會《さいゑ》。今日密ゝ供養の阿彌陀經一卷を書寫す。故一條のためなり。彼の書狀裏に自筆にて書し、他所に送り供養せしむ。女房に遣はす由なり。安樂光院に於いて夕日を拜す。

掩韻の遊

今夜掩韻《えんゐん》の遊有り。此の事の口傳久しく絶え、不審と雖も、推して此の興をなす。古集中に一句を書き出だし、韻の一字を書せず、人ゝをして推さしむるなり。或は當り、或は當らず。

宣陽門院御月忌

花園上皇廣義門院量仁親王六條殿に御幸

〔八日。戊子。〕晴。今日六條殿に參る。廣義門院・親王等御同車有り。懺法幷に御月忌等聽聞以後に供膳。卽ち退出。

幕府の使者資朝俊基の處分を傳ふ

〔九日。己丑。〕晴。風吹く。傳へ聞く、東使一昨日北山に向ふ。其の旨趣、資朝《(日野)》卿條ゝ不義謀逆

東使二階堂忠貞
花園上皇妙超と碧巖錄を對談せらる
兩上皇衣笠殿に御幸
永福門院北山第に御幸

の事有り。疑殆無きにあらざるの間、配流し了んぬ。俊基(日野)は同心の聞え有りと雖も、支證無きの間、放免し了んぬと云々。此の間風聞の旨は、彼の兩人の陰謀其の實無きの由治定と云々。然り而して今の趣に於いては、已に以て疑ひ有るに似たり。尤も驚歎すべし。禁裏(後醍醐天皇)此の趣殊に隱密せらると云々。東使伊勢前司忠定(貞)(二階堂)と云々。今日妙超と對面、碧嵒録を談ず。

〔十日。庚寅。〕晴陰不定、大風飛雪。今日早旦御幸有り。是れ今日衣笠殿に御幸有るべきの故なり。永福門院北山に御幸の次《ついで》、衣笠殿に御幸有り。予同じく參るところなり。先づ北山に御幸、永福門院下りたまふの後、直ちに衣笠殿に幸す。頃《しばらく》有りて經供養有り。導師朝觀法印。此の經は去年女房の夢想、殘雪恨立つを以て題となし、二首の和歌を詠ず。彼《か》の料紙を以て、法花一部を模寫すべしと云々。仍て此くの如く供養せらるゝなり。晩頭還御の次《ついで》、北山に御幸、酒膳を供す。夜に入り還御。此の間毎日の行法、今日結願し了んぬ。

(裏書)「此の和歌、上皇・朕幷に仁和寺二品親王(寛性法親王)以下濟々詠ず。嚴重の夢想の告たるに依るなり。布施四種の供養なり。當座給はらず。追て遣はさると云々。」

講詩
連句
後伏見上皇還御せられまた中園第に御幸

〔十一日。辛卯。〕晴。朝間雪降る。今日講詩。五十日分なり。講師國俊。これより先連句三十韻。執筆房範。今夜還御有り。卽ち又中園第に御幸。今日月忌の故なり。

〔十二日。壬辰。〕

持明院殿和歌會

管絃の會及び乘船遊覽の會行はる

幕府使者二階堂忠貞禁裏に參り問答す

講詩連句

〔十三日。癸巳。〕

〔十四日。甲午。〕

〔十五日。乙未。〕

〔十六日。丙申。〕晴。詩の披講例の如し。連句三十韻。

〔十七日。丁酉。〕晴。夜に入り雪降る。此の春餘寒例に過ぐ。此の宵《よひ》和歌會有り。今日又勝負の事有り。是れ近日衣笠殿の女房二人、夢想の事有るの故なり。事の體信用に足らずと雖も、又奇異と謂ふべきか。委細記す能はず。

〔十八日。戊戌。〕陰晴不定、風雪相交はる。今日管絃の興有り。基成比巴・兼高(藤原)篳篥・冬雅(花山院)笛等の卿。隆職笙朝臣・能行(藤原)篳篥等候す。女房箏を彈ず。中の一點より昏黑に及び事了る。晩頭行時(西洞院)女の尼、召されて簾中に箏を彈ず。夜に入り乘船。時に雪月相和し、山水興有り。樹頂皆花を開き、池心只氷を敷く。棹を客と▨(客カ)との間に移し、夜漏《やろ》屢轉ず。數廻の後下りたまふ。

〔十九日。己亥。〕雪降る。平地は寸に滿たず。傳へ聞く、今日東使伊勢前司忠貞。禁裏に參る。宣房(萬里小路)卿を以て御問答有りと云々。

〔廿日。庚子。〕晴。先日好物(妬)の辨の事有り。

〔廿一日。辛丑。〕晴。詩例の如し。連句五十韻。執筆國俊。詩披講、讀師春宮大夫(洞院公賢)、講師在成(菅原)。

俊光（日野）・資名等の卿、公時・行氏・家高等の朝臣講頌に候す。今日の分許り講ず。殘り四首の題は讀み渡すに及ばず。夜半に及ぶに依るなり。

量仁親王蹴鞠
後鳥羽天皇御忌

〔廿二日。壬寅。〕晴。晩頭親王蹴鞠の興有り。夜に入り行法。後鳥羽院御忌に依るなり。遺誡の旨に依り、毎月勤行を致す。今日故《ことさら》正日たるに依り、行法せしむるなり。

乘船遊覽續歌
連歌あり
妙超に遇ひ碧巖錄を讀み給ふ

〔廿三日。癸卯。〕晴。晩頭に乘船。時に無人。予棹郎たり。數廻の後下船。今夜續歌《つぎうた》有り。其の後連歌一折。或は無心の句有り。今日妙超に遇ひ碧嵓錄を讀む。又下語・問答等記す能はず。

〔廿四日。甲辰。〕微陰。今日先日の妬の事有り。

今小路殿御幸

〔廿五日。乙巳。〕陰。今日今小路殿に御幸。

講詩連句

〔廿六日。丙午。〕晴。晩陰る。講詩例の如し。連句卅韻。當日の詩許り講ず。自餘略す。俊光卿已下十餘輩。

〔廿七日。丁未。〕朝雨、晩晴。終日寂々無事。

管絃會
土御門泰世天文占文を進獻す

〔廿八日。戊申。〕晴。此の日管絃の興有り。其の人數例の如し。夜に入り泰世（土御門）參り申す、去る廿四日熒惑《けいこく》・歳星・塡星相合すと。卽ち占文を進む。卽ち泰世を召し伺ひ見る。泰世申して云ふ、今夜已に一寸許り去り了んぬ。仍て今に於いては三星合にあらず、二星合なりと云々。凡そ三星合は、三星皆相合するの時の名なり。二星合は二有る時、占文二を進むと云々。假令《たとひ》二星三

尺の内、又二星二尺の外に在るの時、三星合となさずと云々。凡そ三尺の内相合するの時なりと云々。尤も以て重變と云々。本朝の例廿餘个度と云々。

〔廿九日。己酉。〕

〔卅日。庚戌。〕

〔三月小庚辰〕

花園上皇御不豫
御燈延引せらる

〔一日。辛亥。〕晴。午の剋許り心神違例。風疹遍體、寒慄の氣有り。尚康（丹波）脈を診る。瘧病の疑ひ有り。晩に及び汗垂れ聊か減ず。猶以て無力以て甚（外脱カ）し。仍て今日御燈延引の由を仰す。今日詩の披講。出座する能はず。

〔二日。壬子。〕晴。今日心神別事無し。

量仁親王鬪鷄
腹痛興盛大略危急

〔三日。癸丑。〕晴。今日親王（量仁）鬪鷄例の如し。未の一點寒氣尤も甚し。風疹又身體に滿ち、腹痛有り。尚康をして腹（脈）を取らしむ。又仲成（和氣）參る。申の剋許り腹痛興盛、大略危急。仍て灸を加へしむ。尚康候す。酉の剋許り本《もと》に復す。窮屈なすところを知らず。長直（丹波）又參る。瘧病の條疑ひ無きの由、面々申す。

〔四日。甲寅。〕

〔五日。乙卯。〕晴。今日道昭僧正召さるゝと雖も、所勞と稱して不參。門弟恒譽法印召し進ず。更發例の如し。仍て退出。但し聊か輕きに似たり。

百日詩猶止めず

〔六日。丙辰。〕百日の詩猶止めず。間有るの時作る。

〔七日。丁巳。〕晴。猶恒譽參る。今日例の如く其の氣有り。

道昭不動護摩を修す

〔八日。戊午。〕今夜より道昭僧正不動護摩を修す。西面の車寄を以て道場となし、殿上を壇所となすなり。

後伏見上皇六條殿に御幸

法華八講

〔九日。己未。〕道昭僧正參る。善胤副驗者たり。今日不發。仍て祿を給ふ。其の儀、寢殿の西面に於いて、母屋の御簾を垂れ、庇の御簾を卷く。母屋の簾の前に僧正着座。母屋の簾下より御《おん》衣《ぞ》を押し出だす。廣義門院（藤原寧子）の御方より有り。紅梅の唐織物の御衣二領、櫻の薄衣《うすぎぬ》を重ぬ。春宮大夫（洞院公賢）これを取り、僧正の座の前に置く。又同じく簾下より御劒一柄を出だす。三條前大納言（公秀）これを取り僧正に給ふ。馬牛各一疋を引き出だす。院の御方なり。又予の分の牛馬各一疋を賜ふ。卽ち退下。公卿已下送ると云〻。卽ち六條殿に御幸。御八講初日なり。

「（裏書）正安の院（伏見天皇）御瘧病の時賞有り。今度沙汰有るべきか議有り。然り而して指して所望の事無し。又政務の時にあらず。暫く閣《さしお》くべきの由、僧正申すの間、時宜に叶ふ尤も穩便。仍て申され

ざるなり。」
〔十日。庚申。〕
〔十一日。辛酉。〕
〔十二日。壬戌。〕

同上皇還御
八講結願

〔十三日。癸亥。〕晴。今日還御。〻八講結願なり。

不動護摩結願

〔十四日。甲子。〕此の曉不動護摩結願訖る。
〔十五日。乙丑。〕

詩披講

〔十六日。丙寅。〕今日詩の披講。予詩許り出だす。
〔十七日。丁卯。〕
〔十八日。戊辰。〕
〔十九日。己巳。〕
〔廿日。庚午。〕晴。今日予始めて沐浴。尚康・全成（和氣）・仲成等を召し、各二衣《ふたつころも》一領を給ふ。如法内〻の儀なり。仍て只上結《うはぐゝり》なり。尚康拝せず。全成・仲成は庭に降り二拝す。

詩披講

〔廿一日。辛未。〕晴。今日詩の披講。朕不出。醫師等、猶謹むべきかの由申すの故なり。今日上氣有り。又冷氣未散、汗出づるの間風を謹むなり。

〔廿二日。壬申。〕

加灸せらる
廣義門院御惱

〔廿三日。癸酉。〕晴。今日灸を肩の上兩方に加ふ。今日酉の剋廣義門院御腹痛の氣有りて逆上と云〻。仍て御灸有り。夜に入り猶興盛の由聞くの間、女院の御方に參り見奉る。以ての外興盛。所〻多く以て灸を加へしめ給ふ。

〔廿四日。甲戌。〕晴。今日女院猶御落居無し。參り承ること昨日の如し。朕瘧病以後猶餘氣有りて蟄居。然り而して驚歎の餘り、昨今出現か。汗垂るゝの間、晩頭より又籠居相勞《いたは》る。又御落居有るの故なり。御祈のため、大宮〔前脱カ〕大納言（季衡）泰山府君祭を行ひ、長隆〔葉室〕卿土公祭を行ふ。在濟〔賀茂〕共に行ふ。

〔廿五日。乙亥。〕晴。今朝猶御更發有り。然り而して聊か減氣に似るか。晝の程に及び御落居の體有り。今日西の對屋の緣下に於いて、几丁〔帳〕の手一本を求め出だす。是れ去年女房大藏卿失ふところの物なり。盗人帷を取り、手を板敷の下に投げ入るか。不可說〻〻。本主に返し給ひ了んぬ。

後伏見上皇鷲尾亭に御幸

〔廿六日。丙子。〕晴。今日鷲尾亭に御幸。予猶風氣を謹むに依り扈從する能はず。今日灸を加ふ。灸を加ふこと四个所。仲成灸點を加ふ。

〔廿七日。丁丑。〕今日仍詩（マヽ）の披講、連句なり。予出座すと雖も、猶風骨を切るの間、一兩句の間

入内し了んぬ。心神猶不快、汗頻りに溢る。

〔廿八日。戊寅。〕晴。加灸三个所。今日恒式の御樂有り。

花園上皇病惱に依り慈嚴加持す

〔廿九日。己卯。〕今日心神乖和《くわいわ》。其の體瘧の如し。日晩れて醒め了んぬ。病惱の間、慈嚴僧正加持に參る。夜に入り仲成參り、脈を胗〔診〕て云ふ、瘧未だ一定せずと云〻。

〔四月大辛巳〕

また慈嚴をして加持せしめらる

〔一日。庚辰。〕晴。今日別事無し。猶瘧の疑ひ有り。慈嚴を召して加持せしむ。

〔二日。辛巳。〕晴。未の一點心神更發。瘧疑ひ無し。此の間慈嚴を召して加持せしむ。頃《しばらく》有りて退下。夜陰に及び醒め了んぬ。全成（和氣）・仲成（和氣）等脈を胗〔診〕る。定資（坊城）、經顯（勸修寺）を以て申す事有り。內に召して聞く。頗る祕事の故、心神を扶けて直《ぢき》に聞く。

〔三日。壬午。〕御幸例の如し。朕參向する能はず。

伏見天皇御月忌

〔四日。癸未。〕晴。曉更慈嚴僧正加持に參る。比明善胤僧都護身に參る。申の半ばに及び發せず。仍て衣一領を給ふ。退出。未の終り聊か上氣有りと雖も、卽ち落居の故なり。

〔五日。甲申。〕晴。慈嚴加持に參る。

連句

花園上皇發願文を自書し給ふ

天下の爲孝行の爲にして更に私願を交へず

灌佛

道熈親王灌頂を受けらる

詩會 三國志の進獻を受けらる

〔六日。乙酉。〕晴。用意のため善胤護身。心神別事無し。今日詩の披講略せらる。連句有り。

〔七日。丙戌。〕晴。早旦魚食以前、發願文を慈嚴の許に書き遣はす。予自ら草し卽ち清書す。僧正發願文に裏書するなり。紺紙に薄圓形を押すなり。是れ明日本尊の身內に奉納すべきの料なり。祈願五个條、更に私無きものなり。天下のため孝行のため許りなり。更に私願を交へざるものなり。

〔八日。丁亥。〕晴。灌佛《くわんぶつ》例の如し。予見ず。公卿實任《（三條）》・實忠卿二人參仕す。

〔九日。戊子。〕

〔十日。己丑。〕

〔十一日。庚寅。〕詩例の如し。

〔十二日。辛卯。〕

〔十三日。壬辰。〕

〔十四日。癸巳。〕晴。今日道熈親王灌頂《くわんぢやう》を受くと云〻。仍て訪ひのため牛一頭を引き遣はし了んぬ。山上に於いて灌頂を受くと云〻。然り而して京都一泊を遂ぐるなり。

〔十五日。甲午。〕

〔十六日。乙未。〕晴。詩會例の如し。見家高《（菅原）》三國志を進ず。一見のためなり。摺本なり。

〔十七日。丙申。〕今日始めて沐浴。但し醫師の祿に及ばず。

〔十八日。丁酉。〕

後伏見上皇と重事を仰合せらる

〔十九日。戊戌。〕晴。今日聊か仰せ合はさるゝ事有り。一義申し入れ了んぬ。是れ重事なり。仍て記さず。後日注すべし。今日より葱を服す。これを煎じ服せしむなり。

〔廿日。己亥。〕晴。今日又沐浴。此の間猶心神常に似ず。是れ氣の亂るゝの故なり。

詩披講

〔廿一日。庚子。〕晴。詩の披講例の如し。今日猶出現する能はず。詩許り出だす。凡そ病惱の間、猶毎日の詩を闕かざるなり。

〔廿二日。辛丑。〕晴。今日始めて廣義門院（藤原寧子）の御方に參る。但し猶怖畏有り。仍て卽ち本所に歸り休息す。

〔廿三日。壬寅。〕

〔廿四日。癸卯。〕

〔廿五日。甲辰。〕

詩披講及び連句に病後初めて御出座

〔廿六日。乙巳。〕晴。今日詩の披講。連句の間予出座。連句三十韻。今日關白（鷹司冬平）參る。予對面。頃《しばらく》有りて退出。

〔廿七日。丙午。〕

〔廿八日。丁未。〕

妙超と法談せらる同人此間禁裏に參るといふ

〔廿九日。戊申。〕晴。超（妙超）上人に謁し法談。此の間禁裏に參るの由を語る。

〔卅日。己酉。〕

〔五月小 壬午〕

暴雨雷鳴　詩會花園上皇及び量仁親王御不例に依り出座せられず

〔一日。庚戌。〕朝間天陰り、暴雨小雷鳴る。午後又雷雨。今日詩有ること例の如し。予今日小溫氣有り。仍て出座せず。親王（量仁）又腹痛の氣有りて不出。各詩許り出だすなり。

〔二日。辛亥。〕晴。親王の腹痛未だ減氣無し。仍て長直（丹波）灸を加ふ。日神腹に在り。然り而して急事たるに依り憚らず。但し數所猶憚り有るの間、兩度の灸同所の由申す。

伏見天皇御月忌　後伏見上皇衣笠殿に御幸

〔三日。壬子。〕晴。今日猶親王の腹痛減を得ず。御月忌に依り御幸例の如し。予病氣相貽《のこ》り、汗出づるの間、謹愼し衣笠殿に參らざるなり。道照（昭）僧正を召し、修法せんとするのところ、別行の由を稱し不參。仍て慈嚴を召し、明後日より藥師法始むべきの由を仰す。

量仁親王絶入の氣あり

〔四日。癸丑。〕晴。未の一點親王絶入の氣有り。但し未だ氣絶に及ばず。頃《しばらく》有りて本《もと》に復す。此の間より聊か異常の氣色有り。若しくは是れ邪靈の致すところか。仍て道昭僧正を召し、御書

道昭に加持せしむ

を遣はさる。予又狀を遣はす。又經顯（勸修寺）をして委細仰せ遣はす。卽ち參るべきの由を申す。先づ善胤を進め護身せしむ。夜に入り僧正參る。加持の間、親王叫喚恐怖極まり無し。是れ邪靈の故勿論なり。頃《しばらく》有りて本氣に復す。始め僧正の加持を知り、叫喚の事は都《すべ》て知らざるの由を後に稱す。連々猶邪氣有り。

（裏書）「泰世（土御門）の占文輕からざるの由を稱す。善算又同じ、在濟（賀茂）又落居心本《こゝろもと》無きかの由を申す。今日在濟泰山府君祭を修し、前右府（今出川兼季）の沙汰。泰世呪咀祭、永福門院（藤原寧子）の御沙汰。呪咀の氣有るの由、占文に有るの故なり。善算本命元神供なり。前右府の沙汰。在濟土公祭を又行ふ。前右府の沙汰。」

親王病氣平癒のための御修法

後伏見上皇も御違例

〔五日。甲寅。〕晴。今日より修法等を始めらる。今日親王の心神昨に同じ。但し聊か輕きに似たり。道昭僧正千手法、內府（西園寺實衡）の沙汰。賢助僧正不動法、俊光（日野）卿の沙汰。慈嚴僧正六字法、予の沙汰。俊禪僧正藥師護摩、定資（坊城）卿の沙汰。慈什法印金剛護摩。土御門准后（藤原相子）の沙汰。但し今夜供四壇たるは憚り有るの間、先づ金輪供を始むべきの由、慈什法印の代官に仰す。もとより念誦堂に祗候する者なり。後聞く、今夜深更上皇（後伏見）御違例の氣有りと云々。

（裏書）「今日泰秀（土御門カ）靈氣祭を修す。季衡（大宮）卿の沙汰。寢殿東面は不動法、同西面の南二間《ま》は藥師護摩、同西面は六字法、庇は千手法なり。金輪供を念誦堂に於いて始む。」

〔六日。乙卯。〕晴。親王今日頗る宜し。

〔七日。丙辰。〕陰雨。今夜より慈什始めて金輪護摩を修す。

〔八日。丁巳。〕雨休《や》まず。親王次第に減に屬す。喜悦極まり無し。

〔九日。戊午。〕陰雨未だ休まず。今日親王宜しきに似たり。晩頭賢助・慈嚴・慈什等の兒童各一人、召し出だされ御覽有り。夜に入り親王又腹痛有り。

〔十日。己未。〕晴。申の剋後、猶腹痛有り。深更に及び聊か休《や》む。

〔十一日。庚申。〕

〔十二日。辛酉。〕

〔十三日。壬戌。〕

親王の病惱增氣す

〔十四日。癸亥。〕今日又親王增氣、腹痛以ての外興盛。

〔十五日。甲子。〕今日猶以て休《や》まず痛み有り。仍て長直・仲成(和氣)等の面々に所存を申し、藥等を治定す。

醫師等評定あり

〔十六日。乙丑。〕陰雨或は沃《そゝ》ぐが如し。今日醫師の評定有り。長直・全成(和氣)・尚忠(丹波)・仲成等、各議を申す。前右府・覺圓僧正御前に候す。此の僧正殊に醫骨有るの故なり。寫(瀉)藥を進ずべきの由一同。又御灸の事を同じく申す。然り而して先づ下痢の後、灸有るべきの由治定し了んぬ。

花園上皇絶入あり

(裏書)「今日午の時許り絶入の氣有り。但し氣絶に及ばず。卽ち本《もと》に復す。此の間聊か邪氣不審の事有り。仍て道昭僧正を召し加持せしむ。」

伊勢賀茂春日及び石清水の諸社に神馬を納め祈願せしめらる

〔十七日。丙寅。〕陰晴不定、雷鳴。今日親王聊か腹痛休《や》ましむ。在濟天曹地府祭を修し、(賀茂)在冬泰山府君祭。神馬を三社に進ぜらる。伊勢、内外宮各一疋。賀茂、上下各一疋。春日。八幡は先日進ぜらるゝなり。但し尚今日重ねて進ぜらるべきかの由議有るのところ、今日春日社に告文《かうもん》を進ぜらるゝの間、相副へらるゝところなり。今一疋催し出ださると雖も、四个所憚り有るの間、今一社は後日たるべきの由治定し了んぬ。

(裏書)「兼日七座・泰山府君祭、修せらるべきの由議有るのところ、七座の分、其の足不足の間、俄かに泰山府君・天曹地府・六道靈氣等を修せらる。六道靈氣今日晩に及ぶの間、明日行はるべきの由、泰世申す。仍て今日行はれず。」

〔十八日。丁卯。〕雨降る。今夜聊か腹痛有りと云々。

千手六字等法結願

〔十九日。戊辰。〕晴。此の曉千手・六字等の法結願し訖んぬ。今夕より道昭僧正不動延命法を修す。賢助僧正愛染王護摩を修す。今日(安倍)長親六道靈氣祭を行ふ。

〔廿日。己巳。〕晴。無事。

〔廿一日。庚午。〕晴。此の曉上氣と云々。

〔廿二日。辛未。〕

〔廿三日。壬申。〕

〔廿四日。癸酉。〕晴、夜雨。今日より良重僧正北斗法を修す。今夜如法泰山府君祭有るべし。而

して雨に依り延引。

聞書《きゝがき》を披く。大外記教宗（清原）・師枝（中原）、陰陽頭晴村（土御門）等任ぜらる。師枝は宗尚（清原）死去の替りと云々。先途を遂ぐと雖も、年齢未だ闌《たけなは》ならず早世す。不便々々。

泰山府君祭行はる

日野俊光と御問答あり

〔廿五日。甲戌。〕雨降る。亥の剋許り、雨の隙を以て泰山府君祭を行ひ了んぬ。南庭に於いて行ふ。仍て伺ひ見るところなり。院・女院（廣義門院）御覧有り。覺圓僧正を以て、俊光卿に御問答有り。事の子細記録する能はず。

今日親王始めて手足を洗ふ。

不動延命法結願

〔廿六日。乙亥。〕此の曉不動延命法結願し了んぬ。道昭僧正退出し了んぬ。

〔廿七日。丙子。〕

〔廿八日。丁丑。〕

〔廿九日。戊寅。〕

〔六月大 癸未〕

持明院殿南面に泉を作る

〔一日。己卯。〕晴陰不定。賢助僧正泉を庇の南面に構作す。

〔二日。庚辰。〕陰雨。作泉今日功を終る。即ち盃酌の事有り。皆僧正の儲くるところなり。俊光《(日野)》又祇候す。僧正即ち御酌に召さる。簾中に女房有り。数献の後分散。

量仁親王の加持
愛染王護摩結願

〔三日。辛巳。〕此の暁愛染王護摩結願す。今日指して退出すべきの間、一日の時を運ぶと云々。今日親王《(量仁)》の加持のため、俊幸僧正参る。

〔四日。壬午。〕陰雨。

〔五日。癸未。〕

〔六日。甲申。〕

花山院冬雅薨ず
持明院殿御方渡り

〔七日。乙酉。〕従三位冬雅《(花山院)》今朝薨去と云々。年廿一。一日より病悩、忽ち即世不便なり。子息宗雅の事、俊光卿に示し付すと云々。老少不定の習ひ悲しむべし〳〵。今日御方渡りの事有り。親王二棟の東面元院の御方。に移り、院の御方寝殿元予の方なり。に遷御。朕庇幷に小御所元親王の居所。に遷る。皆兼ねて屋圍を打つなり。道昭僧正呪の字を書く。在濟《(賀茂)》・泰世《(土御門)》等又符を用ふ。

〔八日。丙戌。〕夜に入り小盃酌の事有り。覚圓僧正親王に調進の間、其の便に皆供するなり。

北斗法結願

〔九日。丁亥。〕此の暁良重僧正退出す。北斗法結願なり。

〔十日。戊子。〕今夜より俊綱僧正、公卿の座に於いて不動供を修す。

〔十一日。己丑。〕

量仁親王沐浴醫師等に贈物を給ふ

〔十二日。庚寅。〕晴。今日親王沐浴なり。陰陽家吉日にあらざるの由を申す。然り而して手足已に洗ひ始められ了んぬ。又近代一向に醫家は吉日を用ひる故、憚らず浴し了んぬ。東面(廣義門院)女院の御方。に於いて(丹波)長直に御衣《おんぞ》二領始め再拝後に一拜。を、(給脱カ)院の御方より牛一頭、予馬牛各一疋、北面に引く。上結《うはぐゝり》なり。綱を取り一拜。衣幷に馬牛皆篤時請取り雜色に給ふ。篤時に(永福・廣義兩門院)兩女院より内々に衣を給ふ。親王又宿衣《しゆくえ》を給ふ。(今出川兼季)前右府牛を長直に引くと云々。

六條殿に御幸宿せらる

供花のため今夜六條院に向ひ止宿す。

(裏書)「長直今日吉服を着す。長絹《ちやうけん》の狩衣《かりぎぬ》、香の帷《かたびら》。下結《したぐゝり》なり。北面一人吉服を着す。今一人は諒闇の装束。用意無きに似たり。然り而して又強ひて憚るに及ぶべからざるか。仍て引く。」

後白河天皇御忌日供花

〔十三日。辛卯。〕晴。供花初日なり。未の一點(鷹司冬平)關白參入。良久《やゝ》しく無人、未の終りに及び供花を始む。其の儀例年の如し。予の座第五巻に在り。關白一人着座。十前了りて入内。窮屈に依るなり。關白内々に供花せしむ。

御影堂に參詣

装束小狩《こかり》衣《ぎぬ》。を改め御影堂に參る。卽ち御月忌を始む。公卿の御布施取り無し。法花經第八巻讀み了りて休息。窮屈爲すところを知らず。夜に入り又出座。前中納言(小倉)季雄御簾に候す。季雄・(鷹司)清雅等の卿二人を召す。炎熱の間筋力已に疲れ、脚氣更發。仍て内々供花に及ばず。

〔十四日。壬辰。〕晴。供花昨日の如し。(三條)公秀卿御簾をなす。予小狩衣上結。炎暑窮屈堪へざるの故なり。公秀卿又上結。兼ねて仰せ含むなり。三條大納言入道(實躬・公秀)父子・(葉室)長隆卿を召す。廿前了り

て入内。夜の供花又去夜に同じ。御簾又公秀卿一人、供花の座に候す。此の間極熱、窮屈極まり無し。且つ此の春瘧病以後、氣力未だ本《もと》に復せざるの上、脚氣相加はるの間、種〻相労り、筋力已に盡き爲《な》すところを知らず。

〔十五日。癸巳。〕晴。晩頭暴風雷鳴。頃《しばらく》有りて休《や》む。今日の供花、前左府（洞院實泰）御簾として一人祗候。夜の供花例の如し。清雅卿御簾たり。無人。又一人座に候す。前左府を女房の座に召し供花せしむ。其の後對面す。

今日雷鳴尤も甚し。後聞く、霹靂塩小路西洞院と云〻。今夜より神事、後戸に於いて念誦の事有り。三个日なり。

神佛關係の道理を述べらる

「（裏書）今夜後戸《うしろど》に於いて念誦の間、神宮は神事（佛カ）を憚らる。閑《ひそ》かに思慮を廻らすに、尤も子細の事有るか。神宮神事の時、佛經・僧尼等を固く禁ずべき事なり。甚深の子細有るか。淺智を以て神慮を測る恐れ有りと雖も、閑《ひそ》かに思ひ得、殊に信心を催す。又八幡已下の神、殊に佛法を守護するの段、殊に神道の垂跡、彼と云ひ此と云ひ、一にして一ならず、二にして二ならず。清淨の信心を催し、渇仰極まり無く、仰信餘り有り。祈念に及ばず、卽ち起座し了んぬ。是れ祈念の事、私にあらざるの故なり。

或は云ふ、神宮は實に佛法を惡《にく》まず、却つて擁護をなす。然れば假令《かりそめ》許りなり。實に佛法を

忌むべからず。予以て然らずとなす。固く佛法を忌み神慮に叶ふべし。努力《ゆめ》〻〻假令の義有るべからざるものか。此の子細委しく記す能はざるのみ。但し偏《ひとへ》に佛法を以て、神慮に違ふとなす、又道理に違ふべきものなり。佛法の理を得れば、自然に此の疑ひに達すべし。淺學の者、佛法を以て偏に尊重をなし、神慮は實に憚らざるの由を稱するは、大惡見なり。子細短筆に及び難し。仍て記さず。」

佛法を以て偏に尊重となし神慮は實に憚らずと稱するは大惡見なり

〔十六日。甲午。〕晴。朝公秀卿簾を褰《かゝ》ぐ。予又窮屈に依り、上結・狩衣なり。公秀卿上結なり。召して座に候せしむ。實任（三條）卿候すと雖も、近年疎遠、仍て召さず。供花了りて御月忌例の如し。實任卿着座。予中間に起座。炎暑に堪へざるの故なり。夜に入り二條前關白（道平）參る。即ち出座し供花。予又上結。然るべきの人參るの時、先〻は直衣・下袴等を着す。然り而して今度は暑氣幷に窮屈の故、上結なり。前關白女房の座に於いて供花、例の如し。

易疏を閲讀せらる

此書の閲讀につき所見を述べ給ふ

〔十七日。乙未。〕晴。今日の御簾花山院中納言（經定）。夜に入り御幸有り。出御例の如し。三條前大納言（公秀）御簾をなす。御座五卷、予七卷例の如し。公秀卿座に候す。此の間徒然の間、易の疏を讀む。是れ知命の後、此の書を見るべきの由、古人の口傳有り。而して寛平（宇多天皇）御讀の由、御記に見ゆ。是れ卅許りの御年か。未だ勘へず。又漢朝の人多く幼年を以て學ぶ。予心中に竊かに疑ふ。而して去年夢想の事有り。旁以て符合の間、讀むなり。

天命を知るが爲ならず只道義の爲なり

「(裏書)宇治左府(藤原頼長)記、易を讀む年齢の事を委しく記す。子細理有り。但し不吉の人なり。仍て後人證となさゞるか。王侃の説と云ひ、和漢の例と云ひ、強ひて憚るべからず。何ぞ況んや天子の位を践む。豈天命を知らざるや。是の故に後宇多院幷に今上(後醍醐天皇)御讀有り。予不肖と雖も、讀むべきの書等を讀み、已に天子の位を經、天命の書を讀む。豈理に背かんや。而して去年の夢想に任せ、更に天命を知るがためならず、只道義のためなり。更に苦有るべからざるか。此の書を讀むの時、手を洗ひ帶を散せず、又烏帽を放たず。聖人の作、天命の書、恐れ有るの故なり。是れ宇治左府のなすところなり。理に叶ふの間用ふ。夢想の事去年の記に見ゆ。仍て記さず。夢は虚實に渉る。偏信すべからず。而して事理相叶ふ。仍て用ふるなり。」

〔十八日。丙申。〕晴陰不定。出御例の如し。春宮大夫(洞院公賢)御簾に候す。一人座に候す。夕出御。又夜ゝの如し。前大納言爲世(御子左)御簾をなす。又一人供花せしむ。今夜資明(柳原)候せず。仍て維成(藤原)を召し燈を挑《かゝ》げしむ。又時座を問はしむ。長講例の如し。中間に出御。暫く過去帳を閣《さしお》き、早く讀むべきの由、維成を以て仰せらるゝの間讀む。今日長冬(五條)養ふところの小童參入す。

〔十九日。丁酉。〕晴。今日朝の御簾其の人無し。仍て女房従三位蔭子(藤原)。褰ぐ。炎暑に依り御上結なり。予又同前。長隆・ゝ有(四條)等の卿座に候せしむ。晩頭盃酌の事有り。夜に入り出御例の如し。九條前關白(房實)御簾に參る。仍て御直衣なり。予又直衣、下結同前。前關白・前大納言實教(小倉)・前中納言

清雅等候せしむ。深更に及び密々御物語。予不參。

供花結願

〔廿日。戊戌。〕晴。供花結願例の如し。導師朝觀。公秀卿・資名（日野）卿・實任卿着座。公秀卿布施を取り加ふ。維成・公時（菅原）等の朝臣、隆持（四條）布施を取る。夜に入り泉の邊りに於いて盃酌。曉鐘を待つの間なり。

〔廿一日。己亥。〕鐘報の後に還御。

〔廿二日。庚子。〕無事に依り記さず。

大乘院先門主覺尊當門主聖信を追放す

〔廿三日。辛丑。〕晴。傳へ聞く、大乘院先門主覺尊僧正、大勢を以て南都に押入り、當門主某（聖信）。禪師相禦ぐと雖も、勝たずして追落せらると云々。事の亂惡謂ふべからざるか。

〔廿四日。壬寅。〕陰。無事。

春日神木興福寺金堂に遷座すといふ

〔廿五日。癸卯。〕晴。申の剋許り暴雨沃《そゝ》ぐが如し。頃《しばらく》して晴。傳へ聞く、神木金堂に遷坐（座）すと云々。是れ守護のため、寺務の所爲と云々。

大雨雷鳴

〔廿六日。甲辰。〕寅の剋大雷鳴大雨。辰の一點に及び休止す。霹靂二个所と云々。大炊御門富小路に雷火、一宇燒け了んぬ。大雨雷鳴近年未曾有か。諸河の水溢漲すと云々。前庭の池水岸を浸し、小嶋皆沒し了んぬ。今日泉の邊りに於いて盃酌數巡有り。公宗（西園寺）卿祗候す。一向女中なり。

洪水の被害

「（裏書）洪水先々に超過。山上無動寺の房舍十七宇流失す。坂下の少（小、下同ジ）家等水害を被《かうむ》るもの數を知らず。

翌日泥土中に於いて、堀（掘）り出だすところの死人五百人に及ぶと云々。又白川の河水溢れ、少家皆流れ、死人数多と云々。成經（藤原）の宿所庭上淵となるの由談ずるところなり。希有にして命を扶くと云々。不可説の洪水なり。但し桂川は溢れずと云々。又雷火焼亡に及ぶ。非常の事か。宿所を助けんがため、内侍所の刀自《とじ》の宅等、大略焼き了んぬと云々。」

〔廿七日。乙巳。〕

〔廿八日。丙午。〕

〔廿九日。丁未。〕

六月祓

〔卅日。戊申。〕晴。六月祓《みなづきばらひ》例の如し。陪膳國資（源）朝臣。役送隆持。是れ輕服《きやうぶく》の人なり。先例有るに依り憚らず。即ち奉行せしむるなり。廣義門院（藤原寧子）御輕服なり。而して御祓例の如し。凡そ輕服の人、除服以後は憚らずと云々。

立坊につき日野俊光資名父子鎌倉に下向す

此の曉前大納言俊光（日野）卿關東に下向、資名卿扈從と云々。立坊の事、綸旨・院宣相對する事等仰せ遣はさるゝなり。今度勅使の事、諸人の議一決せず。予心中の案決す。縦《たと》ひ遣はさるゝと雖も巨難有るべからず。仍て諫爭に及ばざるなり。

(端書)「正中二 元亨五年乙丑」（正中二年七月ヨリ十二月ニ至ル記ハ、一巻ヲ成シ、同年月具注暦ノ表裏ニ書記セラル。）

〔七月小 甲申〕

〔一日。己酉。〕晴。終日無事。

〔二日。庚戌。〕晴。泉の邊りに於いて盃酌の事有り。

伏見天皇御月忌

花園上皇安原莊の事を花山院家定に仰せらる

〔三日。辛亥。〕陰、急雨。即ち休《や》む。御月忌例の如し。午の剋御幸。御車寄無し。召次又皆以て所勞の上、給物違亂の間不參と云々。院中の陵夷歎息すべし。凡そ毎事此くの如し。(吉田)國房卿を以て、安原莊の事、花山院(家定)右府入道にら(仰脱カ)る。子細裏に注す。

(裏書)「安原莊は、行經法師故准后(藤原經子)に讓る。准后院宣を申し(請脱カ)御領となす。文保二年以後一向御管領の儀なり。隨ひて又其の子細後宇多院幷に當今(後醍醐天皇)等に申され了んぬ。而して准后閇眼の期に臨み中分し、上方は俊雅卿(藤原)の息女(後伏見上皇)(今院の御方に候す。)に讓り給ひ、下方は女王(藤原經子ノ猶子カ)に讓るなり。件の文書等入道右府に預け置くと云々。而して去年故無く勅裁をなし行村に付せらるゝの間、此の子細關東に仰せ披かれんとするのところ、文書を右府入道に召さるゝの間、准后の讓狀有り。仍て文

書等給ひ置くところなり。仍て進め難しと云々。件の案文を進む。これを見るのところ、院の御方に進めらるゝの状なり。文章顯然の上、右府入道、日來文書を進むべきの由を申さしむるのところ、今に至りて始めて此の儀を申す。太《はなはだ》然るべからざるの間、此の由を仰せ遣はさるゝのところ、結句院の御方に進めらるゝの御讓狀、我が物たるの由稱し申すの條不可說なり。若しくは是れ物狂ひか。悲しむべし〳〵。委細記す能はざるのみ。」

〔四日。壬子。〕晴。國房卿、入道右府の御返事を申す。御管領の事存知せず、一向讓り給ふの由存ずる許りなりと云々。不可說々々。去年の御問答の事已下、皆悉く爭ひ申す。言詞の及ぶところにあらず。人の生涯たるの間、御問答の子細、尤も御沙汰を經らるべきの由、予申すの間、前右府(今出川兼季)・定資卿(坊城)等に仰せ合はさるゝなり。

禁裏詩御會

〔五日。癸丑。〕晴。早涼尤も甚し。親王(量仁)の學問所に於いて、公時(菅原)・隆職(鷲尾)等文談す。傳へ聞く、今日禁裏詩御會有り。當座の探韻と云々。

〔六日。甲寅。〕晴陰不定。或は時に雨降る。亥の剋許り寢殿の方に一法師有り。緣に昇らんとす。隆蔭(四條)見て、相尋ぬるのところ逃げ了んぬ。所々相求むと雖も遂に見えず。

南都寺社の嗷々により禁裏詩會停止せらる

〔七日。乙卯。〕晴。今日詩を講ずべきの由を兼ねて仰す。家高(菅原)出題。而して前右府、南都嗷々、寺社のため御敬信有るべきか、且つ又禁裏の御會停止せらるゝの由を申す。仍て停止せしむ。

花園上皇方にて小詩會行はる

乞巧奠

而して少ゝ人ゝ參るの間、當座絶句二首を賦せしむ。勒なり。同勒を以て二首作る。連韻の字又勒なり。是れ予の張行なり。古人の詩多く此の體。又近代は對を引かせらる。其の意無きが如し。仍て故《ことさら》に作らしむ。連句三十韻。乞巧奠《きっかうでん》例の如し。丑の剋許り西方に火有り。衣笠殿の方に疑ひ有るの間、隆蔭を進ぜらる。德大寺の邊りと云ゝ。衣笠殿無爲にして火消し了んぬの由、歸參して申す。

禁裏和歌會

「(裏書)後聞く、今日禁裏和歌御會を行はると云ゝ。倩《つらく》事理を案ずるに、今度寺社の大訴勿論なり。但し今に於いては未だ一寺の訴訟に及ばず。覺尊僧正勢を率ゐて亂入する許りなり。神木遷坐(座)又守護のためなり。旁以て先の寺訴に似ざるか。仍て藤の氏人《うぢひと》出仕すべきの由、故《ことさら》に南都より觸ると云ゝ。然れば斟酌の段、強ひて詮無きに似るか。

乞巧奠藤原實子柱を立つ

勒の字公時朝臣出だす。讀師隆有卿(四條)、講師在成(菅原)。連句の執筆同じ。乞巧奠の柱《ぢ》、女房、子(實)南の御方。立つ。今度初度なり。尼六條の弟子なり。但し前左府(洞院實泰)門弟たるべきの由殊に仰せ付く。仍て今日の柱、殊に前左府の説を用ひるなり。祕説有りと云ゝ。粗耳《ほゞ》に觸る。然り而して不知の道なり。又祕説と云ゝ。仍て記さず。乞巧奠の柱凡そ三説有りと云ゝ。六條敎ふるところ猶是れ第二説と云ゝ。仍て前左府祕説を敎ふるなり。」

〔八日。丙辰。〕無事。關白(鷹司冬平)參入、南都の事等を語る。

慈嚴等持明院殿に炎魔天供を行ふ

量仁親王方の文談連句

後深草天皇御八講 兩上皇六條殿に臨御

〔九日。丁巳。〕晴。無事。明月に乘船す。

〔十日。戊午。〕晴。今日或人の夢に、重愼すべし、炎魔天供千座行へば無爲たるべしと云々。仍て行ふ。僧一人に仰せらる。而して慈嚴僧正一人千座領狀す。仍て其の外催すところの人々に、又千座の由を仰す。仍て二千座なり。道昭僧正十座。・道意僧正百座。・顯譽十座。・弘爲法印三十、。〔座、下同ジ〕・慈什〔法印〕、、百、。・賢助僧正五十、。・泉涌寺三百、。・常信寺三百、。・太子堂百、。

〔十一日。己未。〕晴。親王の學問所に於いて文談。連句廿韻。

〔十二日。庚申。〕晴。文談に剋を移す。其の外無事。

〔十三日。辛酉。〕

〔十四日。壬戌。〕卯の剋六條殿に參る。卽ち休息。未の剋御八講例の如し。公卿春宮大夫〔洞院公賢〕一人着座。朝座の講師澄俊、問者俊豪。問、大通は寶王の前か後か。答、大通は首たり。多寶の證明法華顯る、因位か果位か。答、因位。夕座忠性、問隆曉。問、提婆は座に在りて記を得るか、座に在らざるか。答、測り難し。兩方を難ず。後に付き座に在るを難ず。中下寂光身土別有るか。答、別有り。兩方を難ず。

〔裏書〕「晩頭、御盃の使說〔藤原〕藤朝臣を長講堂に發遣せらる。御聽聞所東の間、妻戶の中に於いて御拜有り。御衣冠。御笏を持たしめ給ふ。これより先、院の拜又後る。定〔冷泉〕親・藏人說〔藤原〕兼の二人、長櫃一合を舁き簾前に立つ。御拜了り

て撤す。去年より發遣せらると云々。是れ初年日次に依り獻ぜらるゝところなり。仍て遲々と云々。」

盂蘭盆講

〔十五日。癸亥。〕晴。朝座の講師隆曉、問者忠性。夕座の講信聽、問圓範。盂蘭盆講例の如し。其の後晩頭に阿彌陀講。朝觀導師たり。夜に入り長講有り。明月澄々、一月の佳期に先んじ尋常を軼《す》ぐ。小盃酌有り。清雅(鷹司)・兼高(藤原)等の卿、維成(藤原)朝臣音曲。曉に及び寢に着く。

「(裏書)朝座の問、常在靈山の文、餘所に亙《わた》るべきか。亙るべし。遠く方便を成し近く眞實を成す。佛本を顯す何時に在るべきか。法華の時に在り。夕座の問、如說修行の女人、安樂世界に生る。九品の內何品を措くべきか。上品上生。日月淨明の國土、淨土か穢土か。答、淨土。

今日兩座の論議、皆一个條の重難を略す。宣房(萬里小路)卿一人參る。

信聽は三論宗に於いて稽古の者と云々。問題宗義に入らず、無念と謂ふべし。」

後伏見上皇持明院殿に還御の後今小路殿に御幸

〔十六日。甲子。〕晴。朝座の講師俊豪、問者澄俊。夕座の講圓兼、問朝觀。夕座了りて行香例の如し。權中納言顯實(土御門)・々任(三條)、參議惟繼(平)・宗平(鷹司)等立つ。布施了りて例時例の如きか。但し是れより先御所に還御。頃《しばらく》して法花堂に御幸。公秀(三條)卿御車寄たり。隆蔭・保成(藤原)等供奉す。御誦經例の如し。直ちに持明院に還御。卽ち今小路殿に御幸。今日より暫く御所たるべきの故なり。

「(裏書)朝座の問、普門品は此の經の流通たるべきや。流通なり。嚴王は權者か實者か。權者。

暮座の問、行者普賢を感見す。同身三生を限るべきか。測り難し。」

妙超と法談せらる

〔十七日。乙丑。〕晴。無事。超（妙超）侍者に謁し法文を談ず。予自ら思惟す。猶其の懈怠の心を知り、懺悔萬端、向後自ら精進を勵ますべきの由を談話す。抑精進とは是れ何物ぞ。懈怠又如何。

〔十八日。丙寅。〕晴。夜に入り雷鳴。祇陀林寺に霹靂と云々。

論語談義

量仁親王御所労

〔十九日。丁卯。〕晴。晩に及び陰雲天に滿つ。今日論語を談ず。夜に入りて聞く、量仁親王所労の由。院の御方に尋ね申す。殊なる事無きの由御返事有り。參るべきの由仰せ有り。仍て參る。曉に及び退出。

同親王小弓の戯を行はる

藤原爲實鎌倉に下向すべし

〔廿日。戊辰。〕晴。親王小弓を射る。予此の砌に交はる。公秀卿已下四五輩。夜に入り爲實（藤原）卿參る。廿七日關東に下向すべきの間、暇を申すため參入すと云々。歌の事等を談ず。藤大納言（御子左爲世）立つところの義、所存にあらざるの由を申す。爲兼（京極）卿の立つるところ、又大概甘心すと雖も、聊かの參差有りと云々。委しく記す能はず。

〔廿一日。己巳。〕晴。小弓昨の如し。

〔廿二日。庚午。〕晴。弓を射る。（以下缺文カ）

廣義門院及び量仁親王また花園上皇今小路殿に御幸

〔廿三日。辛未。〕晴。今日女院（廣義門院）、親王と今小路殿に幸す。頃《しばらく》有りて予又參ず。女院卽ち還御。其の後深更に及び退出。夜に入り雨脚沃《そゝ》ぐが如し。

論語談義

〔廿四日。壬申。〕晴。陰雨、或は滂沱或は微。弓を射る。論語を談ず。

後伏見上皇持明院殿に御幸

〔廿五日。癸酉。〕晴。今日御幸有り。御弓有り。御指貫《さしぬき》を撤し、御大口《おほくち》を召さる。仰せに依り予同じく此くの如し。夜に入り兼高卿、子息少童(マヽ)二人を具して參る。音曲頗る堪能なり。上皇御感有り。

後伏見上皇及び量仁親王菊亭に御幸

〔廿六日。甲戌。〕陰雨時ゝ降る。女院菊亭に御幸。親王同參。黄昏女院の御書有り。今小路殿より俄かに御幸有り。參るべしと云ゝ。倒衣して卽ち參る。奴袴《ぬばかま》を着すべからざるの由、仰せ有り。仍て大口《おほくち》ながら參るところなり。數獻盃酌有り。深更に及び還御。先づ今小路殿に寄せらるべきの由を申すと雖も、便路に依り予先づ下車、卽ち還御。

量仁親王弓射を好む

〔廿七日。乙亥。〕雨降る。終日無事。弓有り。此の間連日親王好む。但し書の程は讀書・比巴〔琵琶〕等に隙無し。仍て晩に及び片時なり。大略兩三度に過ぎざるなり。學を妨ぐに及ばず。尤も然るべし。

〔廿八日。丙子。〕

〔廿九日。丁丑。〕

〔八月大乙酉〕

後伏見上皇衣笠殿御幸別時念佛

〔一日。戊寅。〕雨下る。人〻の進物例年の如し。

〔二日。己卯。〕陰。夜に入り大雨。小弓有り。昏黒御幸有り。即ち衣笠殿に御幸。今夜別時念佛有り。顯智法師已下八人召さる。初夜より始めらる。

故藤原宗子薨後千日の供養

伏見天皇御月忌

〔三日。庚辰。〕晨朝時了り、午の剋許り法事讚有り。頓恵高座を談ず。法事讚了りて日中禮讚有り。是れ今日故従三品宗子（藤原）朝臣の千日なり。彼《か》の廻向のため此の修善有り。酉の半ばに及び例の御月忌有り。頼定（冷泉）卿一人着座。即ち還御。今夜行法例の如し。覺圓僧正參る。對面、南都の事を語る。

〔四日。辛巳。〕

〔五日。壬午。〕

後堀河天皇御八講

後伏見上皇御幸

〔六日。癸未。〕晴。今日後堀河院の御八講有り。一日八座なり。去年室町院御遺領等違亂有り。仍て行はず。今年興行するところなり。玄智已下八人。公卿顯實（土御門）卿一人着座。上皇（後伏見上皇）御幸有り。永福門院（藤原鏱子）御聽聞有り。東面より出御、門外を廻り御聽聞所に寄る。昏黒事了りて還御。聊か酒膳を供す。深更に及び還御。

「（裏書）玄智・乘伊兩人證議。・光憲・祇圓・良聖・定海・隆曉・俊豪等講問をなす。論義數座。仍て一个條重難を略す。問題等事多きに依り記さず。」

小弓會

〔七日。甲申。〕陰。未の剋許り小雨。今日小弓會有り。（三條）公秀卿已下數輩方に分つ。當座の小引出物なり。

量仁親王文談あり

永福門院と後伏見上皇との御問答

〔八日。乙酉。〕晴。（量仁）親王學問所に於いて文談の外無事。

今日女院（永福）の御方より、宰相典侍を差し、明後日伏見殿に御幸然るべからざるの由、今小路殿（後伏見上皇）に申さる。是れ南都の安否未定の剋なり。又俊光（日野）歸洛以前、御遊興然るべからざるの由なり。御返事に云ふ、御方違《かたゝがへ》のため幸するところなり。又伏見殿何ぞ必ず荒遊の地たらんか。白地《あからさま》に御幸御一宿、何事有らんやの由を申さる。此の御問答兩三反、以ての外御述懷に及ぶ。恐らくは其の詮無きに似たり。然り而して遂に御許容無く、御幸の由治定す。此の事不請の仁有るか。

〔九日。丙戌。〕陰雲掩ふと雖も、雨降らず。

後伏見花園兩上皇及び廣義門院伏見殿に御幸

〔十日。丁亥。〕早旦伏見殿に御幸。今小路殿より女院（廣義門院）御同車。先づ御車を寄せられ、女房一人を具して合乘り、直ちに伏見の仙居に幸す。公秀卿御車寄なり。（四條）隆蔭朝臣河原より供奉。伏見殿に至りて內〻に一獻有り。公秀卿已下の公卿四五輩簾下に召し、女房酌を取り酒を勸む。又（藤原）維成・隆蔭等の朝臣を召し、同じく飲ましむ。上北面等遲參の間、殿上人公卿の前の物を居《す》う。

夕方上の御所跡に到る。
（裏書）「今度予伏見殿に参る事、永福門院仰せて云ふ、此の事然るべからず。予一人と雖も猶参るべからずと云〻。而して内〻今小路殿より仰する旨有り。重ねて案ずるに、此の御幸延引有るべきかの由、女院より申さるゝ事謂れ無きにあらず。然り而して上皇思食さるゝの旨、又巨難に及ぶべからず。彼此御意の趣聊か相違すと雖も、強ひて偏執すべからざる事なり。予仰せの旨に随ひ、参るべきかの由、女院に申すのところ、御幸の上は、誠に子細有るべからざるの由仰せ有り。仍て参るところなり。」

後伏見上皇廣義門院は六條殿に花園上皇は持明院に還御

〔十一日。戊子。〕晴。暁に眺望す。早旦丸上池に到り、月亭に於いて勸盃。路に於いて女房等、紫《むらさき》の塵《ちり》を採る。俄かに調備して獻ぜしむ。二獻の後還御。晝間小勸盃。申の二點許り還御、直ちに六條殿に幸す。兩院（後伏見上皇・廣義門院）下りたまふ。予持明院に歸る。

〔十二日。己丑。〕

〔十三日。庚寅。〕

〔十四日。辛卯。〕

量仁親王方續詩歌あり

〔十五日。壬辰。〕陰氣有り。深更に及び天晴る。月明微雲有りと雖も、點綴の清光凝《さゝは》らず。誠に佳期に叶ふ。親王の在所に於いて續詩歌有り。題は古集の詞なり。詩は本《もと》の詩の如く詞を改め

ざるなり。予は其の意を詠むなり。披講了りて南庭を廻り安樂光院に到る。池上の月誠に其の興多し。曉鐘に及び寢に着く。

彼岸結願
後深草天皇御月忌

〔十六日。癸巳。〕晴。今日彼岸結願なり。又〔後脱カ〕深草院の御月忌なり。仍て六條殿に參る。女院の御方に於いて御膳を供す。其の後御月忌。又彼岸結願等了りて還御。此の間已に夜に入る。明月蒼々として感興に堪へず。賀茂河原に到りて眺望。尤も興多し。頃《しばらく》有りて□□〔還御カ〕。

珣子内親王清涼殿にて御著裳

傳へ聞く、今夜一品〔珣子内親王〕内親王、清涼殿に於いて着裳《ちゃくも》と云々。延久の例を追はると云々。近代着裳の人無し。繼絶の義か。其の儀聞き及ばず。又記録する能はざるのみ。

論語談義

〔十七日。甲午。〕晴。今日論語一枚許りを談ず。夜に入り加灸。〔和氣〕全成灸點す。

〔十八日。乙未。〕今日又加灸。

後伏見上皇持明院殿に御幸

〔十九日。丙申。〕夜に入り御幸有り。深更還御。予脚氣に依り指貫を着せず。又御酒を供するの間、終頭起座し、休息す。是れ脚氣術無きの故なり。御幸の後、指貫を着するに及ばず參上憚り有るの由、親王を以て奏す。勅許の後、女院の方〔御脱カ〕に參上し、見參に入るなり。

〔廿日。丁酉。〕今日又加灸三个所。

〔廿一日。戊戌。〕晴。今日予薫物《たきもの》を合《あ》はす。古方に依り薫衣香《くのえかう》を合はすなり。

山門衆徒嗷訴

山門の衆徒九條に烈〔列〕參す。今次の事訴へ申さんがためなり。承鎭親王、金剛勝院の寺用懈怠遁

るゝところ無きものなり。何ぞ勅裁參差の由申すべきやの由仰せ含む。卽ち退出。國房(吉田)卿を以て□

慈嚴參り法談せらる

「(裏書)慈什童一人を相具して參る。聊か比巴(琵琶)を彈ずるの由聞くの間、彈ぜしむ。夜に入り慈嚴僧正參る。法談良久《やゝ》し。是れ顯密の差別なり。菩提心因をなし、大悲根をなす。方便は究竟のためなり。仍て顯教の修行を超絶するの由を談ず。又當世眞言の行人眞理を知らず。卽身成佛の旨未だ嘗て心に宅せず。然り而して凡愚諸天を見ずと雖も、駈仕奴婢の如きの事、大家の由本文に有り。愚癡の僧猶行法驗有るべきの由、大旨を談ず。」

〔廿二日。己亥。〕

〔廿三日。庚子。〕

妙超と法談せらる

〔廿四日。辛丑。〕晴。宗峰上人(妙超)に謁し、良久《やゝ》しく法談す。

衣笠殿に御幸
後伏見上皇に申入れらるゝ事あり

〔廿五日。壬寅。〕晴。今日衣笠殿に參り、今小路殿(後伏見上皇)に申さるゝ事有り。仍て歸洛、卽ち參入して申し入る。

〔廿六日。癸卯。〕

〔廿七日。甲辰。〕

〔廿八日。乙巳。〕晴。衣笠殿に御幸。先づ御車を寄せらる。仍て乘り加ふるところなり。

〔廿九日。丙午。〕雨降る。今日御八講開白なり。申の剋鐘を仰す。（土御門）顯實卿に仰す。衆僧參上。玄智講師となる。問者靜伊。論談の間、（洞院公賢）春宮大夫參り着座。朝座了りて行香例の如し。顯實・（三條）〻任・（平）惟繼等の卿、隆蔭朝臣立つ。藏人（藤原）説兼火舍《くわじや》を取り相從ふ。暮座例の如し。講師靜伊、問玄智。論議良《やゝ》久し。下春《かしよう》に及び事訖る。

「（裏書）朝座の問、無量義經は純圓醍醐なる妙法華經の序分（爲脱カ）べきか。答、序分たるべし。經に曰く、示すに丈六を以てすと。丈六は應身と謂ふべきか。對、三身に渉るべし。夕座の問、迹門は圓極の妙果を說くか。答、說かず。忍界の得度は聲塵に限ると謂ふべきか、將又餘塵に渉るべきか。聲塵に限る。講師答ふるところの義頗る不分明。もとより聲譽無きの故か。抑行香の間、（洞院）公賢卿起座。夕座の時還着す。」

〔卅日。丁未。〕晴。朝座の講師澄俊、問者祇圓。問、未だ曾て人に向ひて此くの如き事を說かずと。何に對して說かざるか。答、方便土の臣佐吏民に對して說かざるなり。身子成佛して無量无數劫を經るは何故か。答、聲聞は淨土の行無きの故なり。夕座の講忠性、問憲守。二个條共法門の名目に付き不審有り。仍て記（之脱カ）さず。憲守の疑難頗る委悉なり。才望の譽無しと雖も、一流の正統を稟《う》くるの故か。朝座又問者頗る稽古の聞え有り。仍て難勢甚深に及ぶ。答不分明。

「（裏書）今日實任卿一人。但し遲參。朝座の論義の間に參上なり。」

〔九月大丙戌〕

日食現れず

〔一日。戊申。〕今日〻蝕現れず。是れより先善算、他州蝕の由勘するところなり。仍て勘文《かんもん》を進ぜずと云〻。尤も是れ高名と謂ふべし。これに就き御燈《ごとう》の事議有り。尋常の時、猶延引の例有り。仍て明日たるべきの由を仰せ了んぬ。而して蝕現れざるの上は、今日憚り有るべからず。然り而して已に延引の由仰せ了んぬ。仍て猶明日たるべきなり。今日永福門院(藤原鏱子)并に親王(量仁)聽聞有り。女院(廣義門院)御幸の後卽ち始めらる。經定卿(花山院)遲參。仍て先づ始むるところなり。

(裏書)「朝座の講良曉、問光憲。妙法蓮華經首□題に付き、漸機に約すと謂ふべきか。將又頓悟に涉るべきや。答、經の大旨を約するに漸機たるべし。但し義道の之《ゆ》く所▨(尚カ)頓機に在るべしと云〻。法相大乘の意、諸法〻體名言を立つ。實相の法體と名言とは順違の義有るべきか。答、此の義有るべからず。言說の旨を離れ、言說に約すべからざるの故なり。夕座の講祇圓、問澄俊。龍女の成道と靈山の會とは、八相を見ることを成ずるや否や。答、見ることを成ずべし。地涌菩薩四種佛土中何に屬するや。答、寂光に居す。」

御燈

〔二日。己酉。〕晴。朝夕の論談昨日の如し。講師朝憲守、夕隆曉。問朝忠性、夕俊豪。憲守多く以て滯澁。隆曉辯有るに似たり。夜に入り御燈例の如し。今日親賢卿(土御門)參る。仍て御燈の御簾に

候すべきの由を仰すと雖も、所労の由を申し、即ち退出し了んぬ。仍て女房なり。又役送無く、堂童子《だうどうじ》景長なり。其の仁にあらざるに依り召さず。陪膳隆蔭（四條）なり。昨日行はず。蝕に依るなり。關白（鷹司冬平）又此の議を申す。但し蝕せざるの上は苦有るべからざるなり。

伏見天皇御八講結願に依り後伏見上皇永陽門院深草法華堂に御幸
宸筆阿彌陀經の書寫

〔三日。庚戌。〕早旦法花堂に御幸。永陽門院（久子内親王）御同車有り。宸筆阿彌陀經の供養例の如し。其の後章善門院（永子内親王）御在所に御幸。須臾《しばらく》して還御。御八講日來の如し。朝の講師俊豪、問隆曉。夕光憲（講師脫カ）、問良曉。行香例の如し。顯實卿（土御門）、公明（三條）・公宗（西園寺）等の卿、隆蔭朝臣、重資（庭田）。公泰卿（洞院）宮司に依り立たず。今日前左府（洞院實泰）內〻に聽聞。今夜戌の日に依り還御無し。此の事慥かなる説無しと雖も、後深草院の御時より憚らる。仍て近例に付き此くの如し。

形勢不穩に依り禁中警戒を嚴にせらる

〔四日。辛亥。〕申の剋許り持明院殿に還御。相續いで廣義門院（藤原寧子）又今小路殿より還御有り。後聞く、今日より禁中御用心有り。官人章房（中原）合力の士を率ゐ祗候す。毎夜諸門を閇ぢらると云〻。或は云ふ、覺尊僧正密かに上洛し、參內すべきの由企つるの間、此くの如しと云〻。事頗る輕忽か。言ふに足らず〳〵。

〔五日。壬子。〕

論語談義

〔六日。癸丑。〕晴。今日論語雍也篇を談ず。具親卿（堀川）、公時（菅原）・行氏（日野）・資明（柳原）等の朝臣なり。公時講尺（釋）す。親王（量仁）又座に在りて聞く。夫子顏子勝劣の間、其の位等を委しく談ず。記錄する能はざるのみ。

花園上皇伊勢熱田兩社に告文及び般若心經を奉納せらる

〔七日。甲寅。〕晴。今日伊勢・熱田兩社に書進の告文《かうぶん》二通、公時に課して草進せしむ。院(後伏見上皇)の御方の見參に入る。聊か文章を加ふべく仰せ下さる。仍て書き加へ淸書し、懸帋《かけがみ》を加へ封し遣はし了んぬ。又心經各一卷奉納なり。卽ち其の由告文に載す。堯覺僧都持參するところなり。

〔八日。乙卯。〕

〔九日。丙辰。〕

兩上皇及び永福廣義兩門院北山第に御幸

〔十日。丁巳。〕晴。今日北山に御幸。上皇・兩女院(永福・廣義兩門院)・予合乘す。月忌。澄俊導師。其の後御膳を供す。中書王(恒明親王)此の座に在り。夜に入り還御。今日より親王蒜《ひる》を服す。

兩上皇中園第に御幸

〔十一日。戊午。〕晴。今日又中園第に御幸。予又聽聞のために向ふ。法事讃了りて、禮讃一時説法等有り。亥の剋還御。

後伏見上皇六條殿御幸御行列に對し狼藉者あり

〔十二日。己未。〕晴。黄昏六條殿に御幸。明日より供花の故なり。予今度不參。後聞く、高辻東洞院に於いて騎馬の者一人參會。召次叱る。仍て下馬す。而して御車未だ過ぎざるの間、又騎馬し北面と御車との間に在り。仍て北面の下人等呵責の間、惡口に及ぶの間、北面等引き落すべきの由下知の間、件の男劍を拔くの間引き落し、卽ち件の大刀を奪ひ取り了んぬ。而る間又刀を拔き刃傷せんとす。爰に北面の下人弓を引き滿を持し對ふ。仍て進む能はず、逃げ走り小屋に入る。仍て五條東洞院の篝屋《かがりや》に觸れ仰すと云々。太《はなはだ》以て狼藉か。

〔十三日。庚申。〕晴。前右府（今出川兼季）參り對面。良久《やゝ》しくして退出。國房卿（吉田）を以て、昨日狼藉人の事、武家に仰せらるべきや否や、前右府に仰せ合はせらる。卽ち北面を以て仰せ遣はさるべきかの由を申す。而して後議有り。武家の使者を召さると云々。今夜明月佳名に叶ふ。天外雲無く、感興尤も多し。深更池邊を眺望す。

量仁親王方歌合文字鎖行はる

〔十四日。辛酉。〕晴。終日無事。夜に入り親王の在所に於いて歌合有り。又文字鎖《もじぐさり》の勝負有り。

月食

論語談義

〔十五日。壬戌。〕晴。月蝕。勘文時剋は酉戌なり。而して御所を裹むと雖も遂に蝕に及ばず。今日親王に歌合有り。蝕の間論語を談ず。然り而して一篇未だ訖らず。

花園上皇御願書を春日社に奉納せられんとす

〔十六日。癸亥。〕晴。親王歌合有り。夜に入り覺圓僧正參る。予此の曉靈夢の事有り。これを語る。これに依り御願書を春日社に進ずべきかの由計らひ申す。明日六條殿に於いて申し入るべきの由返答す。僧正語りて云ふ、良覺僧正去夜南都より上洛。良信僧正を誅伐すべきの由風聞の間、逃れ出で上洛すと云々。超勝寺の房卽ち燒失と云々。實否未だ辨ぜず。然り而して以ての外の珍事か。

六條殿に御幸

御願書につき後伏見上皇と談合せらる

〔十七日。甲子。〕晴。又今日歌合有り。夜に入り六條殿に參る。供花のためなり。出御例の如し。御簾は具親卿。公量卿（近衞）召され供花の座に着す。今日御願書を覺圓僧正の許に遣はさるべきの由を申し入る。明日書き遣はさるべきの由仰せ有り。彼の間の事を委しく申し入る。

供花結願

量仁親王方歌合連日なり

兩上皇及び永福廣義昭訓三門院菊亭に御幸

〔十八日。乙丑。〕晴。供花例の如し。御簾二條前關白（道平）、一人召さる。其の後內々に供花。夜出御例の如し。御簾は春宮權大夫（堀川具親）。前參議公量。同じく召さる。

〔十九日。丙寅。〕晴。午の剋出御。々簾に關白參る。一人座に候す。これより先御對面有り。戌の剋出御、又昨日の如し。左衞門督御簾をなす。前大納言實教（小倉）・前中納言公脩（富小路）・左衞門督公泰。等、召に依り臨時の座に候す。人定《にんぢやう》に及び小勸盃有り。

〔廿日。丁卯。〕供花の結願例の如し。御導師澄俊僧都。中院前大納言通顯・土御門中納言顯實・藤中納言實任（三條）・冷泉前宰相賴定・左大辨藤房（萬里小路）朝臣等着座。導師起座の間、簾下より加布施を推し出だす。通顯卿之を取りて、導師に給ふ。加布施の剋限不定の故なり。事了りて黃昏還御。

〔廿一日。戊辰。〕

〔廿二日。己巳。〕

〔廿三日。庚午。〕

〔廿四日。辛未。〕

〔廿五日。壬申。〕此の間連日親王方に於いて歌合。予時々歌を加ふ。文字合等種々の勝負、毎日の事なり。是れ服藥の間、徒然《つれづれ》を慰むがためなり。

〔廿六日。癸酉。〕陰雨時々灑ぐ。今日菊亭に御幸。法事讚御聽聞のためなり。兩女院（永福・廣義兩門院）・予同じ。

昭訓門院（藤原瑛子）又御幸有り。未の剋法事讃。其の後禮讃一時。人定に及び事了る。内々に尼二品（藤原孝子カ）彈箏すべきの由、右府（近衛經忠）を以て仰せらる。其の次《ついで》に昭訓門院に同じく彈ぜしめ給ふべきの由を申さる。再往御問答、遂に音樂の興有り。上皇・右府比巴（琵琶）。昭訓門院・二品等箏。半更に及び事了りて還御。密儀と雖も千載一遇か。

中園宮除服

（裏書）「今夜中園宮除服。其の儀例の如きか。

今日の法事讃、頓恵法師讀む。高座聊か啓白せしむ。言約にして、旨趣分明。尤も能説と謂ふべきか。」

〔廿七日。甲戌。〕

〔廿八日。乙亥。〕

〔廿九日。丙子。〕

續歌

〔卅日。丁丑。〕晴。内々に續歌有り。女院の御方に於いて有り。覺圓僧正祗候し講ず。淸雅（鷹司）卿已下四五人詠ず。

〔十月小丁亥〕

〔一日。戊寅。〕

一條内經薨ず

〔二日。己卯。〕前關白從一位藤原(一條)内經朝臣薨去す。公は故内大臣内實の長男なり。家を起し絶を嗣ぎ關白となる。而して頃年以來酒に沉湎《ちんめん》す。仍て早世か。別して藝能無く、譜代の家風を以て、一代の中絶を起こすか。年三十五。太《はなはだ》傷嗟に堪ゆ。隆蔭(四條)朝臣をして、經通(一條)卿を訪はしむ。返事有り。經通今年九歳と云々。二代早世、孤露不便の事か。内々に管絃等今日より停止す。七ケ日なり。

妙超花園上皇に後醍醐天皇と疎石との御問答の事を奏す

かの御問答は教綱を出でず達磨の一宗地を掃つて盡く

「(裏書)今日宗峯(妙超)上人に謁す。禪林寺(夢窓疎石)長老の内裏に參り、御問答の體を語る。日來道者の聞え有り。仍て召さるゝところなり。而して此くの如き問答は、都《すべ》て未だ教綱を出でず。達磨の一宗地を掃ひて盡く。悲しむべし〳〵。此の趣密々に語るところなり。此の仁已に關東歸依の僧たり。仍て不可の事等隱密すべきの由、時宜有るか。仍て此の上人口外すべからざるの由を示す。予倩《つらく》思ふ、當今(後醍醐天皇)佛法興隆の叡慮有るの由風聞。而して東方の形勢に依り、還つて隱密にせらる如何々々。此の仁を以て宗門の長老に用ひらるゝは、卽ち是れ胡(マヽ)種族を滅ぼす。悲しまざるべからざるか。」

伏見天皇御月忌に依り後伏見上皇衣笠殿に御幸

〔三日。庚辰。〕雪と雨降る。此の兩三日寒氣節に超す。今日御月忌に仍〔依〕り衣笠殿に御幸。御留守毎年の事なり。御月忌了りて卽ち還御。

幕府の使者歸洛

後伏見上皇中園第に御幸

兩上皇及び廣義門院竹中殿に方違御幸

〔四日。辛巳。〕

〔五日。壬午。〕傳へ聞く、武家の使者歸洛。南都の事、使者を以て申すべしと云々。

〔六日。癸未。〕今日中園第に御幸し御聽聞。如法念佛の故なり。禮讃一時訖り、當麻曼荼羅讃歎の事有り。頓惠上人唱導たり。夜に入り還御。

〔七日。甲申。〕午剋竹中殿に御幸。予方違《かたゝがへ》のためなり。廣義門院（藤原寧子）同じく御幸有り。終日桟敷に於いて眺望。夜に入りて一獻の事有り。北面の簾臺に於いて、大納言入道實圓（三條實躬）以下の公卿一兩盃酌を行ふのところ、上北面肴物を居《す》うべからざるの由を申す。然るべからざるの由再三仰せ有り。範賢（高倉）逐電す。勅勘有るべきの由仰せらる。然り而して猶所勞の由を稱し臺所に在りと云々。仲成（和氣）遂に居《す》う。出御の後、範賢參るべきの由を申すと雖も、然るべからずと云々。慥かに退出すべきの由仰せられ了んぬ。四五獻の後入御。

「（裏書）上北面の公卿陪膳の事、御前の儀にあらざれば叶ふべからざるの由、毎度申すところなり。弘安の比《ころ》此の事有り。上北面等勅勘を蒙ると云々。凡そ事の儀然るべからず。縦《たと》ひ御前にあらずと雖も、此くの如く別して召さるゝ公卿は、誰人か居《す》うべけんや。事理然るべからざるか。但し供御所の行酒《かうしゅ》の如く、又便宜の所に於いて、公卿をして得選《とくせん》の如からしむは又常例なり。此くの如く召し着けらるゝに至れば、御前他所を論ずべからず。上北面にあらざれば、

豈居《す》うべけんや。何ぞ況んや棧敷の北面、院御所は咫尺《しせき》勿論の事か。範賢の荒出太《はなはだ》以て然るべからざる事か。」

〔八日。乙酉。〕曉天棧敷に於いて眺望。其の後內々の御膳等了る。又棧敷に於いて盃酌有り。數獻の後、晚に及びて還御。今度の方違修理犯土に依るなり。

兩上皇及び廣義門院中園第に御幸

〔九日。丙戌。〕晴。晚頭中園第に御幸。御聽聞有り。夜に入り御車を給ふ。法事讚有り。聽聞すべきの由仰せ有り。仍て卽ち參る。廣義門院同じく御幸有り。牛引き例の如し。曼荼羅讚歎の後、法事讚有り。中央に起座して還御。西面に於いて聊か酒膳を供す。卽ち還御。

量仁親王方連句　妙超また後醍醐天皇と疎石との御問答の子細を奏す　亥子餅

〔十日。丁亥。〕晴。今日親王(量仁)連句廿韻有り。晚に及び宗峯上人に謁し問答す。頃《しばらく》有りて退出。禪林寺長老の佛法擧揚の體を語る。門弟の僧了義。を差し禪林寺に遣はし問答す。子細を粗語る。子細記す能はず。今夜亥子《ゐのこ》餅《もち》例の如し。

「(裏書)今日親王飼ふところの犬、(鷹司冬平)關白の許に遣はさる。此の犬の母、關白の許に在るの故なり。返進の時、頸玉に歌を付く。薄樣に書くなり。彼の詠に云ふ、

たひ人のあさたつそてもしほるなりきりきりほしわふるのちのさゝはら

(藤原鐘子)永福門院の御方より給ひて云ふ、是れ折句《をりく》か沓冠《くつかぶり》か。將又隱題か。未だ題を讀まず。試みに讀むべしと云々。卽ち案を廻らすに、今夜亥子の夜に當れるなり。きりほしかの由を申し了

んぬ。即ち親王に餅一裹を薄様に切らしめ遣はされ、返歌を遣はされざるなり。女院御覧出だされざるのところ、予讀み出だす。尤も高名なり。」

〔十一日。戊子。〕

藤原實子箏の口傳を洞院實泰より受く

〔十二日。己丑。〕晴。夜に入り前左府（洞院實泰）參り、箏を藤原實子に教ふ。即ち兩人彈ず。實子は日來の門弟たりと雖も、猶委細の口傳無し。仍て召すところなり。

覺助親王一品に敍す

傳へ聞く、覺助親王一品に敍すと云ゝ。仍て寛性親王所存を申す。閇門籠居すべきの由所存と云ゝ。希代の事、朝弊の餘か。

〔十三日。庚寅。〕晴。今日親王菊紅葉の辨有り。終日勸盃。

日野俊光歸洛す

立坊は猶御和談たるべしといふ

〔十四日。辛卯。〕晴。夜に入り俊光（日野）卿歸洛、即ち參る。條ゝ御返事有り。立坊の事、猶御和談たるべしと云ゝ。此の事大略棄捐せらるゝの義（儀）なり。但し諸人理有るの由を存ずと云ゝ。然り而して猶問答を恐れ了んぬ。左右無く計らひ申さずと云ゝ。愚迷の至りか。理有りて猶抑ふ。豈天意に背かざらんや。言ふなかれ〱。近日南都種ゝの體、是れ末代の極みか。

天命從革の運三五のみ。天命を以て見るに、猶所期有るか。

「（裏書）靈神夢中に告ぐ。神宮・熱田・北野等の社なり。これより先春日大明神又告有り。又予密かに卜筮を以て決す。俊光歸洛し、御返事隱密の義（儀）有るべしと云ゝ。又不快の趣を卜す。今果して違はず。然り而して終に信ずべから

後に吉あるべきかの由を推察す

ざるの趣卜筮に見ゆ。若しくは是れ吉事か。これに加ふるに客主人に勝るの文有り。後に吉有るべきかの由、先々推す。仍て俊光申すところ、吉有るべからざるの由兼ねて知るところなり。然り而して猶向後を待つのみ。靈神の告豈虚ならんや。心中將に持するのみ。綸旨・院宣相對の事、武家關東に注進すべきの由申し入ると云々。」

〔十五日。壬辰。〕晴。

〔十六日。癸巳。〕

御所を廣義門院と相博す

〔十七日。甲午。〕晴。今日寢殿の東西向ひの御所。に渡り住す。廣義門院と相博なり。明日より服藥を始むるためなり。

〔十八日。乙未。〕今日より蒜《ひる》酒を服す。

覺助親王敍品を辭す

〔十九日。丙申。〕傳へ聞く、覺助親王敍品の事辭し申すと云々。狀を以て仁和寺（寛性法親王）の宮に賀す。返事に云ふ、去る十五日宣下。而して當寺の密訴に依り、覺助親王辭し申すの旨、公明（三條）卿を以て仰せ下さると云々。一寺滅亡すべきの由存ずるのところ、無爲落居、冥助の由、殊に殊勝喜悦極まり無しと云々。

春秋後語を閲見せらる

〔廿日。丁酉。〕今日より又蒜を服す。蒜酒又元の如し。徒然の間、春秋後語を見る。

大地震連々休まず

〔廿一日。戊戌。〕晴。今夜亥の剋大地震。良《やゝ》久しく休《や》まず。其の後連々小動數を知らず。子の剋

許り又大震。丑の終に及び又大動。其の間小動大略隙無し。泰世（土御門）・範春（土御門）等占文を進む。十月の動五十五日兵亂の文有り。尤も恐るべきか。

〔廿二日。己亥。〕

火事
衣笠殿燒失す
後伏見上皇御幸せらる

〔廿三日。庚子。〕晴。今夜戌の剋許り西方に火有り。衣笠殿近〻か。仍て隆蔭朝臣を差し進ぜらると云〻。頃《しばらく》して入道隆政（四條）卿の下人告げ來る。告げて云ふ、衣笠殿已に燒失と云〻。即ち御幸有らんとするのところ供奉の人無し。先づ具良（藤原）卿を差し進ぜらる。暫くして國房（吉田）卿、上北面宣衡（三善）・仲經（源）等參る。即ち御幸有り。朕服藥に依り不參。遺恨極まり無し。深更に及び還御。これより先、隆蔭歸參し語りて云ふ、殿上の放火。先づ三條局の里第に御幸。猶怖畏有るの間、徳大寺に御幸。即ち又三條の里第に還御と云〻。驚歎の至り、筆端及び難し。

明靜院一宇燒殘る
衣笠殿の火災に依り量仁親王御元服延引せらる

〔廿四日。辛丑。〕晴。今日雜物等取り集め、長櫃一合を入江殿に進め了んぬ。中園第に御幸有るべきかの由を申し入る。即ち其の儀治定し了んぬ。明靜院一宇燒け殘ると云〻。親王元服の事、此の炎上の事に依り、暫く閣《さしお》かるべきかの由議有り。尤も然るべきか。但し内〻の事、今明閣かるゝの間、用意無ければ闕如に及ぶべきか。猶内〻に用意有るべきの由申し入れ了んぬ。

〔廿五日。壬寅。〕

〔廿六日。癸卯。〕國房參り申す、親王元服の條〻、即ち仰せ合はさるゝの旨なり。段〻所存を申

し了んぬ。又部類記を見る。

元服部類記を閲見せらる

玄輝門院入江第より中園第に遷御

〔廿七日。甲辰。〕今日玄輝門院（藤原愔子）、仁和寺入江第より、中園第に遷御。在濟（賀茂）日次を檢《うかゞ》ひ申すなり。

〔廿八日。乙巳。〕

延明門院及び藤原平子中園第に移住

〔廿九日。丙午。〕今日延明門（院脱カ）（延子内親王）幷に三品（藤原平子）中園第に移住す。親王元服の事沙汰有り。南都の事、又蜜（密）議等猶有り。仍て頗る未定なり。關白の所存、神木の遷坐（座）、今度の儀、強ひて謹愼有るべからざるの由存ずるか。此の條猶甘心せず。縱《たと》ひ神訴にあらずと雖も、闘亂に依り、已に本社を避け他所に御坐（座）、是れ亂を避くるの儀なり。何ぞ神訴にあらずと云ふべけんや。良信僧正此くの如き所存の間、關白又同心か。神慮尤も不審。

地震連日なり

今夜地震。都《すべ》て此の間毎日の事なり。

〔十一月大 戊子〕

地震頗る大なり

〔一日。丁未。〕晴。地震。頗る大。

〔二日。戊申。〕晴。

伏見天皇御月忌長講堂にて供養行はる

〔三日。己酉。〕陰雨。今日御月忌。長講堂に於いて行はる。此の間沙汰有り。人々に仰せ合はさ

る丶なり。舊院(伏見天皇)の御素意、安樂光院に於いて行はるべきの由なり。而して後堀川(河)院の御八講、此の道場に於いて行はれ、如何の由沙汰有り。又當時の如くんば、御八講を行はる丶の條見苦しかるべし。修理又事行ひ難きか。仍て先づ長講堂に於いて行はる。修理以後は安樂光院に渡さるべきかの由沙汰有り。但し定資(坊城)卿、度々道場を改めらる丶は然るべからず。安樂光院たるべくば、小修理を加へ、又行はるべきかの由を申す。然り而して修理以後、猶沙汰有るべきの由治定す。仍て先づ今日長講堂に於いて行はる。

大流星あり

〔四日。庚戌。〕晴。今夜大流星有り。人々皆云ふ、燒亡と云々。今日療治以後始めて出現す。

後伏見花園兩上皇中園殿に御幸

〔五日。辛亥。〕雨降る。今日中園殿に參る。上皇(後伏見)同じく臨幸有り。夜に入りて還御。

土御門泰世天變占文を進ず

〔六日。壬子。〕泰世(土御門)內々に天變の占文を進む。大白・辰星の二星合し、熒惑《けいこく》氐宿に入り、塡星鉞星を犯す、多く兵革の文有り。地震又連々、旁以て恐怖少からず。大流星連夜、此くの如きの變異重疊、恐れざるべからざるか。

後伏見上皇及び廣義門院竹中殿に御幸

〔七日。癸丑。〕晴。今日竹中殿に御幸。廣義門院(藤原寧子)御同車なり。余今度は追從せず。

後深草天皇御影を深草法華堂に渡し奉る

〔八日。甲寅。〕今日後深草院御影を法花堂に渡さる。衣笠殿回祿の後、明靜院一宇相貽《のこ》ると雖も、荒野の中怖畏有るの間議有り。中園殿に渡さるべきか。將又明靜院に渡すか。栂尾に於いて舊院の御影と一所に御坐(座)あるか。彼是議有るの間、孔子《くじ》を御影前に取るの間、法華堂に渡御すべ

きの由告げ有りと云〻。仍て此くの如く沙汰有るなり。供奉の人等裏に記す。
（裏書）「御影渡御の間、御帳を御輿に垂れ舁き奉る。賢助僧正供奉す。是れ去る、、（マヽ）年中、伏見殿より明靜院に渡御の時、供僧覺守法印供奉の例なり。又二位入道顯範（藤原）の子息家顯朝臣供奉すと云〻。御輿に乘御。白地《あからさま》に木を以て造り奉ると云〻。力者二手、尚人數不足の由後聞く。」

後伏見上皇御不豫
故藤原宗子追善供養

〔九日。乙卯。〕午の剋許り竹中殿より還御有り。御風氣有りと云〻。昨日故三品宗子（藤原）の追善法事讃・經供養等を行はると云〻。是れ毎年の事なり。

〔十日。丙辰。〕晴。今日猶御風氣不快。御所の女院方に出御無きなり。

覺圓に御對面
花園上皇御不豫

〔十一日。丁巳。〕晴。今日猶出御無し。醫師等御風氣の由を申すなり。今夜永福門院（藤原鏱子）の御方に於いて、覺圓僧正に對面す。

〔十二日。戊午。〕今日咳氣有り。頭痛尤も甚し。謹愼して簾外に出でず。永福門院又御咳氣と云〻。近日諸人病惱貴賤を擇ばずと云〻。

兩上皇の咳氣減ぜらる

〔十三日。己未。〕

〔十四日。庚申。〕次第に咳氣減を得。院の御方又御減と云〻。

〔十五日。辛酉。〕

〔十六日。壬戌。〕

〔十七日。癸亥。〕

〔十八日。甲子。〕

〔十九日。乙丑。〕雪降る。平地二寸許り。終夜未だ止まず。前山荘三職の事、訴陳并に人〻の申状を以て仰せ合はさる。隆有（四條）御使たり。人〻の所存の如く、氏女《うぢのむすめ》謀書を構ふの上は、資親（二條）理を得、異議に及ぶべからざるかの由を申し訖んぬ。

〔廿日。丙寅。〕雪。午後に及び晴。平地五寸許り。

〔廿一日。丁卯。〕晴。今日北山第に御幸。朕咳氣を労らんため扈従せず。

〔廿二日。戊辰。〕晴。中園殿に御幸。朕并に親王（量仁）合乗り。夜に入り還御。東使今夜上洛すと云〻。佐〻木某（マヽ）。清高と云〻。其の勢甚だ多しと云〻。

〔廿三日。己巳。〕晴。今夜北惣門の邊りに於いて、盗人を搦め取ると云〻。隆有卿の青侍《あをざむらひ》、男を搦め取ると云〻。小家に入り種〻の物を取り、贓《さう》物は即ち懐中に在りと云〻。

〔廿四日。庚午。〕去夜搦むるところの盗人を景朝（大江）に賜り了んぬ。親王連句（先例）廿韻。亥の剋許り南方に火有り。中御門富小路の邊りと云〻。入道僧正親王（慈道カ）・公明卿（三條）・仲成（和氣）の宿所等焼亡と云〻。

〔廿五日。辛未。〕今朝國房卿（吉田）盗人の白状を持參す。度〻犯すところ有り。又同類等有るの間、尋捜すべきの由を景朝に仰せ了んぬ。晡時禁裏より貢馬二疋を進ぜらる。御使清高朝臣（藤原）。隆蔭（四條）・

前山荘三職の紛争落著す

後伏見上皇北山第御幸

両上皇及び量仁親王中園殿に御幸

幕府の使者佐々木清高兵を率ゐて上洛す

盗人を捕縛す

京都南方に火あり

禁裏より貢馬二疋を贈進せらる

資明（柳原）等の朝臣これを引く。隆蔭乗る。馬高くして乗り得ず。馬部走り来りて推す。比興〻〻。五と十の両疋なり。前右府（今出川兼季）・定資卿に賜ふ。先づ右府（近衛經忠）の第に引き遣はし撰ばる。

量仁親王方にて論語講談

〔廿六日。壬申。〕晴。今日親王の在所に於いて論語を談ず。

〔廿七日。癸酉。〕

〔廿八日。甲戌。〕

連句

〔廿九日。乙亥。〕晴。連句五十韻。

北條高時の男子誕生す勅使下向すべきや否や詮議行はる

〔卅日。丙子。〕高時（北條）去る廿二日男子誕生と云〻。先例に付き、御劒を遣はさるべきの由沙汰有り。勅使下向するや否や同じく沙汰有り。永仁は高時の兄。勅使を止む。然り而して今度は勅使を止むの由別して申さず。又其の時の例用ひられ難きか。文永の貞時（北條）誕生の時の例分明ならず。或は云ふ、勅使有りと云〻。終日沙汰有り。仰せ合はさるゝの人〻、内府（西園寺實衡）・俊光（日野）・定資等の卿、皆御使下向宜しかるべし。但し其の煩有りて叶はざれば、力及ばざる事か。然れば院宣たるべきかの由を申す。但し定資卿、猶勅使たるべきかの由を頻りに申す。

〔十二月大己丑〕

後伏見上皇今小路殿に御幸

禁裏東宮共に御使者を遣さる上は持明院殿も御使者を遣はさるべし

播磨伊和西鄕及び西細工所内田地知行地の紛糾

〔一日。丁丑。〕雨降る。今日今小路殿に御幸。御風爐のためなり。經顯(勧修寺)參り申して曰く、勅使の事猶宜しかるべきか。禁裏(後醍醐天皇)季房(萬里小路)を遣はされ、春宮(邦良親王)もとより御使在國の間、有忠(六條)卿の許に遣はさる。卽ち御劒持ち向ふべしと云〻。然れば此の御方一方、御使を遣はされざるの段如何と云〻。尤も然るべきかの由答へ了んぬ。又申して云ふ、播磨國伊和西鄕定資(坊城)知行す。而して子細有りて申し入れ、地頭と和與の院宣を下さる。而して昨日隆蔭(四條)知行の西細工所内の田地を掠む。地頭と和與の由を申し入るゝ事の院宣、其の趣武家に仰せらるゝなり。此の事如何。定資已に他人知行の田地を盜犯し、地頭と和與と云〻。而して一言の御尋ねに及ばず、院宣を下さるの段殊に歎き入る。但し昨日此の由を聞き、經顯を以て子細を申すのところ、院宣を召し返さると云〻。然り而して隆蔭造意の企、又御沙汰の趣、面目を失するの上、此くの如き亂惡の事、不審無く思食さるゝかの間、尋ね下されざるか。然れば傳奏辭し申すべし。又奉公恐れ有るか。已に生涯を失ひ了んぬ。此の上は、又執權の事他人に仰せらるべきかの由を申す。子細等多〻、記す能はず。

(裏書)「申すところ一〻理有り、然るべし。但し疑ひ思食さるゝの段は、不審に及ぶべからざるか。只御物忩の至りなり。此の由具さに申し入るべきの由答へ了んぬ。還御の後、此の由を申し入る。又女院《永福》の御方より、朕を以て同じ趣を申さるゝなり。是れ覺圓僧正を以て女院の御方

に申し入るゝの故なり。所詮定資申すところは糾明有るべし。定資申すところ非たらば、尤も咎を行はるべし。若し又隆蔭掠め申さば、何ぞ御沙汰に及ばざらんやの由なり。凡そ彼の兄弟近習の間、細々申し沙汰の諸事、もとより小人たるの間、私利を先にし公義を忘る。又傳奏にあらずして申し沙汰の雑訴等、太《はなはだ》然るべからざるか。又諸事の御沙汰、淵底を究めるべきかの由、次《ついで》を以て申し入る。一々御承諾有り。但しもとより叡慮は亂惡を好み給はず。只天性疎簡を交へしめ給ふの間、此くの如きの事、物忩の沙汰出來か。歎きて餘り有る事なり。何ぞ況んや近日の臣下等、皆利を以て義を忘れ、上として究められず。大簡を以て行はるゝの間、此くの如き事是れ多きなり。定資高世の異行無しと雖も、未だ全く不善の聞え有らず。士を當代に取り、尤も善士と謂ふべし。已に欲避の志相萌すか。惜しむべし〳〵。何をかなさん〳〵。余管領の所領等幾《いくばく》ならずと雖も、定資申し行ふところ、未だ曾て一事の非有るにあらず。殊に感じ思ふところなり。誠に以て奉公の儀を止めば、朕に於いて又憚り有り。執權等辭退すべきか。身に於いて歎きなり。定資卿の外都《すべ》て其の仁無し。歎息の外他無し。」

後伏見上皇六條殿に御幸

〔二日。戊寅。〕今夜六條殿に御幸。明日一日經の故なり。關東勅使の事、仲經(源)に仰せらるゝなり。其の子細重々有り。

伏見天皇御月忌
後伏見花園兩上皇長講堂に御幸供養せらる
伊和西の院宣召返さる
伊和西の事幕府使者沙汰あり
門眞荘兩郷の由來

〔三日。己卯。〕晴。寅の剋狩衣《かりぎぬ》を着し、先づ定朝堂に於いて行法。其の後長講堂にゆく。上皇もとより御聽聞所に御坐〔座〕。中間簾を卷き經机を置く。大櫃・燈臺等を置くこと例の如し。朕東の間《ま》に坐〔座〕す。行信を以て墨を摺らしめ、勸發品を書す。終頭の間上皇先づ入御。予蹲居。頃《しばらく》有りて書き了り歸來す。未の剋御月忌有ること例の如し。卽ち法花堂に御幸、一日經の供養先々の如し。導師澄俊。直ちに持明院殿に還御。今日留守の間、經顯參り申して云ふ、先日申すところの伊和西の事、院宣已に召し返さるゝの由仰せ下さる。而して二日武家に於いて披露。今に於いては彌生涯の安否なり。隆蔭已に仰せを承るの後、推して院宣を遣はすの段不敵の至り、言語道斷了所〔之カ〕存彌深きの由、女房に申し置くと云々。誠に以て不可說の事なり。

〔四日。庚辰。〕晴。今日前右府(今出川兼季)參りて申す、定資卿申すところの伊和西の間の事、又關東の使節の事沙汰有り。仲經日來返し給ふ門眞庄兩郷に下向すべきの由を治定す。而して彼の所故准后(藤原經子)の時より、公用として年紀五个年を限り山僧に給ふと云々。而して年紀過分の由諸人存知す。仲經又訴へ申す。仍て此の沙汰に及ぶなり。而して隆有(四條)卿此の事を申し沙汰す。仍て相違の事有らば、我が知行の所々違亂に及ぶべしと云々。仍て頻りに歎き申す。これに依り豫議〔儀〕有るなり。定資卿申すところの事、明日俊光(日野)卿を召し定めらるべしと云々。兩事右府(近衞經忠)奏聞の間、仰せに依り御前に候し、所存の及ぶところ或は口入せしむ。

〔五日。辛巳。〕晴。今日俊光卿參る。昨日の兩條沙汰有り。隆蔭の事紀明有るべきは勿論。但し此の事再往の御沙汰、又不穩便に似たり。此の上は隆蔭の申し沙汰物忩か。勅勘有るべきやの由計らひ申す。朕もとより此の所存なり。仍て子細を申し了んぬ。此の趣俊光卿を以て前右府に仰せらる。門眞兩郷の事、彼の山僧は忠性の門徒と云々。仍て忠性に忽ぎ（急カ）仰せらるゝのところ、申す旨等有り。是れ又理非卽時に決し難きか。先づ一郷を付せらるゝの段如何の由を朕執り申す。而して仲經頻りに子細を申すと云々。此の事又右府に仰せらるゝなり。俊光退出の時又議有り。國房（吉田）卿を以て又右府に仰せらる。子細多々、記す能はず。兩事朕一向問答し了んぬ。

故藤原經子の愁歎を夢見給ふ

（裏書）「今曉故准后夜（夢カ）に入る。愁歎の色有り。知行地相違せしむと云々。若しくは是れ門眞の事か。今聞くところ又謂れ無きにあらざるか。此の事口入せしむ。仍て夢に入り歎くか。能く〳〵理を究めらるべきかの由、今日申し沙汰なり。亡魂を憐れむがためなり。」

後伏見上皇中園殿に御幸

〔六日。壬午。〕今日門眞庄の事、本加納先づ付せらるべきかの由沙汰有り、右府に仰せらる。中園殿に御幸。急事たるの間、參り申すべきの由俊光に仰せらる。仍て中園殿に於いて右府に申す。申す旨猶本加納に於いては、仲經に付せらるべきか。年紀を塚（隔）つと雖も、御問答の後、治定すべきかの由朕申し行ふ。右府猶御沙汰有るべきかの由を申す。然り而して推して院宣を下され了んぬ。

〔七日。癸未。〕今日御幸（以下缺カ）

〔八日。甲申。〕今日前右府、俊光を以て、隆蔭の申す旨を申す。院宣の事、陳じ申す旨謂れ有り。本訴の事に於いては、申す旨有りと雖も遁れ難きか。重ねて問答せしむべきかの由、右府に（仰脱カ）らるべきやの由を朕申す。仍て重ねて俊光を以て仰せらるゝなり。遂に以て勅勘の由治定と云々。後日聞くところなり。

〔九日。乙酉。〕

〔十日。丙戌。〕明暁仲經進發すべきの由を申す。仍て院宣等今日書き遣はしむ。但し禁裏は勅書なり。春宮又直の御書と云々。仍て議有り。前右府・俊光・定資等の卿に勅問有り。兩御方已に此くの如し。此の御所院宣たり。疎に似るかの由面々申す。仍て其の儀をなすなり。明暁東方大白の方に當る。仍て明後日進發すべきの由を申す。もとより不審の事なり。而して日次に依り兼ねて治定と云々。物忩の事か。

幕府に遣はすべき文書禁裏は勅書東宮は直御書にして當方の院宣は疎略なるべし

「（裏書）御藥の事沙汰有り。明年の出御略せらるべし。一身出座すべしと云々。此の事先々然らず。而して正應の比《ころ》、龜山院出御無く、後宇多院一身出御の例、准據せらるべきの由沙汰有るなり。又御簾を垂るべきかの由議有り。上皇殊に思食すところ有りて、此くの如き沙汰なり。今度俊光卿面目無くして上洛す。大略生涯の由仰せらる。而して沙汰に及ばざるの故なり。」

日野俊光面目なくして上洛す

關東に遣さるべき花園上皇御書草案

〔十一日。丁亥。〕今朝關東への狀を書く。其の辭に云ふ、

男子誕生の事、承悅の趣、仲經を以て申さしむるものなり。十二月十日、院の御方の院宣、十日の由書せらる。仍て御書又同日なり。予又同じく書くなり。兼日院宣を遣はすべきの旨議有り。定資已に書き進ず。而して手書たるべきの由治定の間、彼《か》の院宣は止め了んぬ。院の御方より勅書有りと雖も、猶院宣を加ふるなり。是れ施行のためなり。彼の御書に云ふ。

後伏見上皇御書草案

男子平誕の事、尤も以て珍重。仍て使者を差し進ぜしむるものなり。十二月十日と云々。

進の字、中の字等頗る過分か。而して近代の法此くの如きか。仍て此くの如きなり。御劒を遣はす事、院宣の禮紙《らいし》に載せらる。朕は狀に載せず。又院宣無く、只仲經詞を以て申さしむるなり。今度先例不審。然り而して新儀を以て、今案此くの如く治定なり。（邦良親王）龍樓の御書に御劒を載せらるゝ事、不慮に彼の案文に見ゆるなり。禁裏は如何、知らず。

邦良親王等の御書草案

（裏書）「朕遣はすところの劒、蒔繪の野劒《のだち》なり。長伏輪《ながふくりん》〔覆〕、これを埋む。蒔は菊枝花、所々に貝《かひ》を交ふ。帶取《おびとり》は紫革、繡《ぬひとり》菊なり。柄は鑷《けぬき》方透さず、鮫《さめ》を伏すなり。前右府云ふ、野劒に貝を加ふる事然るべからず。螺鈿《らでん》の野劒の作り樣各別なり。此くの如き劒は武劒《ムタチ》と號すと云々。（西園寺實兼）故入道相國の說と云々。而して此の劒、（西園寺公衡）故入道左府院の御方に進ずるの物なり。定めて子細有るか。但し

院使源仲經進發す
後白河天皇御月忌
後伏見花園兩上皇六條殿に御幸供養せらる

自然に忘却か、如何。尤も不審。然り而して他の劔無きの間、今度遣はす。袋は赤地の唐錦、裏は青色の唐綾なり。伏組《ふせぐみ》等常の如し。抑狀は二枚に書し、禮紙《らいし》を加へ切懸に封す。立紙《たてがみ》を加へず函に入れ、讚岐檀帋一枚を以て裹む。上下に封を書くこと恒の如し。御劔二、路次の間櫃に入れ、關東に於いて出仕の日、長櫃一合に入るべし。退紅《たいこう》の仕丁二人裝束し、今日御所より調へ下さるゝなり。此くの如き事先例詳かならず。今案を以て定めらるゝなり。禁裏の御劔、唐櫃に納めらるゝの由說有り。不審の事なり。又此の御使、父母現存せば、用ひらるべきの由世間の沙汰と云々。而して先例全く然らず。隨ひて又貞將(北條)の使者然らずと云々。仍て此くの如し。」

〔十二日。戊子。〕晴。此の曉仲經進發す。

〔十三日。己丑。〕晴。今日より恒例の六條殿御經なり。仍て御幸。即ち御所たるべし。予又參る。通顯(中院)卿御車寄たり。六條殿の東面に於いて下御先々の如し。女房簾を褰ぐ。是れ土御門准后(藤原相子)今日より參候の故なり。通顯卿等御月忌領狀のところ、已に事了ると云々。御幸を待たず。不可說か。定親(冷泉)奉行なり。幼少の故此くの如きか。賴定(冷泉)何ぞ諷諫せざるや。御影堂に於いて轉經。二卷。酉の二點許り歸來す。

〔十四日。庚寅。〕晴。夜に入り經顯參る。御藥の事、奉行すべきの由を仰す。又條々の事等を仰

す。今度殊に密儀なり。廣むるに及ぶべからず。陪膳闕如すべきの間、前右府幷に内府（西園寺實衡）等殊に參るべきの由を仰す。冬房（松殿）卿の孫冬通初めて參る。先日臨時祭の舞人を勤仕するなり。卽ち青《あを》摺《ずり》を着し參る。前に召し見る。十一と云々。

今出川兼季の男實尹首服を加ふ

今日前右府の息實尹七歳。首服《しゆふく》を加ふ。冠を遣はす。

後伏見上皇院中執務の篇目を定めらる

〔十五日。辛卯。〕資明（柳原）朝臣を以て、六條殿（後伏見上皇）より仰せ下さるゝ條々の事の內、院中の雜務等に參差の事等有り。仍て向後は篇目を定めらるべきの由先日沙汰有り。定資卿先日所存を申すの事有り。其の次《ついで》に、凡そ每事殊に沙汰有るべきの由、朕殊に申す。又篇目を定めらるべきかの由を申す。前右府又申し行ふ所なり。件の篇目五个條書き出さる。俊光卿書す。但し朕書寫せず。然り而して其の篇目、聊か大意裏に注す。所存如何の由仰せ合はさる。大略此くの如くたるべきかの由を申す。但し其の內聊か子細を申し了んぬ。

神木歸座

後聞く、今日亥の時神木歸坐（座）と云々。日來守護のため、移殿に移し奉るなり。而して今日兩方武命に依り、城墎を撤却の間、怖畏無きに依り、歸坐（座）有るべきの由、武家寺家に問答の故なり。

院中執務篇目五箇條

（裏書）「一院中の諸料所幷に公人朝恩等の事、執事執權を離れ、他人申沙汰すべからざる事。

一勅裁の事、御沙汰を經らるべき事。此の篇目頗る荒凉に似たり。然り而して訴論の事に限らず、每事每度沙汰有るべし。廣く人々の義（マヽ）を仰せ合はせらるゝの由、資明申すところなり。

一武家に院宣御沙汰を經らるべき事。

一女房雜訴を申すべからざる事。此の事朕云ふ、篇目頗る不審。凡そ每事女中より入眼の事然るべからず。但し便宜に付き、傳奏を置かるゝの上ハ、內々の沙汰有るべからざる事なり。

女房申し入るゝ事等又古今の例なり。且つは内々に天聴に達し、大切の事等有り。此の事強ひて禁ぜらるべからざるか。然れば縱ひ雜訴と雖も、女房を以て上聞の許に達するハ、強ひて子細有るべからず。又縱ひ雜訴にあらずと雖も、理非沙汰の事、内奏を以て傳奏に及ばず、入眼を申し入るゝは、太《はなはだ》然るべからざるか。然れば此の篇目、猶文章不足か。雜訴に限るべからざるの由を載せらるべきかの由、資明に仰せ了んぬ。前右府、又一切女房の内奏を停めらるべきの由、
同じく申すと云々。

一諸御領の課役增減の事、沙汰を經らるべきの事。」

後深草天皇御月忌
花園上皇六條殿に御幸尋で中園殿に御幸
土御門泰世變異勘文を進獻す

〔十六日。壬辰。〕未の剋六條殿に參る。先づ御影堂に於いて轉經。三・四・五・六、一・二は先日讀み了るの故なり。七・八は日暮るに依り讀まず。女房に託し了んぬ。次に御月忌。其の後膳を行ふ。黃昏に及び退出の次《ついで》、中園殿に參る。頃《しばらく》して歸來。

前天文博士泰世(土御門)、變異の勘文《かんもん》一通を進ず。今月十一日卯の時、熒惑《けいこく》天江第三星を陵犯す。相去る三寸の所。晉書十二日第四星を犯す。相去る三寸の所。天文要錄ニ申す所に云ふ、熒惑天江を守れば必ず立王有り。天文志に云ふ、熒惑天江を守れば立王有りと。他文無し。五个の重變其の一の由を申す。

〔十七日。癸巳。〕

京官除目
西園寺公重元服す
御子左爲定續後拾遺和歌集を撰進す
花園上皇の御批判

〔十八日。甲午。〕今日京官除目と云々。今日内府の息公重九歳。元服を加ふ。狩衣を遣はす。傳へ聞く、今日勅撰を奏覽すと云々。爲定(御子左)卿一人にて奉《うけたまは》る。祖父(御子左爲世)存日に勅撰奉るの事、未曾有の事か。何ぞ況んや爲藤(御子左)卿の沙汰に相續き撰進す。是れ又先規存すべからざる事なり。旁以て不可說なり。名號は續後拾遺と云々。續の字先々沙汰有る事か。更に相續〇裏書ニ續ク。

(裏書)「の儀にあらず。尤も相應せざるか。今年乙丑、三代古今の佳例と云々。然れば尤も序有るべ

兩上皇及び永福門院御歌の提出を拒否せらる

きか。後拾遺に續けらるゝの條、又其の意を得ざるものなり。今度朕の歌請ふの間、遣はすべきの由思ふのところ、永福門院(藤原鏱子)御夢想に先院(伏見天皇)仰せて云ふ、今度の勅撰不可説の事なり。何ぞ況んや先度續千載の時、兩院(上皇・朕の事なり。)の御歌入るゝの次第不可説、爲兼(京極)申す旨有り。凡そ今度此の邊りの人、一首と雖も歌を遣はすべからず。嘲哢の基たるべきの故なりと云々。仍て上皇御製を遣はされず。朕も又歌無きの由を稱して遣はさず。永福門院の御歌、又中宮(藤原禧子)より申さると雖も進ぜられず。續千載の時、永福門院の御歌ニ、

天《あま》をとめ袖飜し夜な〱の月を雲居に思ひ遣《や》るかな

此の御歌勅撰に入るゝの時、袖振る夜半の風寒ミト直す。風寒、是れ何事や。不可説々々々。仍て故入道相國(西園寺實兼)を以て、再三此の歌切り出ださるべきの由仰せらるゝと雖も、遂に承引せず。先日朕并に上皇の御製等申し出づるの時、永福門院の御歌直すの由咎め仰せられ、殊に恐れ入る。但し選者は代々の故實なり。意趣を改めずして言を直すと云々。而して此の御歌已に其の意相違す。申し言ふところと意已に相背く如何々々。爲世卿は歌の趣を知らず、詞意分別すべからざるの段、勿論の事か。仍て更に意趣を直さざるの由存ずるか。不便々々。後聞く、此の集の名字新拾遺と云々。續の字若しくは沙汰有るか。新任侍從に似るの由沙汰有りと云々。然り而して續よりハ聊か其の難輕きか。只拾遺を模するの段、猶以て心を得ざ

るものなり。但し猶後日披露の時、續の字となす、如何〻〻。」

大地震

〔十九日。乙未。〕未の終りか申の初めかの間大地震。良久《やゝ》しくして休《や》む。此の間惣じて連〻動搖、記す能はず。今日又大動有り。天變地妖尤も怖るべき事か。夜に入り聞書《きゝがき》を披く。

除目聞書

權中納言藤原公宗（西園寺）、光忠（中院）辭退と云〻。召さるゝか如何。參議冬定（中御門）還任。右大辨資房（清閑寺）、光繼（堀川）右中辨に加ふ。元前權右中辨。公重（西園寺）・實尹（今出川）侍從に任じ、四品に敍す。實守（洞院）又四品に敍す。自餘記す能はず。爲基（藤原）參り、歌の事等を談ず。今日國俊（吉田）・行親（平）等、親王方に於いて掩韻《えんゐん》。此の事近代久しく絶ゆるか。興有ることなり。

藤原爲基參り和歌の事を談ず

量仁親王方にて掩韻あり

供養經結願

〔廿日。丙申。〕今日御經結願なり。仍て六條殿に參る。先づ御經結願有り。導師憲守。公秀（三條）卿・親賢（土御門）卿着座。布施を加ふこと例の如し。其の後御月忌有り。守（持）明院正月二（三）日の御佛事引き上げらる。先〻廿三日なり。今年御經の次《ついで》に今日なり。導師靜伊法印。公秀卿一人着座。事了りて上皇還御なり。朕御車に同乘す。

佛名

量仁親王方連句

百首詩終篇

〔廿一日。丁酉。〕晴。今夜佛名《ぶつみやう》なり。晩頭親王方に於いて連句有り。此の春百首の詩、一昨日篇を終る。今日取り集む。無人に依り披講に及ばず。此の詩中絶すと雖も、百首を終るべきなり。如何の由を企つ。適《たまく》功を終るところなり。公時（菅原）・家高（菅原）・行親等持參す。親王猶少〻相殘ると云〻。

〔廿二日。戊戌。〕晴。精進轉經例の如し。

熊野新宮御神樂

〔廿三日。己亥。〕晴。今夜恒例の新宮御神樂なり。上皇・朕・親王、女房等少〻相具して聽聞せ

しむ。只聽聞許りなり。仍て神事にあらず。然り而して不淨の女房は扈從せず。是れ鳥居中の故なり。丑の初め事始まる。寅の半ば事了る。拍子地下《ぢげ》、久春(多)・忠脩(多)。和琴宰相中將冬信(大炊御門)、笛敎宗朝臣(山科)、篳篥前右衞門督兼高(藤原)。今夜簾中の沙汰、別殿御神樂たるべし。而して無人に依り、先づは恒例の神宴を行ふなり。

量仁親王方掩韻

〔廿四日。庚子。〕親王の在所に於いて掩韻有り。家高・國俊の外無人。掩韻は、古詩一句の隱韻一字、人をして推さしむ。但し其の韻在るの由を謂ふなり。假令《たとへ》ば春たらば、眞・臻の由を示す。これを以てこれを案ずるなり。推量相當らば勝なり。是れを以て勝負をなす。上古の常の遊か。源氏物語・枕草子等に所見有り。近代中絶の事なり。枕草子季經(藤原)の注に所見有り。

節分方違に依り後伏見上皇今小路殿に花園上皇中園第に御幸

今夜節分の方違《かたゝがへ》に依り、上皇今小路殿に御幸。朕中園殿にゆく。件の事を以て、永陽門院(久子内親王)六條殿に御幸。曉鐘の後還御。其の後朕歸來す。上皇の還御明朝に及ぶ。

兩上皇及び廣義門院中園殿に御幸

〔廿五日。辛丑。〕今日の歸は忌日なり。仍て巳の剋許り、上皇・廣義門院(藤原寧子)・朕等合乘りして中園殿に御幸。又此の車を以て、永陽門院門外に引き出ださるゝなり。曉鐘の後、聊か御酒を供す。即ち還御。

藤原清經信奉所持する春日曼茶羅の由緣

今夜親王の在所に於いて、清經(藤原)雜談の次《ついで》に語りて云ふ、此の三四年、春日曼茶羅を以て、社頭の氣色を圖畫す。是れを以て曼茶羅と號す。近年毎人所持の物なり。社頭の儀に擬し、供物等種々の儀を致し、尊崇他に無し。而して去る十月の比《ころ》、青女《あをゝんな》一人靈託の事有り。此の勸請の事神慮に背く。仍て毎事物惡しき

なり。忩ぎ此の所を立ち避くべし。此の所寺院中たり。山上に墓所有り。當時清經の居住は禪林寺永觀堂の傍なり。寺僧等又不淨の事有り。家中隨分清淨と雖も、〇裏書ニ續ク。

（裏書）「在俗の者たるの間、時〻不淨相交るなり。凡そ清經は、在俗と雖も、偏《ひとへ》に僧の行儀の如し。是れ又然るべからず。在俗の上は、奉公を先となすべし。毎事神慮に違ふ。然り而して懇志不便の間、朝夕加護す。仍て告げ示すところなりと云〻。清經申して云ふ、年來敬信を大明神に致し、法樂種〻の事、何ぞ神慮に背くべけんや。內證の前慈悲を先となす。身清貧の間、細〻參詣叶ひ難し。仍て社頭の儀に擬し、信心を凝さんがためなり。又此の所もとより居住し、更に好み存ぜざるところなり。然り而して貧乏の間意に叶はず、自然此の所に止住す。忽ち立ち去る事、又叶ひ難きの子細等有るの由申すのところ、然らば先づ嚴重に社頭の禮を停止し、錦袋に納め安置し奉るべきの由を示す。此の外示すところの事、後日或は符合の事等有り。又奏聞すべきの由を同じく示すと云〻。又後に青女の父の靈出來し、小堂を建立し、此の青女出家して住すべきの由を示すと云〻。身力叶ひ難きの由申すのところ、其の▒〔上カ〕奉公先となさば、何ぞ涯分運を開かざるべけんや。其の時此の旨を奏し、所願を遂ぐべしと云〻。仍て恐れながら便宜に申すところなりと云〻。但し此の神託何ぞ不審有らん。恐らく若しくは天魔の障导をなして託するところかと云〻。朕云ふ、此の事實に神託かの由思ふ。其の故

清經開悟す

は、凡そ神道陰陽は不測のものなり。凡慮知り難し。然り而して今の趣を以て事理を案ずるに、尤も義理に叶ふ。禮記に云ふ、祭は數ふべからず。數ふれば則ち煩はし。論語に云ふ、鬼神は敬して遠ざく。內證の前、尊卑を別《わか》たずと雖も、外用垂迹の前、上下の儀、淨穢の分亂るべからず。而して尊崇垂迹の神は、尤も淨穢の儀を存すべし。不淨の家中に勸請し奉る。是れ然るべからざるの由示すのところ、清經云ふ、外用然りと雖も、內證豈然らんや。又信心を凝らすは、懈怠を勸めんがためなりと云々。朕云ふ、偏に內證を知らば、豈別して心外に神明を求めんや。垂迹の前は、自他の分別亂るべからず。垂迹の神を尊びながら、或は內證を以て、淨穢の氣を破り、雅意に任せ取捨分別す。更に然るべからざるの由を答ふ。清經頗る覺悟し、信伏の氣有り。此の間僧俗を訪ふと雖も、未だ分明の敎誡を聞かず。今夜忽ち覺悟す。神慮奏聞すべきの由有り。今已に以て符合の由を申す。問答の往復委しく記す能はず。此の事記して益無し。然り而して末代暗愚の人、慭《なまじひ》に心を內證に懸くるのところ、多く謬る事出來するなり。佛法の內、此の見尤も多し。恐れざるべからず。仍て一論を記す。神託又仰信すべきの故、故《ことさら》に記し置くのみ。」

〔廿六日。壬寅。〕

〔廿七日。癸卯。〕

前關白九條房實新勅撰集に所見を語る

〔廿八日。甲辰。〕今夜前關白（九條房實）・前右府（今出川兼季）等參る。前博陸に對面の間、（前脱カ）右府に遇ふ能はず。聖護院（覺助法親王）二品親王參る。窮屈に依り、病と稱して遇はず。前關白對面の間相語りて云ふ、勅撰十八日に奏覽、四季許りと云々。名字或は新拾遺と說き、或は續後拾遺と云ふ。不同の間尋ぬるのところ、續後拾遺と云々。爲世卿は新拾遺と答申す。然り而して新任侍從に似るの由難有り、用ひられずと云々。續の字又如何。

花園上皇歌論を縷說せらる

「（裏書）此の次《ついで》に語りて云ふ、偏に古歌の一兩句を以て脩成し、新作の由を語る。余問うて云ふ、歌の本意、偏に古歌の詞を取るべくば、最先に八雲の什、何の歌を模するかの由を尋ぬ。前關白笑ひて言はず。當世の人、歌の風體を知るか知らざるか。尤も歎息すべきの世なり。此の義、只是れ故爲藤卿の講ずるところなり。爲世卿又同心せずと云々。爲定卿爲藤の所存を相續すと云々。時議又同じか。所詮父子皆暗然の間、意に任せ新儀を作す、彈指すべきか。（藤原）定家卿の所存未だ夢に見ず。何となす〳〵。朕此の道に不堪と雖も、舊院（伏見天皇）幷に爲兼（京極）卿の談ずるところの義親しく聞き、隨分の學功を以て校《かんが》ふ。道義既に以て冥符。（藤原）俊成・定家・西行・慈鎭等讀むところの歌を見るに、秋毫の異無し。何ぞ況んや（紀）貫之の詠歌は吾が道の規模なり。爲世卿等の解するところ如何。尤も不審。但し貫之の歌等都《すべ》て以て心を得ず。只上古の歌と稱し、凡慮及ぶべからざるの由、定め置きて論ぜずと云々。歎息餘り有り。後生を畏るべし。

熊野新宮御神樂

花園上皇の御立願

量仁景仁兩親王聽聞せらる

後伏見上皇神樂の事を尋ね仰せらる

必ず蒙を披くべきものなり。弘法大師の文筆眼心、専ら爲兼の歌義、依馮するところなり。近代新渡の書有り。詩人玉屑と號す。詩の髓腦なり。和歌の義と全く異ならず。此れ等の書を見るに、歌の義自ら蒙を披くべし。爲世卿は無智の故、不堪の間、意に任せ義を作す。世間暗迷の人、仰いで信を取る。彈指流涕に足るのみ。」

〔廿九日。乙巳。〕朝雨、晩に及びて晴。今夜新宮の御神樂なり。是れ此の夏親王(量仁)病惱の時、朕の立願するなり。度々延引し、今日行ふ。拍子、冬定卿・雅成(藤原)朝臣。和琴、冬信卿。笛、教宗朝臣。篳篥、良行。所作人多く內侍所の御神樂を兼參すべきなり。仍て剋限殊に忩がる。亥の終り事始む。今夜取り合はせの弓立《ゆだち》等の曲有り。別願に依るなり。量仁・景仁の兩親王同じく聽聞す。丑の終り事了る。還御の間前左府(洞院實泰)參る。御對面。朕同所なり。神樂聽聞すと云々。仍て神樂の事等委しく尋ね仰せらる。委細申す。東遊《あづまあそび》未だ聞食《きこしめ》されず。歌ふべきの由仰せ下さる。(前脱カ)左府固辭數回に及ぶ。仰せ又數度に及ぶの間歌ふ。殊勝なり。卯の剋に及び退出す。

(裏書)「弓立を冬定卿歌ふ。付歌《つけうた》幷に笛・篳篥等無きなり。

今夜御神樂以前、覺圓僧正を以て密々仰せ下さるゝ事有り。是れ去々年沙汰の事なり。猶然るべからざるの由を申し入る。但し仰せ嚴密に及ぶの間、子細を申す能はず。但し猶御案有るべきかの由を申し入るゝなり。所存只先度と同篇なり。仍て委細に及ばず。仰する旨面目

と謂ふべし。然り而して難治の子細、一にあらざるの間固辭なり。」

〔卅日。丙午。〕晴。無事。

今年所學目錄

今年學ぶところの目錄。賴長公記に此の事有り。強ひて因循すべからずと雖も、志を勵まさんために記すなり。

春秋後語十卷。・漢書一部帝記〔紀〕は去年見訖る。傳許りなり。

三國志缺巻有り。・晉書帝紀幷に傳卅巻許り、今年中未だ功を終らざるなり。・公羊傳・穀梁傳・懷舊志等、少々披見すと雖も、未だ功を終らず。是れ今年連々病惱。又多く以て懈怠。仍て學ぶところ幾《いくばく》ならず。尤も恥づるところなり。

記錄は山槐記・顯時卿記・長兼卿記・經高卿記・定家卿記等、皆少々披見するところなり。

內典は止觀、一より五に至り披見するところなり。

今年大略廢學の間、書の員數尤も少し。悲しむべし〳〵。

「元徳元年十一月・十二月別記」（元徳元年十一月・十二月記事ハ一巻ヲ成シ、白紙ニ書記セラル。）

〔十一月〕

東宮量仁親王御加冠の儀

後伏見上皇の御座

花園上皇の御座

御加冠の座

（十一月廿九日記事ナルベシ）

道。但し當日軒廊《こんらう》に莚道《えんだう》を敷くべからざるなり。寝殿階《はし》の間《ま》母屋に疊二枚繧繝《うんげん》を敷き、御帳の代となす。卽ち上皇（後伏見）の御座。東方に屛風を立て、同じく西の間《ま》に同疊一枚を敷き、朕の座となす。御帳東の間《ま》東柱の北を去ること二尺餘と柱の平頭に繩床《じようしやう》西面を立て、尋常の倚子《いし》の代となす。今日毯代《たんだい》を敷かず。東の第三間《ま》庇より敷く。障子を去ること二尺許りに繩床を立て、南面。太子（量仁親王）加冠の座となす。件の座の南を去る二尺二寸に繩床を立て、加冠・理髪人参着の座となす。左右に机を立つ。兩倚子の間なり。件の机御帳中の御倚子に當つべしと云々。倚子を去ること二尺に立つ。東の机の北方に泔坏《ゆするつき》を置く。臺有り。同じ机の南方に冠筥を置く。臺無し。冠を納む。西の机に唐匣《からくしげ》の筥を置く。冠筥に代用す。櫛《くし》巾《きれ》・黒幘《こくさく》等を納む。南庇の第一間《ま》西の柱の下に胡床《こしやう》を立て、加冠人の兀子《ごつし》の代となす。同じ間《ま》加冠の座を去ること五許り尺に胡床を立て、理髪人の兀子の代となす。東廂東の弘庇《ひろびさし》を用ひしむ。北の間《ま》に壺厨子二基を立つ。同東方に屛風・御帳を立て、西の間《ま》に五尺の棚厨子四基を立つ。今日一基を立つ。地下《ぢげ》の辛櫃《からびつ》等を立つるに及ばず。近仗《こんぢやう》并に帯刀《たちはき》の胡床等

御儀開始せらる

は略す。未の三剋許り烏帽・直衣《なほし》を着し出座。上皇同じく御坐〔座〕。長絹《ちやうけん》の御狩衣《かりぎぬ》・御大口《おほくち》を召さる。御心喪の間に依るなり。春宮（量仁親王）は直衣・下襲《したがさね》を着し、裾の進退練習のためなり。劔・笏を帯し、軒廊を下り東の階を登る。前大納言公秀（三條）・前権中納言兼信（花山院）・資名（日野）・前参議頼定（冷泉）等の卿扈従す。東宮東階を昇り、東廂の南に入り、長押《なげし》を昇る。假に木を置く。長押の代となすなり。西折の間に裾を直し、左手一を以て縿《く》り、取り置く。直ちに母屋より西行、柱と倚子の間を經て座の前に立つ。閑《しづか》に一揖して劔の柄を倚子に入れて着座。左手を以て裾を縿り衣文《えもん》を刷《つくら》ふ。此の間加冠代前中納言兼信・理髪代前参議頼定等の卿東階に着き、簀子《すのこ》より當間《たうま》に入り、各兀子《ごつし》に着く。揖有り。次に太子一揖、倚子の北、加冠・理髪人の座の南東、置物机の東北を經、置物机の北に當り、立ち留まりて裾を直す。倚子の前に於いて一揖して着座。聊か裾を引き直す。此の間賓贊共に磬折《けいせつ》す。或は兀子に於いて臥すが如しと云々。次に理髪人起座。一揖して母屋の東の一間《ひとま》に入り、太子の前の倚子に着く。揖有り。笏を座下に置き、冠筥を開き冠を取り出だして蓋の上に置く。蓋を翻して置くなり。北面なり。此の事不同の說有るか。次に唐匣の筥を開き、櫛巾を取り出し、太子の膝の上に引き懸く。倚子と太子の膝の間に插むなり。又理髪の袍の前に引き懸く。此の間太子笏を東の机の上に置く。左手を以て置くなり。黑幘《こくさく》を取りて結ぶ。解髪の儀等皆以て略す。理髪人笏を把り揖して差し退き、西面して立つ。揖有り。次に加冠人揖して起座、東の机の南に跪き笏を搢《さしはさ》み膝行して冠を取り、逆行して立ち祝ひて曰く、其の詞聞えず、先例なり。居ながら膝行して御冠を返し置き、本儀立ちながら置くか。今日膝行若しくは失か。笏を抜いて倚子に着く。揖有り。黑幘を解き唐匣の筥に

返し入れ、これより先筥の蓋を開くなり。御冠を加へ、笏を取り揖して復座。理髪人更に進み、御髪を理《をさ》めて纓《えい》を結ぶ。但し此れ等由《よし》許りなり。太子左手を以て冠の額を抑ふ。次に理髪、退いて本座に復す。此の間太子右手を以て笏を取る。理髪人復座の後、太子小揖して起座し、左を以て冠を抑ふるなり。北廂に入り、今日入らず。只由《よし》なり。服を改め換へ、但し今日此の儀無し。母屋の南庇より出で〻西行、御帳に當り、北面して立ち一揖す。

(頭書)「服を換ふるの後、靴を着すべし。但し今日始めより着す。」

次に二拜して笏を置き、右左右に起つ。太子は左右左たるべきか。而して安元以來、右左右たりと云〻。右左右に居りて笏を取り、居ながら一拜して立つ。又二拜して一揖。左に廻り東階より降り休廬に歸るなり。次に內侍三條前大(公秀)納言代たり。出で〻近衛次將を召し、(正親町)忠兼朝臣勤む。傳へて賓贊を召す。初めの如く兀子に着く。女藏人二人(日野)房光・(平)親名代たり。祿を取り、女房の薄衣《うすぎぬ》二領を以て祿となすなり。座前に跪く。賓贊兀子を下り、跪きて取り、軒廊に退下す。先に加冠して退下し、軒廊に相待つなり。二人櫻樹の南頭に立ち、北上西面。一揖拜舞《はいむ》して、兩人作法を存ぜず。太《はなはだ》見苦し。軒廊に歸り入る。

次に堂上の御裝束を改め、加冠の倚子幷に壺厨子等を撤し、尋常の倚子を元の如く立て、其の前に臺盤を立つ。臺を加ふ。又公卿の臺盤を立て、殿上の臺盤二脚を以て立つ。斜に立つ。其の南北に胡床・榻《たふ》等を置き、兀子の代となす。次に太子參上して東階を昇る。廂より直ちに西進し、御帳の東の間《ま》の廂に於いて、一揖再拜す。これを謝座と謂ふ。次に釆女空盞《こうさん》を把り、親名代となる。太子の前に跪く。北邊。太子相跪きて受け、盤を分たず。朱漆の盤なり。此の上若しくは尻居《しすゑ》有るか。尻居に於いて分たざるの例なり。盞を把り出居《でゐ》に一揖し立ちて再拜す。次に釆女進み、太子の前

今日の供膳東宮及び臣下のみ

に跪く。空盞を返して笏を把る。釆女公卿の座の上を退き過ぐるの間、居ながら一揖して起ち、又一揖し、當間《ま》より入り着座す。揖有り。次に三條前大納言・堀河大納言(具親)・花山院前中納言(兼信)・前藤中納言(日野資名)・冷泉前宰相(頼定)・白河(川)三位資清。等一列す。兩大納言靴《くわ》を着し笏を把る。自餘扇を以て笏となし、又淺沓《あさぐつ》を着す。權亮代忠兼朝臣(堀川具雅)、空盞等を授くるの儀例の如し。節會の謝座・謝酒了り、公卿堂上の參議一人着座の後、諸卿座を起ち殿を下り、上﨟より起ち、第一の卿は留まり候す。日花門外に於いて獻物を取る。木の枝に今日は鳥を付けず。列立の四位・五位後に在ること前の如し。公秀卿問ふ何物ゾ。其の音聞えず。笏を鳴らす例なり。貫主《くわんじゅ》の人稱唯《ゐしよう》。稱して云ふ。御子の宮《みや》の司《つかさ》の御贄《みにへ》を獻ず。其の音聞えず。又例なり。今日具親卿即ち進出し、膳部を召すは失なり。上卿《しやうけい》膳部に賜ふべきを仰するの後に、召すべきなり。膳部を召す。膳部代の廳官西方より來たり、次第に取る。四・五位直ちに進物所に付くべし。仍て西方に行くなり。具親卿以下次第に着座。次に御膳《おもの》を供す。今日只春宮幷に臣下の膳許りなり。先づ四種。釆女代親名、臺盤の南に立ち、立ちながら供し了んぬ。即ち退く。陪膳と雖も、即ち退く。是れ例なり。次に餛飩《こんとん》を供す。次第前の如し。次に臣下に賜ふ。春宮・五位の殿上人・陣頭等に居《す》う。內豎手長《てなが》なり。重顯(藤原)・親名等に居う。居え了りて御箸を申す例の節會の如し。次に御箸下す。今日此の儀無し。春宮笏を以て臺盤に寄り立ち、下を以て上となすこと常の如し。木の箸一雙を取り、横に餛飩の上に置く。次に御飯、又春宮以下なり。供するの儀前の如し。臣下同じく居《す》う。御箸を申すこと前の如し。春宮又笏を以て、臺盤に寄り立つこと前の如し。銀匕を取り飯の上に立つ。又銀

今日の習禮一會終篇すべし

箸を取り前方に立つ。此の後は笏を把らず。公秀卿殿を下り、屯食《とんじき》分ち給ふべきの由、辨を召し仰す。公時（菅原）朝臣、房光代たり。公秀卿復座。次に一獻。采女盤（臺脱カ）に居《す》えて持參す。春宮聊か手を懸け卽ち持ち返す。次に臣下一獻。端亮、奥權亮（勸修寺經顯）。相分れて勸む。內堅瓶子を取る。此の後春宮早出すべし。是れ永承以後の例なり。然り而して今日の習禮一會終篇すべきの由沙汰有り。仍て三獻の後、奉公見參《けんざん》の儀を略す。內侍御《お》衣《ぞ》を取り、春宮の倚子の前に跪《ひざまづ》く。春宮下座し跪きて取り、南庇を出で拜舞了りて退下す。此の間昏黑に及ぶなり。

「（裏書）右左右の事、仁安の春宮（憲仁親王）拜覲の時、重ゝ沙汰有り。人ゝに問はれ議定有り。遂に右左右に定められ了んぬ。子細中山內府（忠親）記に見ゆ。仍て正元に沙汰の時、此の趣を以て定め仰せられ了んぬ。仍て此くの如く右左右の事、天子の作法猶分明の本文無きか。況んや太子猶人臣の義〔儀〕たるべきか。頗る不審。但し中古以來の流例なり。改む能はざるか。」

〔十二月〕

量仁親王御元服の習禮大略一昨日の如し

十二月二日。甲申。天霽る。今日又春宮（量仁親王）の習禮有り。寝殿の御装束大略一昨日の如し。但し尋常の倚子幷に加冠の座の倚子の下敷は纐纈《かうけち》。几帳の帷氈〔毯、下同ジ〕代《たんだい》の代となす。東の置物机の上の冠筥・泔《ゆする》坏《つき》等例の如し。西の机の上に裹《かゝげ》〔搔上〕の筥《はこ》を置き唐匣《からくしげ》の代となす。唐匣の蓋の上に小懸子《かけご》有り。裹筥の蓋の上に小懸子無し。此れを以て差別をなすなり。上の懸子に黒幘《こくさく》を納め、身中に櫛巾《くしきれ》を納む。西の鳥居障子を放つ。西の二間《ま》に小文《こもん》の帖を敷き、（二條道平）關白・（今出川兼季）前右府等の座となす。母屋に棚厨子一脚を立つ。件の厨子の南に繧繝《うんげん》二枚一行。を敷き、（後伏見）上皇幷に朕の座となす。

後伏見花園兩上皇の御座

申の剋に及び關白以下參集。春宮二棟の東の妻戸より出づ。此の戸を以て宣仁門に擬するなり。春宮の東帯恒の如し。此の間朕出で丶着座。上皇同じく出御。上皇の御座南方、朕北方に在り。（頭書）「上皇心喪御直衣、下の御袴を召されず。朕又直衣上結《うはぐゝり》なり。」春宮東階を昇り、東庇に入り、直ちに母屋に入り西行、柱と倚子の間を經て、氈代の上に立ち、一揖して着座。左手を以て裾を縿《く》らる。此の間關白・前右府を召し疊の上に候せしむ。但し正座せず。（洞院公賢）右大將・（三條公泰）左衞門督東階より昇り兀子《ごつし》に着く。簀子《すのこ》を經て南間《ま》に入る。次に太子起座、揖有り。左に廻り加冠・理髪人の座の小倚子の南東、置物机の南東北等を經て、机の北に於いて裾を縿《く》る。加冠座の倚子の前に立ち、一揖して着座。此

の間右大將・左衞門督等兀子を下り跪き候す。太子着座の後に復座。〔三條〕公泰卿倚子に着き、冠筥

御冠を筥より出す

を開き、蓋を翻して御冠を取り出だし、蓋の上に置く。偃《ふ》し置く。巾子《こじ》東に在り。西に向け仰《あふのけ》に置く。次に唐匣の蓋を開き、机の上に置き、櫛巾を取り出だし、太子の前に引き懸く。鋏子《はさみ》に插む。欄の下なり。又理髪人の前に同じく引き懸く。此の間太子左手を以て笏を東の机の北方に置く。笏もと西に在り。次に黒幘を加へ結ひ、解髪の儀、一向略す。櫛巾を唐匣に返納し、蓋を覆ひ、退下して西頭に立つ。次に加冠人公賢卿。起座、跪きて東の置物

御加冠の儀

机の南方を膝行し、形の如きなり。冠を取り逆行し立ち祝ひて曰く云ゝ。跪きて冠を置き倚子に着き、

御理髪の儀

唐匣の筥を開く。次に黒幘を解き、唐匣の筥に返し入る。次に御冠を加へ了りて復座。次に理髪人相替り倚子に進み着き、纓を結び、由《よし》許りなり。御鬢を理《をさ》む。其の儀、唐匣に納むるところの髪搔《かうがい》を取り出だし、聊か理髪の由なり。髪搔を唐匣に返納し、了りて蓋を覆ひ、加冠人掩はずして退く。今度は理髪して掩ふ。而して復座。太子左手を以て冠の額を抑へ、小揖して北庇に入る。北の簾中に入るなり。前右府參進して靴を着せしむ。此の間殿上人等參り、冠筥・唐櫛《からくし》筥〔笥《げ》〕・泔坏等を撤し、壺厨子の上に置くなり。厨子の内に納むべきなり。然り而して此の厨子の寸法狭少の間、納むる能はず。只厨子の上に置くなり。

東宮拝舞

東宮拝舞《はいむ》の儀先ゝの如し。次に東階より退下、御装束を改むること一昨日の如し。臺盤を立て兀子を置く。多く摺を用ひ、代となすなり。太子參上して謝座。謝座拝任、正元・建治等の例に任せ西面なり。采女空盞《こうさん》を授く。今日陪膳を召し儲く。采女信濃。曾て以て案内を知らず。仍て關白等扶持を加ふ。着座の後、公卿等謝座・〔謝脱カ〕酒。右大將以下庭上に列立す。これより先夜陰に入るの間、堂上堂下に炬

盃酌の儀行はる

勅使萬里小路季房御元服の條々を申す

御元服行事定條々

火。親名（平）空盞を授く。公卿等堂上の後卽ち殿を下る。獻物の儀式の如し。但し貫主《くわんじゅ》公泰卿一兩歩西に進むべし。而して大略歩進し、月華門に到るが如し。尤も失たり。下﨟又立進すべからず。而して皆歩進して膳部に授く。竝びに禮を失するなり。公卿復座し、御膳を供す。釆女又存知せざるの間、關白扶持すること前の如し。細記する能はず。一獻以後、早出の儀有るべし。仍て習禮に及ばざるなり。其の後西面に於いて盃酌の事有り。執柄・前右府等祗候し深更に及ぶ。今日季房（萬里小路）朝臣參る。勅使として御元服條々式の事を申す。大納言たるべきの間、右大將に仰せらると云々。承るの由を申す。四日日時定め、上卿《しやうけい》（近衛經忠）傳子細を申す。大夫の參行例有り。相催さるべきかと云々。御返事申して云ふ、五日本宮定めなり。件の日參る事傳領狀を申す。正元・建治等の定めと日時定め同日、傳上卿たり。然れば五日兼行、若しくは宜しかるべきかの由を申す。今度は何年の例たるべきやの由を仰せらる。建治を用ふべきの由を申し了んぬ。御休所宜□（陽カ）殿たるべし。但し曉更より行啓數剋御〇下闕ク。

（十二月七日記事ナルベシ。）今日出座せず。明日深更に及び長途の寒嵐、冷氣膚に入るの間謹愼せしむるなり。拜の事、關白先日委細申さしむるの間、進退今日神妙。拜の時許り聊か伺ひ見るなり。宗經（平）朝臣條々を伺ひ申す。是れ拜觀《はいぎん》の事奉行の院司なり。

一御遊所作人の事。

仰せ、追て御點を下さるべし。

一拝覲定の事。

仰せ、別の御所たるべきか。此の御所別殿無きかの故なり。

一御休所の事。

仰せ、別の休廬有るべからず。御所近きの故なり。

一弘莚の事、諸國難澁と云〻。

仰せ、猶相催すべし。不足の分は別足を付すべし。

一祿の事、大臣の外、或は略せらる。何様たるべきや。

仰せ、諸國に充て催すべし。

御膳調進の面々

仰せて云ふ、御膳《おもの》調進の事、院(後伏見上皇)の御方能行(藤原)朝臣。建治は邦仲(高階)朝臣。前播磨守の例たるなり。朕の分光顯(葉室)朝臣。春宮左衞門督たるべきの由を仰す。建治は公守(洞院)公。中納言調進の例たるなり。又經康(高倉)卿を召す。御調度調進すべきの由を仰す。是れ宮司《みやつかさ》等調獻すべしと雖も、面〻子細を申す。但し別に御點を以て、少〻充て催すべきの由を仰す。其の外の御調度幷に此の寢殿の壁代《かべしろ》、調進すべきの由を仰す。資名(日野)に仰す。宮司所課の事、子細を申すの條然るべからず。但し一向仰せを懸けらるゝの段、歎き申すところ謂れ無きにあらず。仍て少〻充てらる。此の分に於いては早く調進すべし。然

らざれば職を辭すべきの由を仰す。

宮司所課の配分

宮司所課の事別紙に在り。續け加ふべし。

金銀平文《ひらもん》の机二脚(勸修寺)經顯朝臣。・櫛巾一重・蒔繪の厨子の覆(堀川)具雅朝臣。・黑漆の高机二脚(日野)房光。・御膳の御器(吉田)國俊。・棚厨子四基の內二基親名。・白錫平文の倚子(冷泉)爲保。・辛櫃《からびつ》二合(藤原)宗光。・一合(菅原)時兼。

所定の公卿交名

公卿を定むるの事

傅　右大將　堀川大納言(具親)　花山院大納言(師賢)　中宮大夫(三條實忠)　左衛門督　大夫(西園寺公宗)　權大夫(大炊御門冬信)　右大辨宰相(洞院實世)

代〻の例に任せ、九人に御點を下さるゝのところ、師賢・實忠・冬信等の卿子細を申す。仍て(北畠)親房・(三條)公明・(土御門)親賢等の卿催すのところ、親房卿又子細を申し、親賢職を辭し申すの由を申す。仍て(鷹司)師平・(洞院)實守等の卿を相催すべきの由を仰するのところ、大夫去夜より犬死の穢出來の間、參り難きの由を申す。大夫の不參、未だ先例を勘へ得ず。仍て關白・傅等に仰せ合はさるゝのところ、資名歸參。關白申して云ふ、大夫不參の事例を存ぜず。本宮の儀なり、尤も兩大夫參るべきか。權大夫の不參然るべからざるのところ、大夫又不參の條物宜しきに背く。穢限は七日に至ると云〻。重ねて日次を改め擇ぶべきかの由を申す。傅出行すと云〻。仍て明日定めて延引すべきの由を仰す。

此日の習禮

今日の御習禮、尋常の倚子より、加冠の御倚子に移るの時、尋常の倚子の南と柱との間の本路を經るなり。此の間尋常の倚子の北幷に加冠・理髮人の座の倚子の南等を經るなり。而して先日右大將參るの時、尋常の倚子の南を經るの由、公繼（徳大寺）公記に見ゆるの由を申す。仍て此くの如く改めらる。誠に以て件の記に注するところ相違無し。朕昨日引勘するところなり。

御遊の有無の詮議

御遊の事、建治の例に任せ行はるべきのところ、今度上皇玄輝門院（藤原愔子）心喪の御服を着せしめ給ふ。憚り有るべきや。但し奉行の院司、此の方より定むるの上は、御遊の段憚り有るべからざるや。但し上皇出御の御坐（座）、御遊の席の條何様たるべきかの由、關白・左府・傅（鷹司冬教）・前右大臣・右大將等に問はる。關白憚り有るべからざるの由を申す。前右府早速の入御、正元の例有るの上は、今度御遊以前の入御、若しくは折中の義（儀）たるべきかの由を申す。右大將は御遊の有無一准せざるの上は、略せらるゝの條何の難有らんやの由を申す。左府・傅等の所存、資名卿未だ尋ねざるか。然り而して上皇の時宜猶御遊を行はるべきの由なり。仍て內々に所作人の沙汰有り。

東宮御元服定行はる

八日。庚寅。晴。今夕春宮御元服定、本宮の殿上に於いて行ふ。傅右大臣經忠。端。・右大將公賢。奧。・權大納言源朝臣具親。端。・權中納言藤原朝臣公明。端。・大夫藤原朝臣公宗。奧。・權大夫同朝臣冬信。奧。・中宮權大夫藤（徳大寺）原朝臣公淸。端。・參議右大辨同朝臣實世。端。等殿上に着す。傳藏人を召し燈を切燈臺《きりとうだい》に移す。次に亮（勸修寺經顯）着座し、建治の例文を取り出だす。次第逆上に見て、返し下す。次に亮經顯朝臣、傅の與奪に依

り書す。端許り書し、書き儲くるところの定文《さだめぶみ》を取り出だす。次第逆上に見ゆ。了りて傅亮を召し、筥に入れ覧る。院御方本宮等を覧る。但し上皇幷に朕、東宮の朝餉《あさがれひ》に在りて覧る。造御冠形の日時同じく入れ加ふ。覧了りて返し給ふ。此の後の義〔儀〕は見ず。殿上の事訖り、傅・大夫等臺盤所に參る。房光紙捻《かみひねり》を柳筥に置き持參す。傅取り、御冠の頭の寸法を取り、これを房光

後伏見花園兩上皇今小路殿に御幸

に賜ふ。此の後上皇今小路殿に御幸。朕御車の後に參る。これより先公卿等參會。右大臣・右大將・侍從中納言〔三條公明〕・中宮權大夫・右大辨宰相等殿上に着す。右大臣與奪し、實世卿の書く定文、

日時定

宗經を以て覧る。今夜右大臣先づ參内、日時を定むと云〻。殿上の事了りて還御せんとするの

人數定

間、内〻に御膳を供す。卯の半剋に及び還御。抑人數を定むること、代〻の佳例九人。而して今度今一人領狀の仁無きの間八人なり。此の事強ひて守株すべからず。難義〔儀〕に及ぶべからざるか。定文等後に續け加ふべし。本宮の定文、傅家・大夫家と書くの由、長兼〔藤原〕卿記に見ゆ。而して正元・建治は家の字無し。今度何様たるべきかの由を資名申す。仰せて云ふ、正元・建治等の例に依るべきか。又寛仁又此の字無し。凡そ代〻の定文此の外見及ばず。現在するところの定文等、皆此の字無きの上は、長兼卿記猶不審有り。家の字を書き加ふ、何年の定文や。定めて所見有るか。但し寛仁・正元・建治等已に此の字無きの上は、書くべからざるの由を仰す。拜覲定文の土代、建治の例文を用ひ、偏《ひとへ》に彼の後胤を以て書き入るゝの間、多く非院司幷に未

出仕の輩等有り。仍て多く改め直し、宗經に返し給ひ、此の趣を以て書くべきの由を仰す。
（裏書）「今夜右大臣毎度召して云ふ、藏人ヶ候すと云〻。先例皆男共を召すなり。今度は然らず如何。今夜の召詞、內〻の時儀か。御元服定の時は然るべからざるか。」

東宮行啓雜事注文

定

春宮行啓の雜事

一　御前の物

懸盤《かけばん》四脚打敷《うちしき》在り。

中宮權大夫藤原朝臣

行事長光朝臣（葉室）

（頭書）「建治は山本入道相國公守公、時に權中納言調進す。仍て公泰卿に仰するのところ、子細を申す。仍て正元の例に任せ、中宮權大夫と書くなり。」

一　饗

上達部廿前

殿上人廿前

陣頭の侍者廿前

帯刀の陣廿前

行事宗經朝臣　（中御門）宗兼

（冷泉）定親　（勧修寺）經重

一　御裝束

行事（四條）隆蔭朝臣　（四條）隆職朝臣

宗經朝臣　（藤原）成經朝臣

光顯朝臣　能行朝臣

（中御門）經季　（藤原）清經

（藤原）親藤　（高階）邦雅

（藤原）光守　（吉田）冬長

定親　（日野）氏光

定此の定文、先例或は折紙に書す。今度は然らず。經顯朝臣同じく書す。書二通の條、意を得ざるの由承元記に見ゆ。誠に不審の事なり。然り而して例に依りかくの如く書す。

所ゝ饗の事

殿上

親清
大〔臺〕盤所
泰平
藏人所
（西洞院）行時
帯刀の陣
雅業
廳
通國
元德元年十二月八日
一　祿
上達部大褂《おほうちぎ》〔袿〕
殿上人疋絹《ひさぎぬ》
陣頭兵衛佐衾《ふすま》

行事光顯朝臣　　冬長

邦雅冬長の上首なり。上に在るべし。而して書き誤るか。

一　掌燈

行事經量（町口）

一　庭燎

行事

一　砂

行事

一　掃除

行事雅光（日野）

元徳元年十二月八日

御冠形を造らるべき日時

擇び申す御冠形を造らるべき日時

今月八日庚寅、時午申。

元徳元年十二月八日　　陰陽助賀茂朝臣在實

擇び申す御元服雜事を始めらるべき日時

今月八日庚寅、時酉。

元德元年十二月八日　　陰陽助賀茂朝臣在實

御元服雜事を始めらるべき日時

十一日。癸巳。晴。今日前右府參り、禁裏（後醍醐天皇）の仰する趣を申す。御元服來たる廿二日、餘日幾《いくばく》ならず。南殿《なでん》の修造出來し難し。廿八日に延引の條、宜しかるべきの由申すべしと云々。仍て奉行人等に仰せ了んぬ。

今出川兼季後醍醐天皇の御意を述ぶ

十一日。關白資明卿（柳原）を以て申して云ふ、理髮人の事、先日の趣、禁裏に申し入るゝのところ、猶建治の例に依るべきの由、沙汰有れば、冬信卿（大炊御門）を以て、左衞門督を兼任せらるべきの由、內々に御沙汰有り。又先日仰せ下さるゝところの中納言中將（鷹司師平）宮司の事、又猶思慮を廻らし申し入るべしと云々。仰せて云ふ、權大夫の左衞門督を兼ぬれば、尤も建治の例に叶ふべきか。子細有るべからず。但し中納言中將の事、猶左右に隨ひ、禁裏に申さるべきかの由を仰せ了んぬ。

御元服當日行啓の路次事等の奏上

十二日。前右府參り、御元服の日、春宮參上の路次の事等を申す。其の次《ついで》に白馬《あをうま》の節會《せちゑ》に參るの事を申す。猶相構へて申沙汰すべしと云々。

一春宮の路の事

先づ右衛門の陣より參上。安福殿北面の遣戸《やりど》に入るべきか。將又月華門を入るべきか。禁裏の仰せ、北面の遣戸、猶威儀無きに似たり。月華門を入るの條宜しかるべきかと云々。

一節會の時參上の路の事

月華門の外たるべきか。然れば下侍《しもさむらひ》に沙汰すべきか。將又月華門の內たるべきか。

御返事、月華門の外、猶閑路に似たり。月華門の內の弓場等を用ひらるべきかと云々。

御元服二十八日たるべし

今日在實(賀茂)御身固《みがため》の當番として、參入の間、隆蔭を以て尋ねて云ふ、御元服延引して廿八日たるべし。而してかくの如き大事、一向儲けの日無きの條、思慮無きに似たり。今月中今に於いては、吉日無きやの由相尋ぬるのところ、申して云ふ、廿八日以前廿二日以後、都《すべ》て吉日無し。廿九日辛亥指したる難無し。但し辛の日元服に於いては憚り有り。然り而して村上天皇の元服辛亥の日なり。又主上(後醍醐天皇)御元服の例有り。然り而して春宮の元服に於いては、冷泉院應和の外例無し。又件の日は厭日なり。但し厭日に於いては、天子用ふるは吉、庶人用ふるは凶と云々。然れば儲君は天子に擬すべきの上は、強ひて難にあらざるかと云々。應和の例、避けらるべきや否や時宜に在るべしと云々。仰せて云ふ、厭日は大凶にあらざれば何事か有らんや。應和の例、坊中に於いては強ひて避くべきにあらず。立坊の例の如く、冷泉院を以て多く佳例となすなり。其の上廿八日、若し子細有らば用意なすべし。正に用ふべきにあらざるの日、子細有る

べからざるかの由を仰せ了んぬ。

十三日。晴。拝観の次第作進すべきの由、公宗卿に仰せ遣はすのところ、子細を申す。然れば他の人に仰すべきか。その仁如何の由、院の御方に申し入るゝのところ、奉行の院司たるべきか。但し事に於いて未練、若亡有り。叶ふべからざるか。然れば内〻御所に於いて造らるべきかの由治定し了んぬ。

二十八日に日時を定めらるべし

十九日。雨下る。今夕藏人辨冬長（萬里小路）勅使として參る。時に傳奏の仁候せず。仍て隆蔭朝臣を以て問答す。御元服奉行の職事季房所勞の事有り。仍て辭し申すの間、冬長に仰せらるゝなり。延引の上は廿八日の由、日時を改め勘せらるべきなり。明日は吉日なり。日時定を行はれんとするなり。先例は傳參陣し行ふの間、催さる。若し故障有らば、大夫の參行例有るの間、仰せらるべきなりと云〻。凡そ藏人方・本宮方、毎事合體尋ね沙汰すべき事なり。殊に此の由を房光に召し仰せらるべきなりと云〻。仰せて云ふ、御元服の延引尤も日時を改め勘すべきか。傳の參行は代〻の例なり。大夫參る事、若しくは承元の例か。其の時の傳は太政大臣なり。若しくは其の故大夫行ふか。凡そ承元の例強ひて改め避くべきにあらず。又庶幾せざるところなり。傳大臣の參行毎度の例なり。若し右大臣故障有らば、延引宜しかるべきかの由を仰す。藏人方・本宮方の事、殊に相談じ申し沙汰然るべきの由仰せ了んぬ。此の間資名卿參入す。仍て毎事相

談ずべきの由を仰す。頃《しばらく》して資名申して云ふ、冬長と條〻相談じ了んぬ。傳明日の御習禮の事相觸るゝのところ、所勞の由を申さる。此の間最勝講又領狀を伺ひ申すに不參と云〻。然れば明日の定延引すべきかの由申し談ずるの由を申す。又采女の裝束、承元・正元等藏人方より借り渡さる。今度申し入るゝのところ、下さるべからざるの由を仰せ下さるゝなり。仍て采女等子細を申す。本宮又裝束を給せざるの由、正元(平)成俊の文書に見ゆ。藏人方は已に例有り。尤も給すべきか。若し猶難義(儀)たらば、内の御方の采女の内兩三人分進せらるべきかの由、内〻に相談ずべきの由を仰す。又内藏寮以下諸司役の坊中の催し、更に以て事行かず。別して仰せ下さるべきかの由、内〻に奉行の職事に仰すべきの由を仰せ了んぬ。

後日先例を引勘のところ、大夫日時定を行ふ、承元の例の外所見無し。件の年に於いては、時に傳(大炊御門)賴實公前太政大臣なり。御元服に依り、後日太政大臣に還任なり。日時定の時に於いては前官なり。勿論例となすに足らざるものなり。後日冬長永承の例を勘じ出だし、日時を改め勘ずるの時、大夫行ふと云〻。誰人の記か。追て引見すべし。

廿日。(冷泉)賴定卿參り、御休廬御裝束の間《ま》の事を申す。承元(藤原)顯俊卿記に本宮裝束用意の由を記す。御座の間《ま》の承塵《しょうぢん》内藏寮進じ、内匠寮張ると云〻。仍て相催すのところ、料足を付せられざれば叶ふべからざるの由を申す。凡そ布《ふ》單《たん》等同前と云〻。仍て別して仰せ下さるべきかの由を關白に

申すべきの由、先日仰するの間、參り申すのところ、禁裏の仰せ毎度禁中の公事別足を申すなり。本宮付せらるべしと云〻。此の上は力無く別足を付すべきの由を仰す。又御休廬の指圖、承元に於いては御子の宿なり。今度は宜陽殿を用ひらるべきなり。仍て相違有るべしと云〻。

後日能〻治定仰すべく仰す。

廿一日。晴。夜に入り前右大臣參り、禁裏(後醍醐天皇)の御旨を申す。行啓の時、尤も御對面有るべし。而して拜覲の儀有るべきか。御元服の當日拜覲先規無しと雖も、當日の行啓今度已に新儀なり。然れば先づ清涼殿に於いて拜覲の儀有り。其の後御元服を行はる宜しかるべきか。是れ御對面の儀無きの條太《はなはだ》無念。又拜覲の儀、更に事の煩ひ有るべからざるの上は、行はるべきかの故なりと云〻。兼ねて又永承以來、一獻以後御早出なり。而して祿を御休廬に送らるゝの條、頗る理に叶はず、節會訖りて祿有るべきの故なり。今度は何樣たるべきか。二獻以後、舞を御覽ぜらるゝの後、休所に於いて祿を送らるれば、事の儀理に叶ふべきか。兩條申し入るべしと云〻。

今出川兼季後醍醐天皇の御意を傳ふ

量仁親王天皇に拜覲あるべしといふ

御返事明日申すべきの由を仰せ了んぬ。

廿二日。早旦舊記・國史等を引勘するに、春宮拜覲の例實にあらず。皇太子の時の例等を引見す。又大外記師右(中原)に仰せ勘せしむ。此の間前右府參り、且つは昨日の御返事を申す。拜覲の儀、先例未だ勘し得ず。能く〳〵舊記等を引見し、其の上御元服當日の儀、其の儀を定めらるべきか。

御元服以後母后を拝覲するも天皇を拝し奉らず

若しくは理に叶はざるか。其の故は、寛仁以往度〻元服以後母后を拝覲す。然りと雖も主上を拝し奉らず。是れ元服以後、南殿に於いて已に拝覲有るの故か。然れば前後異ると雖も、一日に兩度の拝覲若しくは議有るべきか。其の上春宮は病體、曉更より拝覲・元服・仙洞拝覲は旁以て窮屈の基たるべし。近日殊に病氣計會の子細有り。猶元服を以て本《もと》となす。今度拝覲を略せらるゝの條宜しかるべきかの由、内〻に申し入るべきの由前右府に仰せ了んぬ。夜漏《やろ》に及び歸參し御返事を申す。然りと雖も御窮屈の上は、拝覲の儀今度は略せらるべし。但し先例主上拝覲の儀を略せらるゝの故は、冠禮以後、母后を拝せらるゝの故なり。主上に於いては南殿の御拝了るの故なり。往代童體に於いて、皆拝覲有るの故、元服の日何ぞ必ず行はれんや。今度未だ拝覲の儀を行はれず。當座有るべきかの由を申され了んぬ。但し所詮件の日拝覲有るべきの上は、前後同事せしむるに似るなり。略せられ、内〻に只御對面有るべきなりと云〻。又節會に始終御坐〔座〕、尤も本義〔儀〕に叶ふべし。相構へて其の儀たるべし。但し若し期に臨み、御窮屈有れば勿論〻〻。其の時は祿を略せらるべしと云〻。

又禁裏より仰せられて云ふ、理髮の仁何様たるべきや。装束の事、承元・建治は宮司に依り略せらる。事の儀異ると雖も、先蹤已に存す。公泰卿元の如く懃仕、装束を送られざるの條如何。只猶建治の例に依るべしと云〻。冬信を以て左金吾に兼任せらるべし。子細有るべからずと云

〻。申して云ふ、此の事承元・建治に裝束を送られざるの條宮司の故なり。今度は彼の例に模し、宮司にあらざるの人、裝束を送られざるの條、本宮の沙汰參差に似たり。冬信左衞門督を兼任すること、難義にあらざれば、任ぜらるゝの條庶幾するところなり。又申して云ふ、今度四位の院司御膳を調進の仁闕如す。而して建治に邦仲卿調進の例有り。邦雅四品を聽さるれば、調進すべきの由を申す。何樣たるべきかの由、內〻に伺ひ申すべきの由を仰す。御返事、左衞門督の事、冬信の兼任子細有るべからず。邦雅の四品又子細有るべからずと云〻。

廿三日。師右春宮拜覲の例一通を勘進す。延喜・天延二年・長和三年等、又寛弘八年御對面の例同じく注す。是れを以て小右記を引勘するに、長和の儀頗る以て大儀なり。卒爾に叶ふべからざるか。長和の儀と今度相似るか。但し仙洞に於いて拜覲有り。又禁裏に於いて此の儀有るの條如何。未だ思ひ得ず。今度に於いては止めらる、神妙の事なり。

拜覲の儀習禮行はる

兩上皇見物せらる

御遊の習禮

廿四日。晴。今日拜覲の儀、內〻に習禮有り。夜に入り春宮晝御座《ひのおまし》に出で、靴を着し、東面の妻戸に入り拜舞。左に廻り退下。此の間上皇御直衣。幷に朕直衣。西方に在りて見る。前右大臣直衣。南の簀子に候す。事了りて春宮朝餉に於いて密〻內〻に御對面。時〻の次第習禮有り。前右府祇候し談じ仰せらる。其の後東宮直衣を改め着し、此方に來たる。寢殿の西面に於いて、御遊の習禮有り。簀子に圓座を敷く。箏・和琴・比巴〔琵琶〕等を兼ねて藏人置く。權中納言（中御門）冬定。・權大夫冬信。・

前參議基成（園）。・宰相中將親光（中院）。・成經朝臣前の板敷に在り。等着座。成經調子を吹く。次第例の如し。呂は安《あ》名《な》尊《たふと》・鳥《てう》の急、律は伊《い》勢海《せのうみ》・萬歳樂《まんざいらく》・三臺の急等なり。正元兼日の目錄此くの如し。而して良（藤原）教卿失して吹かず。萬歳樂の間五常樂《ごしやうらく》を加へられ了んぬ。仍て建治又彼の例に隨ひて用ひらる。而して今日前右府、院の御方に於いて申し談ず。失誤は例となすべからず。歌樂目錄の體頗る不便。正元兼日沙汰の次第、理に叶ふかの由沙汰有り。今度用ひられ了んぬ。

所作人

笙　成經朝臣　笛　冬信卿和琴兼帶す。樂の時琴を彈ず。

篳篥　親光卿　比巴（琵琶）　基成卿

拍子　冬定卿箏兼帶す。歌の時箏を彈ず。

御元服日時定

今夕日時定《さだめ》、陣に於いて行はる。大夫上卿たりと云〻。

習禮また行はる

廿五日。晴。夜に入り寒嵐慘烈。今日習禮有り。傅右大臣參るべきの由を申す。而して雜熱所勞と云〻。仍て不參。申の斜右大將參る。此の間大夫仰せを催促せらるゝのところ、去夕定《さだめ》の次《ついで》、除《ぢ》目《もく》を行はるゝの間曉更に及ぶ。內裏に祗候の間所勞有り。相扶けて參るべしと云〻。仍て先づ行はる。大略其の次第先日の如し。今日夜陰に及び、階《はし》の間《ま》母屋の柱の左右に高燈臺《たかとうだい》を供す。又加冠の御座の西邊に同じく掌燈を供す。右大將御裾に候す。右大將・權大夫賓贊代となる。

寒氣著しく骨に入る

給祿習禮の條々

右大將祝詞を略す。若しくは忘却か。冠禮了りて拜舞例の如し。此の後裝束を改む。此の間朕入內。寒氣骨に入り出座する能はず。今日寢殿に弘莚を敷き滿つ。是れ習禮のためにあらず、自然の事なり。抑今度の節會、早出然るべからざるの由、內々に仰するの旨有り。仍て今日給祿の習禮有るべし。其の子細院の御方より、隆蔭を以て內々に左府弁に傳等に問はる。

其の條々

一給祿の時、內侍倚子の北邊に跪くと云々。太子下座し、跪きて物一つ許りを取り、南庇に出で拜舞すと云々。然れば笏を搢《さしはさ》むべきか。將又祿を以て笏に懸くべきか。又物一つは何物たるか。

左府申して云ふ、大褂〔桂〕の如く、或は笏に懸く。然り而して今度御笏を搢まるゝの條宜しかるべきか。召さるゝの物一つ、殘るところは御座の外に棄てらるゝ事、何物の由、左右無く計り申し難し。所見無きの故なり。但し御袍《はう》を具せらるれば、御袍たるべし。然らざれば半臂《はんぴ》・衵《あこめ》等の間、何物と雖も苦有るべからずと云々。

一殘るところの物、寬仁は左衞門督賴宗〔藤原〕取ると云々。今度其の仁誰人たるべきか。又東階に於いて、傳之を給し傳へ給ふと云々。其の記分明ならず。何樣たるべきか。

左府申して云ふ、記錄只今引見せざるの間、所存を申し難し。但し權大夫の如きは何事有

らんや。左衛門督を兼ぬること例に叶ふの故なりと云々。

一南庇に於いて拜舞の時、前後揖有るべきや否やの事。

左府、揖有るべからざるの條勿論と云々。

一下座し、北邊に於いて取る。南庇を出づるの時、倚子と臺盤との間を經べきかの事。

左府、然るべきの由を申す。

一初度の再拜に笏を指し、後の再拜に笏を拔くべきの由、貞信公（藤原忠平）假名次第に見ゆ。又寛仁の（藤原）行成卿記に加冠理髪給祿拜の儀、同じく此の由を注す。如何の由仰せ合はさる。左府申して云ふ、近代の例に違ふと雖も、所見分明の上は、彼の義（儀）を用ひらるべきかの由を申す。

今日右大將持參の式、別紙に在り。

御前物の銀器・懸盤等、院司等更に尋ね出ださゞるの由を申す。仍て諸方に相尋ぬ。

東宮祿物の典據

廿六日。天陰り、雨雪繽紛。平地一尺許り。此の日右大將儲君の祿の事を注進す。寛仁の小右・行成等の記了見を加へ、委しく申す。此の事誠に不審無きか。傳の字は傳に誤るの間、不審出來か。春宮拜了りて退下の間、其の人東階より昇り祿の遺《のこ》りを取る。此の間春宮退下の時、大夫東階に於いて暫く祿を給す。卽ち祿の遺りを授け取るの人か。大夫御祿を取る事、白地《あからさま》の儀たるかの由、大將了見を加ふ。誠に子細無きか。此の儀たるべきの由、上皇仰せ有り。

又御子宿《みこやどり》・御輿宿《みこしやどり》、同所たるかの由、寛仁の記に聊か所見有り。今度内裏の御擧宿(輿カ)、宜陽殿の東南なり。大内《おほうち》宜陽殿に在り(以下脱文アリ。)

御子宿の道の次第等、

量仁親王御加冠の禮を行はせらる

廿八日。庚戌。天霽れ風靜かにして、日氣暖か、寒さ頗る微なり。今日皇太子十七歳、豐(量)仁。加冠禮の日なり。先づ卯の剋參內、總角《あげまき》・束帶等恒の如し。當日參內の儀未だ例有らず。然り而して事の煩ひを省かんがため、今度議有ること、此くの如し。仍て習禮は略す。是れ又承元の外、例無きか。承元の例、庶幾せず。然り而して已むを得ず。仍て此くの如し。晝御座《ひのおまし》に出づ。傅右大臣參進して簾を褰ぐ。これより先陰陽助賀茂在實反《へん》閇《ばい》を奉仕す。祿を賜ふこと恒の如きか。儲皇簾外に出づ。權大夫冬信簾下に就き御劍を給ふ。壺切《つぼきり》。袋に入る。女房これを取り出だす。大納言物《もの》の具《ぐ》を着す。御劍須く前行すべし。而して失して後に在り。中門の廊下切妻の間を經、亮經顯朝臣御笏を給ふ。四足門に於いて乘車の間、上皇忩ぎ西面に廻らしめ給ひ御乘車。前大納言通顯御車寄を奉仕。屛風を立つること例の如し。上皇乘御の後、朕乘る。女院(廣義門院)(藤原寧子)・、子後に在り。土御門萬里小路に於いて見物す。供奉の殿上人淸隆・教行(山科)・房保等の朝臣轅《ながえ》の邊りに候す。北面兩三輩松明《たいまつ》を炬く。召次又兩方の立明《たちあかし》に在り。良久《やゝ》しく渡らず。召次を以て催促せしむるの間、前陣車の前を渡る。先づ陣頭俊淸・仲治。次に公卿三位中將通冬(中院)・平宰相成輔(烏丸)。

反閇

壺切

後伏見花園兩上皇廣義門院等路次に於て見物せらる

冠禮終る

儀式の實狀

次に宮司學士行氏(日野)朝臣・亮經顯朝臣・權大夫冬信卿・大夫公宗卿。次に帶刀四人。次に御車例の如し。次に進士資名・國俊二行。・宗光・時兼・藏人平惟清・三善種衡・藤原冬頼、過ぎ了りて還御。時に天已に明なり。召次を以て頻りに内裏の儀を見せしむ。通顯卿還御の時、御車に寄らず、直ちに内裏に參る。内々に參會し安福殿に祗候すべきの故なり。凡そ通顯卿・公秀卿・隆蔭朝臣・成經朝臣・範賢參會すべきの由、内々に仰せらる。而して成經は所勞に依り不參の替りに、重(庭田)資候すべきの由を仰す。今日出車無し。只密々女房參會の二兩(輛)、御乳母大納言・新大納言・宣旨小大納言・内侍。一兩(輛)は御乳母大納言局參會の車。新大納言合乘る。召具の青侍密々八葉《はちえふ》の車なり。一兩(輛)は小大納言、内侍合乘り、經顯朝臣の車八葉。を召し給ふところなり。前右府又去夕より内裏に參候し、内々に安福殿に候すべしと云々。辰の一點より連々使者を進め、内裏に於いて見せしむ。剋限又直ちに使を遣はし、加冠・理髪等を催促す。酉の半ばに及び已に事始まるの由を聞く。秉燭に及び冠禮已に訖るの由、隆蔭朝臣狀を以て告げ申す。同剋關白又狀を以て同趣を告ぐ。亥の剋宗經朝臣參り拜觀の御裝束を奉仕す。前に召し元服の儀を尋ぬ。申して云ふ、只今節會始めんとするの間なり。所役有りと雖も、遲々すべきに依り、先づは參るところなりと云々。卽ち寢殿拜觀の裝束を奉仕す。其の儀、寢殿母屋廂の南東二面に御簾を卷く。母屋の東南西北に懸け亙る壁代《かべしろ》を卷く。西北の二方は御簾を覆ひ懸く。其の上五尺の屛風を副へ立て、東の鳥居障子を撤し東廂東面の妻戸を放つ。南

後伏見上皇の御座

廂西の鳥居障子并に東庇北の障子は同じく御簾を覆ひ懸く。其の内に弘莚を敷き満ち、〔狹〕差莚・鎮子等常の如し。階間母屋の中央に繧繝《うんげん》の疊二枚東西行。を敷く。其の上に東京錦《とんきん》の茵《しとね》を加へ、上皇の御座となす。寢殿の南の簀子・東の弘廂及び透渡殿《すきわたどの》・東中門の廊等に弘莚を敷く。晝御座は母屋の御簾を垂れ、庇の御簾を巻く。其の前の弘廂に同じく弘莚を敷く。念誦堂西北の二面、當日御簾を懸けず、失なり。御持佛堂東南の二面、已上は御簾を覆ひ懸く。東中門廊の東の砌并に車宿の前等は纐纈《かうけち》の幔を引く。夜に入り所々に掌燈を供す。階間の左右・東中門の廊・透渡殿。

已上の御裝束、大略前一日に奉仕す。宗經朝臣返り參る。然り而して内々に隆蔭等の奉行奉仕するなり。

壁代赤紐を以て內となし、皆母屋の方に向ふなり。弘長は南方外に向ふ。然り而して失たるかの間、今度は恒の如く懸く。

「〔頭書〕西の鳥居障子、當日放つ。出御の間狹きに依るなり。

西の鳥居障子、西南面二个〔間カ〕□を以て、纐纈の几帳の帷を出だす。

女房釆袖を出だす。押し出だすなり。袴を具ふ。東の間《ま》の東端、柳の衣《きぬ》・裏山吹の表着《うはぎ》・赤色の唐衣《からぎぬ》。同西方に噤《つぐ》む、紅梅の衣・葡萄《えび》染《ぞめ》の表着・裏山吹の唐衣。

西の間《ま》の東、二色《ふたついろ》の衣・紅梅の表着・呉綾□の唐衣。同西、紅《くれなゐ》薄様の衣・萌木《もえぎ》の表着・

葡萄染の唐衣。打衣《うちぎ》・裳・袴等恒の如し。建治は松重《まつかさね》の一色なり。今度は子細有りて色々の衣なり。」

親王內裏に行啓せらる

丑の一點隆蔭內裏より歸參。只今南殿の御裝束を改めて出御。今に於いては定めて漸く行啓かの由を申す。仍て冠・束帯等を着す。此の間已に寅の半ばに及ぶか。關白參り申す、聊か對面

今日の儀違失なし

親王退出せらる

問答。今日の儀違失無し。作法太《はなはだ》神妙の由を語る。一獻了りて東宮既に退出と云々。相續きて已に行啓成るの由を聞く。仍て春宮の在所にゆき、冠禮以後の體を見る。頃《しばらく》して上皇御裝束了りて出御せんとす。相尋《つ》いで傳參るのところ、遲參せしむべきかの由を申すと云々。仍て先づ出御有り。これより先朕西の鳥居障子を出づ。關白進んで簾を褰ぐ。朕外に出で北に向ひて

兩上皇と對面せらる

蹲居。笏を懷中にして簾を褰ぐ。一兩卷く許りの後、起て高く擡ぐと云々。上皇出御。

「（頭書）大治二年以降朝覲の行幸の時、此の事有り。今度模せらるべきかの由申入るゝのところ、然るべきの由仰せ有り。仍て朕御簾に候す。」

御座の前より御着座。御笏を持たしめ給はず。仍て御揖無く御座定めんとするの間、朕起ちて長押《なげし》を降り、南簀子を經て西面の妻戸より入る。關白簾を褰げ卽ち歸參し、上皇の御裾を直す。此の間朕內々に東宮の在所の方を廻り、忩ぎ出御有るべきの由を催促す。經顯朝臣御簾に候するか。其の間の儀見えず。卽ち晝御座に於いて靴を着し東面の妻戸に入る。御座の前に當り拜舞。

親王拜舞

後伏見上皇の御座

花園上皇の御座

量仁親王の御座

殿上人の座

前後の揖恒の如し。訖りて左を廻り本路を經て退下。此の間上皇入御。關白御簾に候す。次に朕西面の妻戸を出づ。關白簾を褰ぐ。簀子を經て階の西の間《ま》に入り、母屋を經て座の後より着座せんとするのところ、縲絅の二帖御座の西方に在り。仍て路無きの間前より着す。右廻り右足を逃し一揖して着座。兼日座の後より着すべきの由、次第に載するのところ、疊敷くの間道無し。是れ何の料の疊か。太《はなはだ》然るべからず。奉行人未練の間、檢知せざるか〻〻。太以て若亡有り。臨期撤する能はず。不可説〻〻。儲皇の拝舞前の如し。事了りて本路を經て入內。此の間卯の半剋に及ぶ。御拝の間庭上に明を立つ。主殿官人南。・召次所西。久（秦）澄・久（秦）文・峯（秦）方褐冠《かちかぶり》を着し、弓箭を帯せず。建治の例なり。・廳官東。等奉仕す。相續いで出御有るべし。而して御遊の所作人皆以て遲參。仍て暫く相待つのところ、冬信卿所勞相扶けて即ち參るの由を申す。然り而して事の體其の期無しと云〻。仍て內〻に女房の狀を以て催促す。此の間關白足所勞の由を稱して早出。午の剋に及びて猶遲參、窮屈なすところを知らず。仍て前右大臣に仰せ合はせ、冬信の參るを待たず、出御有るべきの由治定。若し猶御遊の期に及び不參せば、和琴を略すべきの由を仰す。遲參頗る法に背くの故なり。先づ御裝束を改め、母屋の御簾を垂れ、母屋の御座二枚を引き出だし、階の間の庇に敷く。東西行。其の上に東京錦の茵を加へ、上皇の御座となす。同じく西の間《ま》に西の御簾を副へ、縲絅一枚を敷き、南北行。東京の〔錦脱カ〕茵を加へ、朕の座となす。階の東の間《ま》に同帖一枚を敷き、唐錦《からにしき》の茵を加へ、太子の座となす。南の簀子及び透渡殿に菅の圓座を敷き、公卿の座となす。南階の東西の砌に兩方の殿上人の座を敷く。西、院の御方。東、〻宮の御方。東中門の廊の

參仕の公卿

砌に出居《でゐ》・帯刀の座を敷く。次に上皇更に出御。母屋の當間より御座に着御。前右大臣御簾に候す。次に朕初の戸を出で、南の簀子を經、階の西の間《ま》より入り、座の前より着座、揖有り。前右大臣簾を褰げ裾を直す。次に太子參上。今度は靴を着せず。南の簀子より座の當間に入りて着し、揖有り。次に右中辨宗經朝臣參進し、御目に依り公卿を召す。前右大臣・前權大納言源朝臣通(通顯)。・權大納言同朝臣具(具親)。・權中納言藤原朝臣冬(冬信)。・春宮權大夫同朝臣・右大辨藤原朝臣(洞院實世)・親光朝臣等簀子の座に着す。良《やゝ》久しく衝重《ついがさね》に居《す》う。大臣の前二前、納言一前、一兩居う。以下略す。次に勸盃《けんぱい》宗經朝臣、瓶子國俊。次に侍臣階下《かいもと》の座に着す。東宮の殿上人權大進親名・國俊着す。院の御方の殿上人、後方に依り見えず。追つて尋ね記すべし。次に院の御方の御膳《おもの》。陪膳の權大納言源朝臣(堀川具親)起座、劒を解き笏を指す。打敷《うちしき》白織物。を持參し、御前に敷く。御座に懸けず。又裏を以て面をなす。上皇の御氣色に依り、敷き直す。兩參議數反役送す。一御臺、中央二、左三、右四・五・六、左より次第に置く。折敷《をしき》に一坏を取り、三の御臺の中央に居う。酒盞《しゆさん》・御銚子等氣色にて返す。次に春宮權大夫打敷を取りて參る。作法一に堀川大納言の如し。兩參議幷に四位役送す。次に春宮の御前物、右大辨宰相陪膳たり。四位の殿上人等役送す。打敷蘇芳の織物。半ば御座に引き懸く。一御臺、左二、右三、外方左四、外方右。折敷皆居えずして返す。御銚子簀子より返す。次に五位の殿上人御遊具を置く。

「(頭書)春宮の御膳、傅に送り遣はさる。院の御方の御膳、建治は御所に遣はさるゝか、所見無し。今度は前右府に遣はさる。

院の御方の御前物、光顕朝臣調進。此の方は邦雅朝臣調進。」

「（頭書）樂の間冬定卿拍子を打つ。

冬信卿立柱の時、調子に叶はず。冬定卿傍の座に在りて毎絃指示し、立柱せしむ。輙《たやす》からざるの至りか。」

先づ笛の筥上首の前に置く。次に▨▨比巴〔琵琶〕同じく前右大臣の前に置く。和琴權大夫の前に置く。青海波箏
右大辨の前に置く。

次に通顕卿調子を吹く。呂は安名尊《あなたふと》、鳥の破。律は伊勢海、萬歳樂、三臺の急。抑御遊具を置かんとするの間、これより先上皇入御。朕・春宮等動座。御心喪の間なり。御遊の座に出御、物宜しきに叶はず。仍て早速入御なり。抑今度の御遊沙汰有り。人〻に問はれ、朕の沙汰なり。強ひて憚り有るべからざるの由、關白等計らひ申すの間、行はると雖も、猶事憚りに依り早速入御なり。御遊了り、御贈物通顕卿御本院の御方。を取り、具親卿比巴〔琵琶〕朕。を取り、冬信卿笛女院の御方。を取り、御前に於いて物名を稱すること恒の如し。大進房光・權大進親名・國俊等、透渡殿の邊りに於いて請取るか。見物の女等充満の間見る能はず。これより先公卿等皆起座。前右大臣一人留まり候す。次に御馬二疋重資朝臣・久澄・（藤原）實嗣朝臣・久文等に引く。東の中門に引き出だし、坊の舎人《とねり》請取るか、見えず。次に朕起座、本路を經て入内。

一事の違亂なし

「（頭書）今度公卿に祿を給はらず。諸國對捍の故なり。建治は又公卿早出。大臣一人に給ふ。今度は朕早く入内の間、大臣の祿沙汰無きなり。」

前右大臣簾を擡《もた》ぐ。此の間儲皇動座か、見えず。後日春宮語る。朕簀子に降り、本座に於いて動座。猶然るべからざるの間、簀子に下ると云々。然れば本座に歸り、揖の後起座すべきか。然り而して更に歸座の段、又思ひ得ざるの間、直ちに簀子より起ち去ると云々。此の事誠に不審有るに似るか。今日の事、權大夫遲參過法の間、御遊中の剋に及ぶ。凡そ今日の儀、邂逅の大禮なり。天氣快然、一事の違亂無く、尤も喜悅。就中春宮一失無く、作法神妙の由關白語る。歡悅極まり無きものなり。禁中の儀、節會等諸卿次第を存ぜず、太《はなはだ》以て散々と云々。委細尋ね記すべし。

「（裏書）御前物、公宗卿に遣はさんとするのところ、廿九日・卅日の兩日忩々の間遣はさず。元三又同じ。仍て盛物等皆以て散々の間、紛れて女房ニ給ふ。

實世卿陪膳の作法、聊か存知の如し。自餘は皆兼日用意無きに似たり、如何。實世卿御飯を置くの時、若しくは匕落すの失なり。

冬信卿、御飯蓋を撤せずして供す。前右府指示す。仍て撤するの誤失なり。但し暫くは撤せず。次に御臺持參の時、撤せしむるの例有るか。弘長の朝覲行幸の時か。若しくは又其の時

親王內裏に行啓せらるゝ實狀

天皇東宮御對面は內々の儀

の失か。尋ぬべし。」

後聞く、行啓の路頭天已に明。左兵衞の陣に於いて下車。京極の面、北門なり。化德門を入り、南殿の艮《こん》の階を昇り、壁の外。妻戸に入り、御後《ごご》を經、明義門を出で、無名門を入り、小板敷に昇る。御後を經るの間、地下《ぢげ》の宮司等履を着し、指〔脂〕燭を指すと云々。地下は青鏁〔瑣〕門を入り廊下に候すと云々。上《かみ》の戸《と》の邊りに於いて暫く佇立、經顯朝臣行啓の由を奏し、返り出で、參らしめ給ふべきの由を申す。卽ち上戸を經、直ちに孫廂に上る。長和三年春宮〔敦成親王〕拜覲の路此くの如し。天延は簀子より孫庇に昇ると云々。今度は長和の例を用ふるなり。板を鳴らし用意有るべきの由、兼日朕諷諫す。石灰壇《いしばひのだん》を經、鬼の間《ま》より臺盤所南の障子に入り、朝餉の障子の口に蹲居。御目に隨ひて聊か膝行、朝餉の內に入り、聊か茵を押し上げ膝に懸く。西に向ひて一揖し、裾を引き直すの後、聊か艮に向ふ。主上の御座の方なり。頃《しばらく》して前右大臣參進、今の間に南殿の御裝束御歷覽宜しかるべきかの由を奏す。仍て勅許の間卽ち揖し、西に向ふ。起座して退出。路初めの如し。明義門を入り乾の階を上り、南殿御裝束の儀を歷覽す。其の後明義門を出で、更に無名門を入る。上下の侍妻戸を出で、弓場を經、安福殿の北面に上り、東面を經て南面に入ると云々。此の趣兼日內々に前右府に仰せ談ずるの趣なり。相違無きの由、春宮後日語るところなり。事已に始らんとするの間、公卿遲參の程、先づ萩の戸に於いて又御對面有りと云々。兩度の御對面皆內々の儀なり。兼日拜覲の儀有るべきかの由沙汰有り。而して冠禮は大儀なり。拜覲又強ひて別事無しと雖も、作法等有り。同日の條剋限遲々の基なり。兩度日の內に拜覲又

強ひて然るべからざるか。實の皇太子にあらざるの時の拜觀、天延・長和に先蹤有り。然り而して其の時上皇拜觀の儀無きか。兩所に於いて拜觀又不審有り。仍て今度頗る子細を申すの間略せらるゝなり。但し此の子細に於いては禁裏に申さず。只同日二度の大儀、病體窮屈すべきかの由を申すの間、略せらるべきの由沙汰有るなり。

今度の拜覲先例に違ふ事條々

傳へ聞く、今度先例に違ふ事等

一加冠黑幘を解き、唐匣の筥に返納すべし。而して冠筥に入るゝ事。

一冠禮の後、拜舞の時、賓は東階を昇り、御帳東の間《ま》の簀子に立つべきか。而して御帳の門に當る簀子に立ち、磬折せざる事。

一春宮起居の間、賓贊共に禮節を致さゞる事。或は起座して磬折、或は兀子《ごつし》に蹲居す。前代の例同じからず。今度は一向禮を致さずと云々。

一理髮人柱の下に退き立ち、西面たるべきか。而して乾方に向ふと云々。若しくは御座の方に向ふの意か。如何。

一加冠祝詞の時、置物机の南方に立つの由、代々の記に見ゆ。而して小倚子の面に立つと云々。若しくは說有るか。不審。

一公卿等獻物了りて堂上の時、須く日花門を出で、敷政門を入り、昇殿せしむべきか。而して直ちに軒廊《こんらう》に入ると云々。永承は此くの如し。式に違ひ誤りの由、資房（藤原）卿記に見ゆ。今度若しくは彼の例を守るか。如何。

一餛飩《こんとん》・御飯等の時、大辨居《す》え了るの由を申さゞるの間、上卿直ちに天氣を候《うかゞ》ふと云々。

一春宮安福殿より參上の時、宮司《みやつかさ》等行烈（列、下同ジ）せず。公卿等又皆以て遲參の間、具親卿一人扈從、陣の座無人と云々。又傅前行せず、敷政門の邊りに參會すと云々。是れ前駈靴を持ち逐電、尋求の間遲るゝの故と云々。

「（頭書）具親卿又和德門內許り扈從し、陣の座に着くと云々。兼日の儀、化德門より外に行烈有るべきの由なり。而して御後《ごご》の殿上人・陣頭等は皆以て見えずと云々。不可說の事なり。」

一傅軒廊に於いて前行の間、靴を着せずと云々。是れ猶前駈等逐電の故か。

一休廬の御裝束早速撤却の間、太子重ねて參上の時、良久《やゝ》しく右の青鏁（瑣）門內に佇立すと云々。但し一獻以後早出の時、又休廬の裝束を奉仕し、彼の所に於いて祿を送らると云々。經顯朝臣使たり。

一獻物の諸大夫、獻物を進物所に付するの後、北面より廻すべきか。而して又月花門に歸り入り、馳道《ちだう》を度（渡）りて日花門を出づと云々。

一謝酒の時、春宮の采女遲參の間、主上陪膳の采女、空盞を持參すと云々。

一御乳母・宣旨等、今日慶を申さゞる事。

先例は北の陣に於いて慶を申し祿を給ふなり。而して今度は子細有りて不參。但し寛仁

以往多く以て後日慶を奏す。其の儀に准じ、今日慶を申さゞるなり。

今度沙汰ある事條々

今度沙汰有る事等

一東宮東階を昇るの時、南欄を傍にする事。

昇る時は南欄を傍にし、降る時は北欄に副ふは恒例の事なり。而して正元に沙汰有り、中央を經しめ給ふ。建治又此くの如し。今度は同じく中央たるべきの由兼日定めらる。而して期に臨み、傳軒廊に於いて南欄を傍にせしむべきの由を申す。正元・建治等の儀、東宮仰せらるゝと雖も、猶南欄を傍にすべき由強ひて申し行ふと云々。此の事禮を失するにあらずと雖も、兼日の儀に違ふの間記す。

一謝座・謝酒兩拜の間一揖の事。

正元・建治等の記所見無し。而して關白(此ノ間脱文アリ。)

文書を持たざるかの間、存知せざるの由を申す。而して代々の記、此の事所見無し。建治は長櫃に納むの由膳部參り申すと云々。然り而して信用に足らず。公卿の膳已に辛櫃に納む。太子の膳豈然らざらんや。仍て今度辛櫃二合に納むるなり。

一太子給祿の時作法の事。
大概注し、兼日記し了んぬ。今度窮屈に依り早出の間、此の作法用ひる無し。但し兼日左府・右大將等に仰せ合はさるゝの子細、尤も後鑒に足るか。關白參るの時、仰せ合はさるべきのところ、前の一兩日俄かに足勞の事有りて不參。關白の所存に於いては聞かず。傅又物忩に依り尋ねられず。定めて強ひて所存無きか。此くの如き事、更に無沙汰の仁なり。仍て尋ねられず。

一休廬の事。
御子宿・御輿宿同所たるや否やの事、不審有り。而して右大將資仲（藤原）の節會の抄を以て、勘出の子細、又右に記し了んぬ。指圖追て奉行の宮司に尋ね、續き加ふべし。

一東宮の釆女、裝束を給ふべきの由を望み申す。而して正元の成俊卿の文書に例無きに依り、釆女給はざるの由を注す。仍て其の子細資名に問答のところ、近年諸國の養料無沙汰の間、釆女等皆以て枉（尫）弱、十二人の裝束用意の條、却つて以て叶ふべからざるの由、再三申さしむるの間、養料の事に於いては、本宮方知るべからず。藏人方の奉行に申すべきの由を仰するのところ、藏人方より沙汰有り。人數に分け進ぜらると云々。

一內藏寮行啓の布單《ふたん》幷に休廬の承塵《しようぢん》等、別足を付せらるべきの由を申す。建治の例を勘ふのと

ころ不分明。而して内藏寮の年預注し申す承元・建治等は成功《じやうごう》を付せらるゝの所見、其の上建治は本宮より別足を付せらると云々。仍て今度は足を付し了んぬ。用途帳別紙に在り。委細注し付すと云々。

一内豎別の御訪を給はり、參るべきの由を申す。此の條然るべからざるの上、藏人方より催促せらるべきの由、申すべきかの由を資名に仰す。仍て無爲と云々。

一休廬の御裝束、大略本宮の沙汰なり。而して幔・弘莚等に於いては、官方の沙汰たるの由、承元の圖に見ゆ。件の圖關白所持の本なり。仍て件の所見を以て、（壬生）匡遠に仰するのところ沙汰を致すと云々。

一笋〔筍〕刀《たかうながたな》は累代物の由、承元の野宮左府（徳大寺公繼）記に見ゆ。然り而して在所不分明の間、今度は只尋常の刀三四寸許りの物を用ふるなり。本樣を關白幷に傳等に相尋ぬるのところ、傳古物等を進ず。然り而して寸法以ての外大の間、唐篋筥（マヽ）に納むる能はず。仍て前日俄かに尋常所用の刀を以て磨き、唐篋に納め了んぬ。

一櫛巾《くしきれ》面黑裏白の由、江次第に見ゆ。而して今度建治に所用の物を以て本《もと》となし、調へしむるの間、其の色相違し、面黃裏紫なり。是れ主上御元服の時用ひるところと同色なり。若しくは建治に誤りて調へしむるか。不審と雖も建治の例に隨ひ了んぬ。

一節會の時の御酒盞、建治は臺盤の上に置き、聊か御手を懸けらるゝの由なり。是れ主上・臣

下の作法折中と云〻。而して近年の節會、毎度君臣共に如法飲むと云〻。然れば春宮又飲むべきか。但し頗る難治の間、今度は取り上げ飲む由許りニテ返し置くべきの由沙汰有り。今度主上は實《まこと》に聞食《きこしめ》すべし。臣下は宮司の勸盃《けんぱい》、定めて酒を入るべからざるかと云〻。

一代〻勸盃の由を注す。酒司の儀に准じ、行酒《かうしゅ》の儀たるべきかの由、内〻に兼日禁裏に於いて沙汰有るの由經顯申す。而して當日無沙汰の間、代〻の例に任せ、勸盃の由經顯語る。

一御調度等、今度新調の分幷に古物等を用ひらるゝの目六〔錄〕、委しく別帋に注し、雜文書を加へ了んぬ。宮司の所課又少〻有り。委細別に在り。

一今度料足を付せらるゝ事等、別紙に注し、同じく雜文書に加へ了んぬ。

一今度指圖、同じく文書に加へ了んぬ。

一今度の屯食《とんじき》、公卿定文《さだめぶみ》に見ゆ。但し此内眞實沙汰せしむるの分、不慮に三四具す。

一今度新調の御調度等、寸法幷に繪様寫し、雜文書に加へ了んぬ。

正月十二日借し渡すところの調度、傳の許に返し遣はし了んぬ。
同十五日大夫借し進ずるところの調度等、返し遣はし了んぬ。

已上目錄別に在り。

御調度目録

（端裏書）
「御調度目録今度一定用ひらる丶分。元徳元年十二月廿八日」

一金銀の小倚子《いし》一脚　白堅文《かたもん》織物の褥《しとね》繧繝《うんげん》端《べり》。・紫綾の毯代《たんだい》・鎮子《ちんし》在り。

新調別沙汰。

一白錫の倚子一脚　白唐綾の褥高麗《かうらい》端《べり》。在り。

新調権大進為保の所課。

一平文《ひらもん》の置物机二脚　高麗の敷物臥組《ふせぐみ》の絹緒・綱等。在り。

同亮経顕朝臣の所課。

一御泔坏《ゆするつき》一口　螺鈿。臺在り。

古物御所に在り。

一御唐匣《からくしげ》一合　螺鈿。臺無し。

同

上の懸子《かけご》御本結《もとゆひ》長一筋短二筋紙捻三筋・黒幘《こくさく》等を納む。　中の懸子御櫛四枚・篦子・鋏子・小刀を納む。

身

下の懸子櫛巾・檀紙二枚を納む。紙捻二筋に納むべきか。

納物内の沙汰、櫛巾一重、権亮具雅朝臣の所課。

一四尺蒔繪の御厨子二基紫の堅文織物の地在り。長さ一丈五尺、三幅。鏁有り、差し懸く。

一基禁裏に在り。古物。

古物昭照院に在りと云々。仍て尋ね申すのところ不足。他所の在所不分明と云々。仍て新調のところ、臨期尋ね出ださると云々。然り而して已に新調の上はこれを用ひ了んぬ。

一基新調の御物。藤三位沙汰す。

地一別の沙汰として新調す。

一黑漆の棚厨子四基の內

一基權大進親名調進す。

三基新調。別に沙汰す。

一朱漆の御臺盤一脚帽《も》額《かう》在り。

新調別の沙汰。

一五尺の棚厨子一基御膳宿の料。

御所に在り。古物。修理を加へ用ふ。

一蒔繪の二階一脚

右府より進ぜらる。

一御泔坏一口蒔繪の臺在り。

古物。御所に在り。

一御冠筥一合新御冠を納む。

古物。御所に在り。

賀ゝ計《かゝげ》（掻上）筥なり。

一御唐匣一合臺在り。鏡筥・櫛・髪掻《かうがい》・鋏・刀・粉袋包・針・糸等を納む。

右府
執柄より進ぜらる。納物内ゝ別に沙汰す。

一御脇息一脚

右府より進ず。

一大文高麗端の疊二帖

持明院殿より渡さる。

一東京錦《とんきん》の茵一枚

大夫進ず。

一御休廬の御簾

六條殿より借り渡す。

一同御疊二帖大文。

同じ。

一東京錦の茵一枚

晝御座《ひのおまし》の茵に渡す。

一龍鬢《りゅうびん》の莚一枚

右府進ず。

一四尺の几帳一基手在り。

晝御座の几帳に渡す。

一五尺の屛風二帖

持明院殿より借り渡さる。

一紫端の疊六帖

持明院殿より借り渡〔被脱カ〕さる。

一御服の事

一具　永福門院の御沙汰。

一具　大夫調進す。

一具　内〻の沙汰。

一牙御笏筥在り。

御所に在り。

一御劔螺鈿。

御所に在り。大夫進ず。

一御平緒《ひらを》紫淡。

御所に在り。権大夫進ず。

一御忩鞋《さうかい》〔草〕

八幡より進ず。

一御帯

御所に在り。

一御靴《くわ》

御所に在り。執柄一足。二条前宰相（資親）一足調進す。

一御浅履《あさぐつ》

御所に在り。御服所調進す。

一衣筥一合織物の裏在り。先例打裹たるか。

（裏書）「元徳元十二月廿八日元服調度」

大夫進ず。内々御服北廂に渡すの料。

一加冠の装束一具

大夫調進す。

衣筥一合新調。別に沙汰す。

花足《けそく》一　同上。

高机一脚新調。大進房光の所課。

一理髪の装束一具

今度略せらる。権大夫の懃仕。理髪の故なり。

花足・机等新調すと雖も用ひず。

一祿の辛櫃《からびつ》三合の内

二合　権大進宗光の所課。新調す。

一合　少進時兼の所課。東京〔錦脱カ〕の茵。古物の替りに用ふ。

元徳元年十二月廿八日

「元弘元年」（元弘元年十月ヨリ十二月ニ至ル記ハ、一巻ヲ成シ、同年月具注暦ニ書記セラル。）

〔十月小 己亥〕

後醍醐天皇笠置落城の後取り奉らる
御服等進ずべし

〔一日。癸卯。〕卯の剋聞く、先帝（後醍醐天皇）已に城中を遁れ出で給ふの間、武士取り奉ると云〻。亂髪に小《こ》袖《そで》一・帷《かたびら》一を着せらると云〻。仍て御服を忩ぎ進ずべきの由武家に仰せらるゝの間、内裏に留め置かるゝところの御服渡さるべきかの由、西園寺大納言（公宗）申す。仍て御唐櫃《からびつ》一合・御冠筥一合、同じく遣はさる。生虜幷に自殺人數有りと説く。武士等見知せざるの故か。宇治の住人房資・松井・深津等召取るの由風聞と云〻。

〔二日。甲辰。〕

伏見天皇御月忌

〔三日。乙巳。〕今日御月忌。猶御幸する能はず。

花園上皇劒璽を渡し奉るべき由を傳へらる
後醍醐天皇六波羅に移さる

〔四日。丙午。〕今朝武家の使者を召し、重ねて劒璽渡し奉るべきの由を仰す。資名卿（日野）を以て委細仰す。今曉寅の剋、先帝六波羅南方に迎へ奉り、御在所となすと云〻。

〔五日。丁未。〕夜に入り西園寺大納言參り申す、武家劒璽を渡し奉るべきの由を奏聞す。明日早

除目

旦上卿《しやうけい》已下參り向ふべきの由を仰せ合はさる。今夕能く守護し奉るべきの由同じく仰せらる。今日除目。權中納言公重(西園寺)・實尹(今出川)、參議經顯(勸修寺)・忠兼(正親町)、右大辨長光(葉室)、左中辨宗兼(中御門)、右中辨賴教(藤原)、少納言親名(平)、民部卿長隆(葉室)。

劒璽光嚴天皇の許に渡御せらる

〔六日。戊申。〕

今日武家より劒璽渡し奉るべきの由を奏聞す。上卿・參議等の參向遲々夜陰に及ぶ。時益(北條)の宿所六波羅南方。より劒璽を渡し奉る。上卿權大納言具親(堀川)卿・參議左兵衞督光顯(葉室)朝臣・次將右中將實繼(三條)朝臣・□(左少將季)(坊門)隆・辨房光(日野)・職事定親(冷泉)。此の外頭内藏頭隆蔭(四條)朝臣參向。職事二人・□(實繼カ)朝臣等先づ檢知を加ふ。劒璽各櫃を作り納められ、御冠筥の臺に置かると云々。大藏省の辛櫃《からびつ》を召し納む。兼□□□(日内ミカ)省に仰するなり。路の間步行。勇士等を□(以カ)て警固、同じく步行供奉と云々。別記に在り。

火事
火災法成寺に及ぶ

〔七日。己酉。〕午の終り北方に火有り。大炊御門朱雀。西頬と云々。人々群集す。餘炎法城(成)寺に及ぶ。阿彌陀堂回祿し了んぬ。

富小路殿に御幸

〔八日。庚戌。〕今日富少(小)路殿に御幸、南殿□(及カ)び清涼殿等を歷覽す。洗ひの最中なり。地下《ちげ》に降り所々を歷覽す。

後醍醐天皇尊澄法親王等を檢知し奉るべし

先帝を檢知し奉る事、猶武家申す。而して仙洞より檢知せらるゝの條、旁斟酌無きにあらず。

内々便宜の仁を招請宜しかるべきか。為世(御子左)大納言入道の一族、妙法院(尊澄法親王)・中書王(尊良親王)等を見知すべきの仁なり。其の次《ついで》に先帝を見奉るの條宜しかるべきかの由、内々仰すべきの由を仰せらる。

西園寺公宗同天皇を検知し奉る

〔九日。辛亥。〕西園寺大納言申す、去夕六波羅招請の間、行き向ふのところ、即ち先帝を見せしめ給ふ。種々仰せらる。女房参る事仰せらると云々。これより先為冬(藤原)参ると雖も、議有りて空しく歸ると云々。是れ猶公宗卿宜しかるべきの由存ずるの故か。

尊良親王の検知

〔十日。壬子。〕今日公重卿参り、中書王を見ると云々。

尊澄法親王の検知

後醍醐天皇の皇子等の年齢を注進すべし

〔十一日。癸丑。〕今日兼運、尊澄親王を見るの由参り申す。公宗卿参り申す、先日仰せ下さるゝ宣房(萬里小路)卿已下解官の事、時宜に在るべきの由を申す。又先帝の宮々の年齢注し給ふべきの由を申す。

公宗卿を以て申さるゝ一宮(尊良親王)の御文庫文書、目六(録)無しと雖も、日來聞食《きこしめ》し及ばるゝ記録幷に後宇多院御奥書の書等、先づ渡し進ぜらるべきの由、内々有光(六條)卿に仰すべきの由を仰す。

一條北に火あり

今夜北方に火有り。一條の北邊と云々。

〔十二日。甲寅。〕今日富小路殿に御幸、皇居の體を歴覽す。

光嚴天皇富小路殿に行幸せらる

〔十三日。乙卯。〕富小路の皇居に行幸。車を前内府(洞院公賢)第の門前に立て、申の半ば行幸過ぎ了りて還御。委しくは別記に在り。

京都騷動合戰に及ばんとす

〔十四日。丙辰。〕陰、少雨灑ぐ。今日辰の剋許り世間物忩。尋聞のところ、去夕關東の飛脚到來の間、武士等騷動、時知（小田）の宿所を圍み合戰に及ばんとす。而して六波羅より制止を加ふるの間、先づは靜謐に屬すと云々。衆口嗷々。不可說々々々。

〔十五日。丁巳。〕

〔十六日。戊午。〕

始めて名謁あり

〔十七日。己未。〕晴。今夕始めて名謁《なだいめん》の事有り。實敎（小倉）卿已下の卿相雲客五十餘人、下北面景繁（大江）已下廿人許り。卿相雲客弘御所の前に列立し、東面の妻戸を開き、左右に掌燈を供す。一人別に出でゝ妻戸の前に蹲居し名謁、北方に過ぐ。是れ弘御所の緣狹少の間、此くの如き沙汰有り。是れ後宇多院の御所□（始カ）めて此の義（儀）をなすと云々。

〔十八日。庚申。〕

大神景朝笙五管を執進す

名笛柯亭追て尋究せらるべし

〔十九日。辛酉。〕今日幾佐氣繪・法華寺・文丸・白樺（マヽ）等の笙五管、景朝（大神）執進す。是れ先日兼（豐原）秋の許に罷り向ひ、武士預る。筑前々司貞知と云々。相尋ぬるのところ、相違なし。執進するところ大略相違無きか。尤も爲悅。柯亭の事、又申す旨有り。追て尋究せらるべきなり。

鎌倉幕府使者に事書三箇條を下賜せらる

〔廿日。壬戌。〕晴。戌の始め東使兩人高景（安達）・貞藤（二階堂）法師道蘊。參入。西園寺大納言御事書《ことがき》を持ち、兩使を切妻に召して給ふ。道蘊取ると云々。殿上の上《かみ》の戸《と》の邊りに於いて伺ひ見ると雖も、不分明。御事

事書條々

書、
一践祚の事
一政務の事
已上の兩條計らひ申さるゝの旨、殊に悦び思食《おぼしめ》さる。
一立坊の事
沙汰有るべきの由、土御門内親王（禖子内親王）に申され了んぬ。
院宣は副へられず。直に下し給ふの故なり。馬二疋内々兩使に給ふ。是れ御所に召さるゝの故なり。
「（頭書）高景に於いては、正安の時顯（安達）參入の例を以て參入。道蘊に於いては家例無し。然り而して兩使として上洛の間、召さるゝの上は、御馬又同前たるべきかの由、大納言（西園寺公宗）計らひ申す。仍て二疋遣はさるゝなり。」

楠木正成の赤坂城落居を待つ

「（裏書）御事書を給ふの次《ついで》に仰せて云ふ、天下未だ靜謐ならざるか。楠木の城合戰落居の程、御返事を給ふと雖も、暫く在京すべきの由を仰せらる。畏り承り了るの由を申す。後日公宗卿語りて云ふ、子細の旨高景に仰せ含む。上首たるの故なり。御事書に於いては道蘊に給ふ。是れ先日の御函道蘊持參の故なりと云々。

禖子內親王の女院號宣下及び故邦良親王の御子立坊あるべし

柯亭の事武家に仰すべし

崇明門院宣下皇子康仁の命名立親王行はる

今夕御馬を兩使に引かる。高景申して云ふ、御馬を下さるゝの條、殊に畏り入る。詞を加へ披露すべしと云々。道蘊申して云ふ、眉目の至り、殊に詞を加ふべしと云々。」

〔廿一日。癸亥。〕通顯(中院)卿を以て、內親王(禖子)より立坊の事を申さる。內親王の院號廿五日たるべしと云々。立坊は來月七日と云々。每事御計らひたるべきの由を申さる。諾《うべな》ひ申され了んぬ。廿五日の院號定公卿御點、卽ち關白の許に遣はされ了んぬ。通顯・具親・實忠(三條)・公宗・師平(鷹司)・冬信(大炊御門)・公淸(德大寺)・長定(花山院)・公重・經顯等の卿、顯家(北畠)・有光・々顯等の朝臣なり。柯亭已下の事、武家に仰すべきの由、今日委細を仰せらる。

〔廿二日。甲子。〕

〔廿三日。乙丑。〕

〔廿四日。丙寅。〕大安寺上人參り、大菩薩・御弓箭等を返納せらる。後日記すの間、其の日分明ならず。此の事廿二三日の事か。通顯卿參り申す院號・立親王等の條々、每日の事なり。今日殊に終日沙汰有り。

〔廿五日。丁卯。〕院號(崇明)・立親王(康仁)の事、上卿通顯卿、公宗卿・公重卿・有光・々顯等の朝臣なり。親名の名字(王)在淳(菅原)勘申す。廉の字、此の字の說文尺仄なり。然るべからざるの由朕仰す。仍て通顯卿重ねて在淳に仰す。內々に有忠(六條)入道繼の字を撰び申し、用ひられんとするのところ、繼仁

は親王の名字なり。仍て剋限遅〻の間、院《（後伏見上皇）》の御方に申し入る。仍て通顕卿の許に仰せ遣はされ、康の字を用ひらると云〻。爾雅の尺苛なり。然り而して文徳・光孝等の例存す。何様たるべきやの由、予仰せ遣はさるゝところなり。泰又無難か。然り而して本所康の字を用ひられ了んぬ。

〔廿六日。戊辰。〕

〔廿七日。己巳。〕此の間連日通顕卿參り申す立坊の條〻、毎日委細記すに及ばざるものなり。

除目

〔廿八日。庚午。〕京官除目。執筆具親卿、清書上卿公重卿、參議光顕朝臣。代始め十月一夜の例、圓融院安和の例なり。又六條院此の例有り。吉凶相交るの間用ひられ了んぬ。明日日蝕の剋限に及ぶべきの間、一夜催し行ふ。

「神《（裏書）》祇伯業清王・大納言忠輔《（粟田口）》・通顕・中納言實任《（三條）》還任。・權中納言頼定《（冷泉）》・參議公名《（大宮）》・左大辨長光・右大辨宗兼・左中辨頼教・右中辨經季《（中御門）》・按察資名等なり。自餘記す能はず。從二位俊兼《（藤原）》・正三位公躬《（三條）》。去年正月五日の位記を給ふ。」

金澤貞冬に御馬を賜ふ

今夕御馬を貞冬《（金澤）》に引かる。明曉下向の故なり。又内〻の御書を公宗卿の許に遣はさる。今度中書王の事、殊に神妙の由を載せらる。是れ内〻密〻に申し請くるの故なり。然るべからずと雖も、懇切に申すの上、外見に及ぶべからずと云〻。仍て遣はさるゝ□《（ところ）》なり。

〔廿九日。辛未。〕通顕卿参り申す、立坊の御祈り五壇法阿闍梨の事。

今夕宮司修理の日時定。上卿西園寺大納言參行と云々。

〔十一月大 庚子〕

日食正現せず

〔一日。壬申。〕雪降ること平地三寸餘。日蝕諸道一揆。而して正現せず。當代の始佳瑞と謂ふべし。尤も珍重々々。況んや五壇の御修法以前、先例無きの間、御祈を行はれざるの間、法驗と謂ふべからず。偏《ひとへ》に是れ聖運の然らしむるなり。尤も欣悦すべきのみ。

〔二日。癸酉。〕

伏見天皇御月忌

〔三日。甲戌。〕今日御月忌。安樂光院に向はず。子細前月に同じ。

立坊御祈の五壇法行はる

〔四日。乙亥。〕今夕より立坊の御祈五壇法行はる。又立坊定と云々。大納言通顕(中院)・權大納言公宗(西園寺)等の卿、參議有光(六條)朝臣等參る。崇明門(院脱カ)の殿上に於いて行ふ。院司右大辨宗兼(中御門)朝臣書すと云々。是れ寛元の后宮の時、大進書すの例なり。

通顕卿參り、宮司等の事を申し定む。

修法交名

(裏書)「中壇は道昭僧正、降三世は公嚴僧正、軍荼利は行順法印、大威德は經禪法印、金剛夜叉は忠

性法印。密宗の公請、功を積まざるの人なり。又顯を以て宗と爲し、五壇の參懃、然るべからざるか。然り而して阿闍梨闕如の間、度〻延引の上、本所已に催さると云〻。仍て申し止むる能はざるなり。」

除目加任

〔五日。丙子。〕晴。今夕除目の下名《おりな》の次《ついで》に加任。參議藤公有（一條）兼任右兵衛督。・平宗經兼任宮內卿。・正二位藤道教（九條）・從三位源顯家（北畠）。職を罷め敍す。是れ坊官の賞を以て、具親卿上階に敍するの間、愁ひ申す。賞たるの上は、然るべからざるの由仰せらるゝのところ、辭職懇切に申すの間許さる。

辭退參議藤實顯（西園寺）・源顯家。

齋宮の事御返事、今日仰せらる。裏に在り。

大佛貞直下向につき御馬を賜ふ
足利高氏には賜らず

陸奥守貞直（大佛）、明曉下向の由、西園寺大納言を以て申し入る。仍て御馬を引かる。足利高氏先日下向には御馬を給はらず。一門にあらざるの上、暇を申さゞるの故なり。

中宮藤原禧子を西園寺家に移し奉るべし

「（裏書）齋宮の事、元の如く沙汰有るべきの旨、關東申す。又中宮（藤原禧子）西園寺家に移し奉るべし。扶持申すべきの由、西園寺に申すべしと云〻。仍て兩條御返事を仰せらるゝのところ、」（以下缺ク。）

〔六日。丁丑。〕

〔七日。戊寅。〕

康仁親王の立太子節會

〔八日。己卯。〕晴。立太子節會なり。內辨右大臣（久我長通）。除目御前の儀先例に同じ。宮司裏に注す。內辨不練と云〻。尤も不審。又除目の時失有りと云〻。壺切朝餉《あさがれひ》より出ださるゝの由、正應の御記に見ゆ。而して關白（鷹司冬教）鬼間《おにのま》たるべきの（由脱カ）稱すと云〻。先例未だ勘へ得ず。若しくは是れ大內《おほうち》の儀か。

宮司交名

「（裏書）傳右大臣源長通　學士藤原家倫四位。
大夫大納言源通顯　權大夫權中納言藤原公重（西園寺）
亮右大辨藤原宗兼　權亮右近中將藤原俊季
大進藤原經重　權大進藤原隆經　少進藤原資顯
權少進藤原家俊　大屬紀職直史。　權大屬安部（倍）資憲
少屬安部（倍）資勝　主膳正中原職右
主殿首源康基　主馬首中原有景
學士以下小《こ》折紙《をりがみ》に載せらる。傳勅語を以て任ぜらる。

出仕公卿

出仕の公卿
右大臣・大納言通顯・中宮大夫實忠（三條）・權大納言公宗・權中納言公淸（德大寺）・公重・長定（花山院）・參議經顯（勸修寺）・有光・ゝ顯（葉室）等なり。
後聞く、執筆の作法太《はなはだ》以て散ゝと云ゝ。」

〔九日。庚辰。〕

幕府の密書内裏に進めらる

〔十日。辛巳。〕晴。今日武家密ゝに關東の狀を進ず。其の狀の函の上書《うはがき》に、越後守殿（北條仲時）沙彌崇鑑（北條高時）と云ゝ。此の函武家幷に西園寺大納言（公宗）開くべからず。直に御所に進ずべしと云ゝ。件の狀に云ふ、

鑾繪の手箱見えず

內裏に残留せらるゝ御具足の內、鑾繪《ばんゑ》の御手箱密ゝに申し出でらるべし。定めて御封を付置せらるゝか。其の如く下さるべしと云ゝ。而して件の手箱見えず。仍て宸筆を以て仰せらるゝ御返事に云ふ、鑾繪の御手箱の事、仁壽殿の御厨子の手箱に於いては、納物無し。其の外鑾繪の手箱見えず。若しくは紛失せしむる。（か脱カ）尤も不審なるものなりと云ゝ。公宗卿即ち御返事を武家使者両檢斷と云ゝ。に給ふ。中門の外に於いて給ふなり。

「（裏書）夜に入り公宗卿重ねて參り申して云ふ、武家關東の狀拜見すべきの由を申す。御返事仰せられて云ふ、關東直に進ずるところの狀、武家に下さるゝの段、先規無きの間、頗る以て難治なり。但し殊なる事にあらず。尋ね申し入るの事有るの間、御返事を下さるゝなりと云ゝ。此の趣大納言（西園寺公宗）即ち仰す。次に私に尋ねて云ふ、關東の申し出で拜見すべし。申す旨有るの由、武家申すの上は、件の狀を進ずべきかの由、內ゝに仰すべきかの由、朕密ゝに仰す。大納言承諾し退下す。今日長隆卿（葉室）聊か酒膳を設く。前右大臣（今出川兼季）又院（後伏見上皇）の御方に於いて酒膳を設く。終夜曉に及び酩酊して分散す。前右大臣・公秀（三條）・公宗・頼定（冷泉）・兼高（藤原）等の卿、隆蔭（四條）朝臣等候す。」

〔十一日。壬午。〕御即位官方の奉行人頼教（藤原）、所労に依り子細を申す。仍て房光（日野）に仰せらる。少辨例無しと雖も、闕如に依り仰せられ了んぬ。裝束司にあらずして奉行の例有りと云ゝ。

〔十二日。癸未。〕

長講堂供花行はる

花園上皇の御幸なし

花園上皇長講堂に御幸供花せらる

夜陰怖畏あり武士警固を嚴にす

賀茂社司死人の穢を以て社務の改補を訴ふ

〔十三日。甲申。〕晴。今日より長講堂に於いて供花。是れ毎年秋季の分なり。去る九月天下の亂に依り延引、今月行ふ。而して御幸の事内々武家に仰せ合はすのところ、所々の惡黨猶未だ靜謐せず。旅御所尚暫く御用意有るべきかの由、西園寺大納言申す。仍て御幸無し。陽德門院(媖子内親王)并に准后(藤原相子)居住《ゐずまひ》に行ふ。兼日の事、房光奉行す。而して御卽位の奉行に依り、計會の由を申す。仍て供花中の事奉行すべきの由、親明(平)に仰せ了んぬ。

〔十四日。乙酉。〕終日公卿補任を抄出す。是れ任官の事なり。

〔十五日。丙戌。〕

〔十六日。丁亥。〕晴。今日白地《あからさま》に長講堂に幸す。供花のためなり。公宗卿車を寄す。隆蔭・教行(山科)等の朝臣、忠季(正親町)騎馬總鞦《ふさしりがい》。供奉す。北面光忠以下三四人、召次所延方(秦)・久澄(秦)共に在り。關白參會。供花出座例の如し。關白・西園寺大納言等座に候せしむ。供花了りて入內。卽ち御月忌を始む。長隆・資名(日野)等の卿着座。夜陰怖畏有り。仍て未だ事了らざるの前起座。御月忌聽聞の間、關白を召し對面す。抑今日警固の事武家に仰す。仍て武士等多く門の內外に候す。路次の警固に於いては、事の煩有るの間仰せず。晩に及び歸院の後、上皇召有り。仍て參り承るのところ、只今賀茂社々司等列參、社頭に死人の穢有り、社務信久改補せらるべきの由を訴へ申す。信久又參り、穢無きの由を申す。而して重々俊實(坊城)卿を以て御問答の間、大□(率)〇裏書ニ續ク。

關白以下諸人社務の改補に及ぶべからずといふ

（裏書）「穢に於いては勿論か。彼の死人未だ氣絶せざるの由、下人稱するの由申すと雖も、委細尋ねらるゝのところ、猶慥かならざるの間、先づは穢の由に定められ了んぬ。而して社務を改補すべきや否やの事に於いては、追て究めらるべきの由を仰せられ了んぬ。」

〔十七日。戊子。〕晴。賀茂神主幷に社司等列參、訴へ申す觸穢の事、人〻に仰せ合はさるべきの由沙汰有るの由、俊實語る。神主信久觸穢の時を勘ふるに、社務罪科の例に及ばず。社司等に於いては尙罪科を行はるべきの由訴へ申す。兩方例有りと云〻。此の事後日人〻に問はる。關白・三公（基嗣・長通・季衡）・前右府・西園寺大納言・按察（日野資名）。大略改補に及ぶべからざるの趣なり。又法家に問はる。明清（坂上）・章敦（中原）。又以て同前。章敦隱穢の罪に依り、改補せらるべきの由を申す。而して事の儀眞實の隱穢に及ばざるの間、今度改補せらるゝの儀、又鴨社の例尋ねらるゝのところ、此くの如き觸穢の時、社務罪科に及ばざるの由、先例を勘へ申す。仍て彌勿論なり。但し穢の所造替の事、先例不分明。然り而して造替猶宜しかるべきかの由沙汰有り。

〔十八日。己丑。〕

〔十九日。庚寅。〕

供花結願後伏見上皇御幸有り

〔廿日。辛卯。〕晴。供花結願。上皇御幸有り。朕風氣に依り寺門に向はず。夜に入り還御。武士等召し具せらると云〻。御幸の時、路頭に於いて小喧嘩の事有るの故なり。但し別事にあらざるか。

山門神輿歸座の院宣子細あるべからず

卽位及び由奉幣行幸警固の事

幕府元德年號を記す事別の子細あるに非ず

卽位の儀延引に治定す

後鳥羽上皇御影に法華經を讀誦せしめる

山門院宣の事、武家に仰せ合はさる。又由の奉幣行幸警固の事、委細同じく仰せ合はさる。

〔廿一日。壬辰。〕山門の事、神輿歸坐〔座〕異議を存ずる衆徒等、陰謀與同の條、疑殆無きにあらず。交名《けうみやう》を注進すべきの由、院宣を下さるゝの條、分明の白狀無し。然り而して此くの如く院宣に載せられ、子細有るべからざるの由を申す。又御卽位幷に由の奉幣行幸等の警固の事、仰せ下さるに隨ひ沙汰を致すの條、子細有るべからず。但し警固の武士と雖も、猶不審無きにあらず。怖畏有るべきかの由を申す。又改元の事、關東元德と書くの條、強ひて別の子細にあらず。只改元の詔書下し遣はさゞるの故なり。然らざれば、若しくは御卽位延引すべきかの由沙汰有り。明日關白以下に仰せ合はさるべしと云々。

夜に入り院の御方に於いて、酒膳の事有り。通顯・公宗の兩卿設く。卽ち祗候す。

〔廿二日。癸巳。〕晴。御卽位延否の事、職事を以て關白・三公・前右府等に仰せ合はさる。面々延引宜しかるべきの由を申す。仍て明春三月たるべきの由治定す。職事定親（冷泉）未練の間、父卿（賴定）相副へ所々に罷り向ふなり。

行法等例月の如し。今日御影《後鳥羽院》の御前に參り、法華經序品を讀む。是れ去る比《ころ》より此の御所に渡さるゝなり。慈快に仰せ、法華一部を讀ましむ。

〔廿三日。甲午。〕晩頭勸盃の事有り。是れ入道右府（花山院家定）酒膳を獻ずるの故なり。上皇入御有り。男等

障子の外に候す。隆蔭朝臣を御前に召し、庖丁せしむ。

同御影前の行法を慈快に仰せらる

今日より、後鳥羽院御影の御前に於いて、毎日の行法一座懃仕すべきの由、慈快に仰せ了んぬ。

行啓始延引に治定す

〔廿四日。乙未。〕晴。通顕卿参り行啓始の延否の事を申す。子細大略即位の儀に同じ。延引宜しかるべきの由を答ふ。大夫承諾す。宮司加任の事同じく申す。院の御方に申し入るべきの由を仰す。是れ坊中の事等細々申し合はされ、御忩劇の最中、或は御忘却の事有り。朕に聞くべきの由仰せ有るの故なり。今日御禊の御帯劒の事を尋ぬ。平野・梅宮等御帯劒有るべきの由答へ了んぬ。是れ一向御帯劒無きの説有りと雖も、近代は社に依り有り。是れ常説の故なり。

平野社臨時祭

〔廿五日。丙申。〕今日平野臨時祭。日次宜しからざるの間出御無し。此の事猶不審。然り而して弘安十一年故院(伏見天皇)の御記に所見有り。仍て此くの如し。

幕府使者太田時連及び長井高冬京著す

今夕夜に入り東使道大(太田時連)京着と云々。

〔廿六日。丁酉。〕今日東使高冬(長井)入洛と云々。

今日經顯卿養ふところの宮參入す。深鍛《ふかそぎ》〔除〕のためなり。

日吉社神輿歸座す

日吉神輿三社歸坐〔座〕と云々。

僧正覺尊參り對面せらる

〔廿七日。戊戌。〕陰。夜に入り覺尊僧正參り、對面す。今日隨身等を召し、座次の事を問答せしむ。長隆問答す。前右府・西園寺大納言等に仰せ合はすべきの由を仰す。

今日日吉神輿悉く以て歸坐〔座〕。末寺・末社門戸を開くと云々。是れ先日嚴密の院宣を下さるゝの故なり。尤も以て神妙。

東使持參の事書三通

後醍醐天皇等への對應

〔廿八日。己亥。〕晴。亥の剋許り西園寺大納言參り、東使申す旨を申す。事書《ことがき》三通有り。一に云ふ、踐祚以後天下無爲に屬し賀し申し入るべしと云々。一に云ふ、齋宮の御事、始終落居の儀、御計らひ有るべきの由申し入るべしと云々。又一に先帝(後醍醐天皇)の御事、緇素の罪名已下十餘个條を一通に書き連ぬる、聖斷たるべきの由を申す。關東の計らひたるべきの由を仰せらる。公宗卿に書き遣はすべきの由を仰せらる。先々は執權の仁書す。而して今度は重事たり。執奏書すべきかの由朕申す。然るべきの由仰せ有り。仍て當座に草す。御返事頻りに忩ぎ申す。明日兩使を招請すべきの由を申し退出す。

泉涌寺全信來り受戒せらる

大唐の義銛俊芿に贈りし書

〔廿九日。庚子。〕泉涌寺全信上人參る。受戒例月の如し。一紙の法文を持參す。刹那すべからずして此の義無しと云々。是れ大唐の義銛法師の泉涌寺開山長老(俊芿)に贈れる書なり。天台宗門兩宗の肝心と云々。

東使また西園寺第に到る

〔卅日。辛丑。〕晴。東使今日又西園寺大納言の宿所に向ふ。夜に入りて參り、子細を申す。記す能はず。

關白參入、對面の次《ついで》、除目執筆の子細等を問ふ。大間《おほま》を繆《く》る事等を委しく問ふ。四所に籤《くじ》を放

つ事、當家知らず。知足院(藤原忠實)・法性寺(藤原忠通)度々執筆此の事無きか。凡そ事の儀不審。而して一條の家祕事たり。不審の由を申す。自餘記す能はず。

〔十二月小辛丑〕

關東の貢馬御覽ぜらる

〔一日。壬寅。〕晴。關東、馬幷に種々の物等を貢ず。南庭に於いて馬を覽る。前右大臣(今出川兼季)冠、直衣。東の座。座無し。・西園寺大納言(公宗)・按察(日野資名)直衣。以上西。簀子に候す、北面景繁(大江)已下引く。久文(秦)・重弘(秦)・峯方(秦)等騎る。延方(秦)・久隆等所勞の由を申し、乘らず。各三匝《めぐ》りて下馬。六馬以下、暗に及ぶの間松明を擧ぐ。上皇(後伏見上皇)御直衣、簾中に御坐(座)。

除目

朕同じく直衣、階の西の間《ま》に在り。今夕除目。任人裏に注す。

「(裏書)
権大納言藤原長隆(葉室)　藤原冬信(大炊御門)
権中納言藤原俊實(坊城)　參議藤原隆蔭(四條)
少納言高階茂經實經の子。
左近中將藤原、、(マヽ)　同家淸
右兵衞督藤原隆蔭兼。　賀茂臨時祭使闕如の間、參議に任ず。武衞を兼ね勲仕すと云々。
大〔太〕宰権帥藤原俊實兼。

正三位高階雅仲

藏人頭右近中將藤原（三條）實繼

辭退

大納言藤原（粟田口）忠輔　參議藤原（葉室）光顯臨時祭使闕如の間、借り召さるゝの由仰せらる。實儀子細有り、密事に依り聞かれず。」

貢馬御覽

〔二日。癸卯。〕今日內〻に貢馬等を御覽。一・二・四・五・八は御廐を立たる。三・九は東宮（康仁親王）に進ぜらる。六は關白（鷹司冬教）に給ふ。七は西園寺大納言、十は前右府に給ふ。御覽の間、前右府・三條前大納言（公秀）・西園寺中納言（公重）・按察・帥中納言・右兵衞督等御緣に祗候。東面に於いて簾を懸け覽る。久文・重弘乘る。

春日臨時祭使發遣

今日臨時祭。

「（裏書）春日臨時祭使宰相中將公有（三條）卿、舞人四位四人、五位五人、六位一人と云〻。庭の座五獻、轉《てん》盞《さん》の儀有りと云〻。內大臣（大宮季衡）以下十人着座と云〻。上皇御車を此の院の門前に立て御見物。朕風氣に依り見ず。使の行粧《ぎやうさう》神妙の由聞く。御車の前に於いて騎馬せずと云〻。先例尋ぬべき事なり。」

伏見天皇御月忌

後伏見上皇安樂光院に御幸

〔三日。甲辰。〕御月忌。安樂光院に御幸。朕咳氣に依り向はず。目又痛み有り。

北野祭及び同臨時祭

〔四日。乙巳。〕北野祭、同臨時祭。御禊例の如しと云〻。今朝魚味を供せらるゝの由、勾當內侍

語る。御禊の剋限に御行水有るべきの由申し了んぬ。
馬長《うまをさ》御覽。東面の庭に於いて此の事有り。朕咳氣に依り見ず。

北野競馬

〔五日。丙午。〕北野の十列、雨に依り延引すべきの由沙汰有るのところ、未の剋許り天晴る。仍て發遣せらる。召次所四人已下、本府の輩參懃す。先づ西より東に度〔渡〕る。中門の外に於いて騎馬。居飼《ゐがひ》の舎人《とねり》等渡し了んぬ。十列御前に渡り、幣を以て先となす。後鳥羽院の御記に猿樂の如き參ると云々。然り而して近代は參らざるか。公宗・資名等の卿直衣にて御前に候す。朕咳氣に依り、同所より同じく見る。今日永福門院(藤原鏱子)御幸。晩に及び朕相扶けて女院の御方に參り、永福門院に謁し奉る。

猿樂

花園上皇永福門院に謁せらる

〔六日。丁未。〕
〔七日。戊申。〕
〔八日。己酉。〕
〔九日。庚戌。〕
〔十日。辛亥。〕
〔十一日。壬子。〕
〔十二日。癸丑。〕

光嚴天皇永福門院方に御逗留

〔十三日。甲寅。〕行幸、御逗留なり。次第例の如し。右宰相中將公有。劒璽の役を勤む。北面假に内の御方となす。に於いて破子《わりご》を開く。曉更に及び寢に着く。小雨降ると雖も晴の儀なり。大炊御門京極の邊りに於いて見物。歩儀なり。實忠卿（三條）已下十二人供奉す。今夜同じく名謁《なだいめん》・鈴奏例の如し。

還御

〔十四日。乙卯。〕晴。主上（光嚴天皇）・ゝ皇（後伏見）等御歴覽。其の後酒膳を供す。公宗卿陪膳たり。子の剋許り還御。鈴奏例の如し。次將これより先階前に渡り、此の事沙汰有り。然り而して先例兩様なり。今日奉行の職事の所爲に任《まか》す。

〔十五日。丙辰。〕

〔十六日。丁巳。〕

內侍所御神樂

勝光明院の箏琵琶等檢知せらる

〔十七日。戊午。〕今夜內侍所の御神樂なり。勝光明院寶藏の箏・比巴（琵琶、下同ジ）を出ださる。是れ紛失の物檢知のためなり。重寶等、沉・錦等一物も違はずと云々。不可說。箏古上。・和琴荒上。・比巴小比巴。等を出だす。

〔十八日。己未。〕

蓮華王院の箏書籍等出され檢知せしめらる

〔十九日。庚申。〕蓮華王院寶藏の箏六張・書籍等を出だす。爲治（中御門）參向す。書籍檢知のため、公時（菅原）を副へらる。是れ紛失の物等檢知のためなり。書籍或は返納し、是れ禁裏より渡すところの物なり。或は又取り出だす。

名物の内、鬼師（獅）子等紛失無し。尤も神妙。

御影堂御經結願

〔廿日。辛酉。〕今日昨日殘すところの書籍を出納す。又目六（錄）に合はせ了んぬ。重寶等皆悉く先帝（後醍醐天皇）召さるゝの間、一物も無しと云々。不可説々々々。今日御影堂の御經結願。寺門に向はず、例の如く行ふ。永陽門院（久子内親王）此の間御所となすなり。

〔廿一日。壬戌。〕

〔廿二日。癸亥。〕

四條隆蔭を特に上階せしめらる

〔廿三日。甲子。〕隆蔭上階の事、先日の除目に書き入るべきの由を仰せらる。是れ長光（葉室）大辨の勞に依り、正上四位に敍せらるゝの間、超越の由頻りに愁ひ申すの故なり。自餘の四位參議等は、長光の昇進以前、上階に敍すべきの由、内々に沙汰有り。凡そ此の事頗る物忩か。實繼又同じく愁ひ申すの間、種々の沙汰等有り。

五條長冬の養ふ若君立親王ありて光有親王と定めらる

後醍醐天皇配流の御輿の詮議

〔廿四日。乙丑。〕雨下る。今夕長冬（五條）の養ふ若宮立親王の事有り。明日聖護院二品親王（覺助法親王）の室に入るべきの間、覺助親王頻りに申し請ふの故なり。名字長員（菅原）卿撰び申す。基緒・光有と云々。共に庶幾せず。然り而して光有を用ひ了んぬ。白地《あからさま》に名字強ひて執るべからざるの故なり。上卿《しやうけい》大炊御門大納言（冬信）拜賀の次《ついで》に行ふべきの由を仰す。闕如に依るなり。又本所の儀等略すべきの由を仰す。勅別當公重（西園寺）卿なり。今夕公宗卿參り申す、武家先帝（後醍醐天皇）の御輿何物を用ふべきやの由を申す。

光有親王覺助親王に御入室せらる

幕府使者後醍醐天皇及び皇子等配流についての事書を奏す

同天皇御落飾あるべしといふ

佛名廣義門院傷胎の事あり披露せられず

庵棟《いほりむね》の四《し》方輿《はうごし》かの由仰せられ了んぬ。

〔廿五日。丙寅。〕朝雨、夕霽る。今夕光有親王、覺助親王の室に入り出家。先づ着袴の事有り。有光（六條）朝臣陪膳たり。役送は殿上人等四五輩。其の後寢殿西面の妻戸より出で、中門より乘車。通顯（中院）卿車を寄せ、卽ち同車。賴定（冷泉）・俊實（坊城）・隆蔭等の卿、宗經（平）朝臣等乘車し扈從。殿上人六人騎馬。召次長延方。御後の官人章興（中原）。此の間子細有りて籠居す。然り而して公宗卿子細有るべからざるの由執り申すの間、出仕を聽さるゝなり。

〔廿六日。丁卯。〕實繼に同日の位記を下され了んぬ。

〔廿七日。戊辰。〕今日東使關東の事書《ことがき》を奏聞す。先帝幷に宮々の配所、先帝隱岐。・一宮（尊良親王）土佐。・妙法院宮（尊澄法親王）讚岐。緇素の罪名は追て言上すべし。餘黨の有無の事、世上謳歌す。定めて其の隱れ無きか、奏聞すべし。又公敏（洞院）・具行（北畠）等の卿を相尋ぬと云々。又先帝御遠行の間、若しくは御落飾有るべきか、内々公宗卿に尋ね申すべしと云々。

〔廿八日。己巳。〕今夕佛名《ぶつみやう》。廣義門院（藤原寧子）今夕御心神を損ぜしめ給ふ。深更に及び傷胎の事有り。五个月以後なり。卅日の穢たるべきの條勿論。然り而して此の事議有りて披露無し。仍て犬死人を唍〔咬カ〕み入るの由披露せしめ了んぬ。禁中混合の儀なり。是れ元三《ぐわんざん》各別叶ふべからざるの上、披露無きの間、已に以て混合の故なり。

「廿八日（裏書）
今日關東の御返事到來。評定衆の事を申す。仰せ下さるゝの人數、相違有るべからずと云々。次に洞院前内府（公賢）の事、追て言上すべし。次に吉田一品（定房）の事、累家の仁として、召し仕はるべきかと云々。先度言上の品々、子細に及ばずと云々。諸國興行、都鄙合體等の事、畏り承り了んぬと云々。
因幡・越前・長門等の事、追て言上すべしと云々。」
〔廿九日。庚午。〕今日追儺《つゐな》の次《ついで》、除目有り。

評定衆の詮議
吉田定房は累家の仁として召仕はるべし

因幡越前長門三箇國知行の事は追て言上すべし
追儺
除目

「元弘元年十月別記」

（元弘元年十月別記ハ、十月一日ヨリ同十五日ニ至ルモノニシテ、一巻ヲ成シ、白紙ニ書記セラル。）

〔十　月〕

後醍醐天皇既に取り奉らる

一日。癸卯。晴。暁更經顯（勧修寺）卿參り申す、先帝（後醍醐天皇）已に取り奉るの由を承ると云〻。資名（日野）卿相續いで奏聞す。辰の剋に及び仲成（和氣）朝臣云ふ、所領の内安王丸と號する山中に人有り。仍て深津某。馳せ來りて取る。卽ち先帝なりと云〻。資明（柳原）又申す、宇治の住人房資已に先帝・妙法院宮（尊澄法親王）等を迎へ奉るの由。松井藏人某。又同じく取り奉ると云〻。亂髪にして小袖《こそで》一・帷《かたびら》一を着せしめ給ふと云〻。王家の恥何事か如《し》かんや。天下靜謐尤も悦ぶべしと雖も、一朝の恥辱又歎かざるべからず。或は云ふ、自殺する者有りと云〻。

捕縛の臣僚

後聞く、具行（北畠）・藤房（萬里小路）等の卿、隆量（四條）隆資卿の子。・忠顯（六條）有忠入道の息。等生虜らると云〻。天下已に靜謐に屬す、尤も爲悦。先日道蘊（二階堂貞藤）使者を以て、和談し奉るべきの由問答の由風聞。事の輕忽言ふに足らざるのところ、今已に落居、尤も喜ぶべし。但し此の事然らざるの由、道蘊後日陳謝すと云〻。

三日。乙巳。晴。今日先帝六波羅に迎へ奉るべきの由風聞。然り而して其の儀無しと云〻。

同天皇六波羅に移さる

四日。丙午。此の曉先帝已に時益（北條）の宿所に入れ奉ると云々。見物の者等云ふ、先づ師賢（花山院）卿破輿に乗るを迎へ取らしむ。已に忠顯・隆資（四條）等騎馬。次に具行卿又乗輿。次に寅の終頭に及び先帝妙法院の乗輿。四《し》方輿《はうごし》と云々。是れ等皆三日の夜なり。

護送し奉る状況

次に寅の終頭に及び、先帝又乗輿。數萬騎の武士打ち圍む。就中貞直（大佛）鎧を着し甲を着せず、御輿の前に在り。其の外の軍士前後左右を圍繞し、毎手に松明を取る。又在地の人松明を燒き、宛も白晝の如しと云々。是れ見物の緇素の說なり。今日劒璽を渡し奉るべきの由を武家に仰せらる。猶御恡〔悋〕惜《りんせき》有るの間、難治の由を申す。

天皇劒璽の渡御を悋惜せらる

五日。丁未。今日夜に入り西園寺大納言（公宗）參り申す。劒璽渡し奉るべきの由、先帝已に御承諾と云々。明旦上卿《しやうけい》以下參向すべし。能く守護し奉るべきの由御返事を仰せらる。關白（鷹司冬教）を以て申沙汰すべきの由定親（冷泉）に仰せらる。上卿堀川大納言（具親）參り、内々に仰せられ了んぬ。參議未だ領狀を申さず。光顯（葉室）・有光（六條）等の朝臣を相催すべきの由を仰せらる。次將・辨・職事等の事、同じく仰せらる。

除目

今夕小除目有り。

権中納言藤原公重（西園寺）一の參議たり。尤も理運か。

同　實尹（今出川）年少と雖も、座次已に到るの故なり。納言五闕有り。いはゆる公明（三條）・藤房・具行・隆資・實世（洞院）等の卿なり。未だ解官の沙汰に及ばず。然り而して去職の條勿論、強ひて十人に滿つべからざるの間、今夜先づ理運の二人を任ぜらるゝなり。

參議　藤原（勸修寺）經顯 還任なり。大辨にあらざれば、強ひて望むところにあらず。大辨又不才を顧《おも》ふの間、強ひて懇望する能はざるの由を申す。然り而して其の仁たるに依り任ぜらる。

同（正親町）忠兼 年來爲兼（京極）卿の猶子なり。實は實明（正親町）卿の息なり。而して爲兼卿左遷の後、公雄（小倉）中納言入道の猶子となる。仍て中將を申すと雖も、今夕任ぜられず。

少納言　平　親名　　右大辨藤原長光（葉室）

左中辨　同（中御門）　宗兼

右中辨　同　賴教 今度維摩會下向の辨闕如に及ぶ。仍て關白殊に執り申す。仍て任ぜらる。位次宗兼の上に在り。然り而して直ちに左中辨に任ずるは、議有りて右に任ず。

內藏頭　藤原（四條）隆蔭

大藏卿　菅原公時 學士の賞なり。　大外記淸原（五條）賴元

兵部少輔　藤原（吉田）國俊

左衞門督　源（中院）　通冬

右兵衞督藤原經顯 右衞門督に任ずべきの由を申す。即ち勅許。而して誤りて右兵衞督に任ぜらる。仍て翌日書き改められ了んぬ。

正二位　藤原（大炊御門）氏忠　　源（土御門）　親賢

檢非違使別當通冬（中院）卿補す。

典侍藤原秀子

任人此の外悉くは記す能はず。

解官せらるゝ臣僚

抑大納言師賢・宣房（萬里小路）、中納言公明・藤房・具行・隆資・實世、參議實治（三條）・季房（萬里小路）等、解官せらる

瀧口大寄

神璽寶劒の渡御

劒璽の櫃の封を切り検知す
其の様體相違なく破損なし
但し御劒の石突落ち璽筥の緘緒少しく切る

べきか。只辭退たるべきか。今夕未だ定まらず。仍て載せられず。後日武家に尋ねられて云ふ、解官の事、若し此の内に淺深有らば、申すべきの由を仰せらる。而して時宜に在るべし分明に申さず。只時宜に在るべしと云々。仍て解官せられ了んぬ。今日瀧口大寄なり。朕の分一人康(源)隆の子を進ず。都合十人許りと云々。廿人に滿たず。然り而して例有るなり。

六日。晴。今日神璽・寶劒等六波羅より渡る。元暦の例に任せ、上卿・參議等參向す。未の剋許り武家より剋限の事尋ね申すの間、卽ち參向すべきの由、面々に催促せらる。參議の面々故障の間、光顯(葉室)朝臣を召し重ねて仰せ下さるゝの間、領狀を申す。申の剋許り堀川大納言(具親)・光顯朝臣・辨房光(日野)・近衛次將實繼(三條)朝臣・季隆(坊城)・職事隆蔭朝臣・定親(冷泉)等、六波羅時益の宿所に向ふ。戌の半ば許り隆蔭朝臣歸參し、申して云ふ、秉燭の後、面々六波羅に向ひ、先づ職事等検知すと云々。但し其の體先々劒璽役懃仕の人見知すべきの間、實繼朝臣同じく検知すべきの由、隆蔭申す。仍て隆蔭・實繼等の朝臣・定親の三人検知す。劒璽各新櫃に納め、御冠筥臺の上に置く。櫃封を加ふるの間、職事等切り解いて見る。其の體相違無く、更に破損無し。但し御劒の石突《いしづき》落ち了んぬ。璽の筥の緘緒《とぢを》少々切ると云々。其の外破壊の事無し。卽ち實繼朝臣劒を取り、季隆璽を取り、砌の下に於いて大藏省の辛櫃に納む。兼日内々に長光朝臣に仰せ省み、用意せしむ。此の間上卿以下砌の邊りに列立、警衞の武士濟々たり。上卿以下歩行して供奉。警固の武士前たるべきか、後たるべき

後醍醐天皇神器を頸に懸け山中に赴くといふ

神器歸還の儀全く讓位の時の如し

かの事、臨期隆蔭に談ずるの間、正治は騎馬前十町餘に在るの由、中山內府（忠親）記并に經房（吉田）卿記に見ゆ。是れ騎馬の故か。今度は步儀たれば、左右の邊りに候するの條、若しくは宜しかるべきかの由を返答と云〻。隆蔭は供奉の者にあらざるの間、先づ參內の間、便路參るところなり。只今河原邊りかの由を申す。既に無爲取り奉るの條、喜悅の至り。元曆の亂、三个年を經るの後、寶劒は遂に失ひ了んぬ。今度は踐祚の後、廿日に及ばず。兩種ながら無爲。宗廟の冥助、尤も感悅に足るものなり。禁中に於いては、先づ直廬《ちよくろ》に於いて櫃の中より取り出だし、次將これを取り、內侍に授くべきの由、關白昨日兼ねて申し定むるところなり。元曆の例に任せ、先づ內侍所に入れ奉るべきかの由を關白申す。予云ふ、元曆に於いては、內侍所相共に入洛の儀有るの間、便《すなはち》先づ內侍所に入れ奉るなり。今度は相違すべし。何ぞ況んや劒璽戰場より取り、舊主頸に懸け山中に至ると云〻。專ら觸穢の疑ひ有り。賢所に入れ奉る、若しくは憚り有るべきか。關白諾《うけが》ふ。仍て直廬たるべきの由治定す。櫃に納めながら御殿に於いて取り出だし奉るの條、又子細有るべからざるかの由を朕謂ふ。然り而して關白元曆は先づ他殿に入御の例を執る。仍て此くの如く治定す。後聞く、兼日治定の趣相違なし。內侍二人勾當・少將。髮例の如し。上御帳の間《ま》の左右に於いて請け取り、典侍資子。これを取りて夜の御殿《おとど》に置く。一に讓位の時の如しと云〻。尚〻欣悅極まり無きものなり。

後醍醐天皇及び尊良親王尊澄法親王等を見知し奉らざるの間不審あり

抑今日上卿已下參向の時、武家申して云ふ、先帝の實否見奉るべし。此の趣且つは奏聞し了るの由を觸る。而して具親卿以下皆曰く、今日は劒璽供奉のため參るところなり。此の事仰せを奉《うけたまは》らず、難治と云〻。此の事五日の奏聞に云ふ、先帝幷に中書王(尊良親王)・妙法院宮(尊澄法親王)等、武士等都《すべ》て見知し奉らざるの間、不審有り。然るべきの仁を差し遣はされ見奉るべしと云〻。御返事に云ふ、檢知し奉るの條、先規と云ひ事の儀と云ひ、未だ勘へ得ざるの間、御斟酌有り。然るべきの仁、武家より內〻に招請すべきかの由を仰せらる。而して後日公宗卿相計らひて云ふ、爲定(御子左)卿の一族は外家たり。中書王幷に尊澄親王を見知すべきか。彼の一族の中招請すべきか。先帝又其の次《ついで》を以て、見奉るべきかの由相計らふの間、其の儀のため爲冬(御子左)朝臣已に行き向ふのところ、猶議有り、公宗卿を招請すと云〻。是れ後日の事なり。次《ついで》を以て記す。

法成寺無量壽院燒失す
後醍醐天皇及び皇子等を檢知し奉る

七日。天晴る。北方に火有り。近〻の間、人〻多く參る。武士又馳參す。

法城〔成〕寺無量壽院燒失し了んぬ。

八日。後聞く、今夕公宗卿六波羅第に行き向ひ、先帝を見奉る。併しながら天魔の所爲たり。寛宥の沙汰有るべきの由、武家に仰すべきの由を仰せらると云〻。歎息すべき事なり。

十日。今夕公重卿貞冬(金澤)の宿所に向ひ、尊良親王を見る。陳ずるところ多〻。子細兼日知らず。凡そ天魔の所爲たり。寛宥の儀有るべきの由、頻りに陳ぜらると云〻。言ふに足らず。嗟呼悲し

いかな。

十一日。兼運僧都参り申す。今日六波羅に招請の間、罷り向ふのところ、尊澄親王の實否檢知すべきの由を申す。仍て行き向ひ見る。言談の旨、大略中書王の詞に同じく、頻りに涕泣と云〻。誠に不便の體なり。此の人もと張行の仁にあらざるの由風聞。今の體又符合か。

後伏見花園兩上皇富小路殿を歴覽せらる

行幸習禮

十二日。晴。今日歴覽のため富小路殿に御幸。且つ又内侍明日行幸習禮の故なり。未の剋許り御幸歴覽のところ、南殿の賢聖（障子脱カ）の（藤原）伊尹の上の色紙形切り取らる。是れ此の間無人の故か。仍て絹を續ぎ釆色す。而して行迹皆書せらる。此の三四年の比《ころ》、南殿修造の時に書せらるゝなり。一人書かざるの條無念の間、俄かに（藤原）行房朝臣を召して書かしむ。其の次《ついで》に何比《いつころ》以後此の儀無きかの由を尋ねらる。申して云ふ、保元に（藤原）伊行書す。其の後書かずと云〻。前例多く名許り書す。而して（小野）道風一度行迹を書す。七廻書すの由、道風の中文に見ゆ。在世に造内裏七个度遇ふかの由不審。然り而して其の儀にあらず。障子の修理七度なりと云〻。行房申すところなり。其の後伊行書すところと云〻。即ち書き了りて障子を立つ。これより先内侍二人参る。勾當・少將。行幸の習禮有り。（三條）公秀卿直衣。劍璽の役を懃む。御劍御幸に持たるゝところの劍なり。・御硯筥召し寄せられ、紙を以て裹み結ぶ。を以て劍璽の代となす。自餘の女房少〻参會し扶持す。大概の式なり。其の後常の御所等御歴覽。萩の戸の透垣《すいがい》已に緣上に立つるの間なり。又常の御所の御簾幷に鋪設等調へ出だす、御覽ぜらる。萩の戸幷に御湯殿の上は行事所の疊たるべしと云〻。麁品見苦しかるべきの間、別に西園寺大納言に仰せられ、定親儲御所の

今日如法尊勝法結願す

奉行となす。仍て賴定(冷泉)卿毎事相代り申し沙汰なり。子細委しく記すに及ばず。晩陰に還御。今日如法尊勝法結願なり。內侍習禮のため、件の道場、今日許り仁壽殿に移すと云々。日來は淸涼殿に於いて修するところなり。今度修造無きの間、鎭に於いては行はず。又日來種々調伏法等の道場、御修法等を行はず。遷幸怖畏有るの間、此の法たるべきかの由、尊圓親王計らひ申すところなり。此の法子細あり、記す能はず。而して今夕後加持に參內すべきの由を申す。而して朕不審にて云ふ、踐祚以後、三壇御修法の前、後加持に參るは何樣たるべきや。先規如何の由、青蓮院宮(尊圓親王)に尋ぬるのところ、三壇法以前の御修法、嘉承の例なり。其の時後加持に參るや否や所見無しと云々。仍て爲房(藤原)卿記に所見有るや否や、經顯卿の許に尋ね遣はされ了んぬ。而して數剋に及び、使者歸らざるのところ、宮申して云ふ、後加持不參の例有るの上は、疑殆有らば參るべからず。且つ又鎭の御修法、不參の後加持は例なり。今度內々に又彼の法を以て準據となす。旁參るべからざるの由を存ずと云々。尤も然るべきの由仰せられ了んぬ。夜に入り青蓮院宮參入、申す旨等有り。記す能はず。

光嚴天皇富小路殿に遷幸せらる

十三日。天薄陰り、雨降らず。今日二條富小路皇居に遷幸の日なり。剋限眞實は寅の剋たるべきの由を相催す。兩大將(一條經通・九條道教)・中納言(二條良基)中將等、別して早參すべきの由、觸れ仰せられ了んぬ。午の半剋行幸漸く具ふの由を聞く。上皇(後伏見)御直衣・烏帽、上結。朕これに同じ。女院(廣義門院)・南御方(藤原實子)等乘車す。御車寄通顯(中院)

卿遲參。教行（山科）・房保（藤原）等の朝臣、兼親供奉す。北面四五輩。召次等遲參、奇恠極まり無し。然り而して牛飼許りを以て出御。御車を前内府（洞院公賢）の門前に立て、數反御使を以て催促せらる。申の剋に及び前陣來たる。先づ京職等例の如し。次に右衞門府の官人等、章兼（勢多）・章秋（大宮）・田使全職・藤原清景等、下﨟先をなす。次に左兵衞府光季・宗光。次に公卿粟田口大納言忠輔。・堀川大納言具親。・中宮大夫實忠（三條）。・西園寺大納言公宗。・大炊御門中納言冬信。・徳大寺中納言公清。・西園寺中納言公重。・花山院中納言長定。・左兵衞督光顯朝臣等なり。次に右大將（九條道教）、番長等例の如し。次に左大將（一條經通）。番長御車の前に於いて馬上の前を追ふ。切音。此の間馬走り出づ。然り而して二丈餘に於いて留まり了んぬ。次に御輿。御綱次將等左右廿人許り。此の内宰相中將有光（六條）朝臣供奉。中（今出川）納言中將（實尹）後陣に在り。職事隆蔭・長光等の朝臣、御後の殿上人康長朝臣・高嗣・右兵衞府重顯・官人職連（中原）なり。次に出車《いだしぐるま》一兩（輛）。省略なり。申の終り悉く過ぎ了り、還御。今日の儀遷幸の儀にあらず。水火の五菓幷に所々の饗等は略す。然り而して殿上に勸盃有り。又官・藏人方吉書を奏す。是れ度々の例同じからず。今度沙汰有るべきかの由、關白申すところなり。

還御

今日晩に及び、左大將・中納言中將等參る。對面。西園寺中納言（公重）又拜賀のため參る。前に召し對面。先日中書王檢知の子細を尋ぬ。

褀子内親王邦良親王御子の立坊の事を申さる

今夕前右大臣（今出川兼季）參り、土御門内親王（褀子）申さるゝの趣を申す。今度立坊の事、毎事委細に御沙汰を計

らふべし。又御所然るべきの所無し。陽徳門院(媖子内親王)の御在所借り申さるゝの段、如何の由を申さる。准后(藤原相子)に申すべきかの由、卽ち前右府に仰せられ了んぬ。

二間観音盗み取られ無事出現す

十四日。今日二間《ふたま》の観音を渡さる。日來此の院に在り。是れ去る三日盗人有り、扉を破り取り出だし奉る。而して日記の御厨子の前邊りに捨て置く。此の事人知らず。職事等紛失の由奏聞の間、使廳に仰せられ、尋捜すべきの由沙汰有るのところ、件の日夜に入り、東使高景(安達)內々に歴覧のため、資明卿を相具して參內、脂燭を差し所々歴覧のところ、見出だし奉るの由、資明馳せ申す。卽ち渡さるゝのところ、相違無きの間、日來の所に安置するなり。先々東寺長者の許に渡さるゝか。今度自然無沙汰のところ、紛失の間驚歎のところ、忽然出現、尤も爲悦するところなり。凡そ今度累代の寶物等、一物と雖も紛失せず。冥助の至り、感悦極まり無きものなり。

武家の邊りに騒動あり

武家の邊り騒動、子細知らず。時知(小田)已に誅せられんとす。而して物忩の由、武家より制止を加ふ。仍て止め了んぬと云々。

萬里小路殿御文庫文書等を禖子內親王に渡進ぜらる

十五日。晴。今日、內裏より本尊等に相具し、渡すところの文書の中、萬里小路殿御文庫の文書の由疑ひ有るの物等、土御門內親王に渡し進ずるなり。是れ先日申さるゝの故なり。但し寶藏物等多きの間、少々撰び分け進ぜらるゝところなり。後宇多院幷に先帝御奥書を加へらるゝ文

書等皆渡すなり。其の外順徳院・後高倉の御記幷に後鳥羽院の御記一兩卷混亂等は渡さる。是れ日來彼の御所に在るの由聞き及ぶところなり。自餘は渡さず。

「元弘二年」

（元弘二年（正慶元）正月ヨリ六月ニ至ル記ハ、一巻ヲ成シ、同年月具注暦ノ表裏ニ書記セラル。）

〔正月大壬寅〕

四方拝

〔一日。辛未。〕天顔快霽、日脚和暖。辰の剋沐浴。即ち装束を着せんとするのところ、（高倉）範賢卿院の（後伏見上皇）御方の御装束に候し、相待つのところ、頗る遅々巳の剋に及ぶ。四方拝の儀例年の如し。（中院通顕）春宮大夫裾弁に御簾に候す。中將（一條）實材朝臣劔を取り前行。次第例の如し。事了りて入内。院の御方四方拝又例の如しと云々。（四條）隆持朝臣沓を獻ずるなり。今日四方拝穢中たりと雖も、禁裏・仙洞皆例の如し。是れ延久等の例なり。但し神宮の拝略す。觸穢に依るなり。

供藥
後伏見上皇出御

「（以下白紙ニ書ス）酉の刻供藥。（後伏見）上皇御座の奥の間《ま》の御簾より出御。女房對の御方。内より御簾を褰ぐ。即ち御座定まるの後、朕東面の蔀《しとみ》の間《ま》此の所此の方の臺盤所たり。より出づ。女房同人。簾を褰ぐること同前。御座の東の間《ま》より入り、御座の前を過ぐるの間蹲居。座前より居廻り着座。良久《やゝ》しく公卿等進まざるの間蹲居。上皇御扇を鳴らし、（日野）奉行人房光を召し催し仰せらる。即ち春宮大夫源朝臣束帯。端。・前権大納言藤原（三條）朝臣公秀。直《なほ》衣。奥。・権大

納言藤原（葉室）朝臣長隆。束帶。端。・權大納言藤原（西園寺）朝臣公宗。束帶。奥。・大（太）宰權帥藤原（坊城俊實）朝臣束帶。奥。・春宮權大夫藤原（西園寺公重）朝臣束帶。端。・右兵衛督藤原（四條隆蔭）朝臣束帶。端。次第に着座の後、氏光火を持參し、爐中に置き退下。其の路座の中央を經る。次に實繼（三條）朝臣菓子臺を持參す。春宮大夫御氣色に依り陪膳を勤仕す。先づ本座に於いて劍を解かんとするの間解き得ず。仍て劍を帶びながら勤仕す。是れ內々の儀なり。仍て先々劍を帶び勤仕の例有り。然り而して當座解き得ず。更に劍を帶ぶるの條頗る見苦し。通顯卿後日語りて云ふ、劍石帶《せきたい》の緒に懸かり解かざるの間力及ばずと云々。御臺を御前に置き了り、猶御前に候す。次に長光（葉室）朝臣菓子を持參し朕の前に置く。其の後尚復座せず。次に、、（マヽ）白散の櫃を持參するの間、陪膳復座す。柱の外を經、座の後より着座す。此の作法然るべからざるか。凡そ毎度進むの時、座の前より退く時、簀子を經る。此の作法旁以て據るところ無し。次に（マヽ）　御酒盞《しゅさん》を持參、通顯卿御前に置く。作法同前。次に（マヽ）　銚子を持參、陪膳三種を入れ、先づ屠蘇、次に白散、屠（度）章（嶂）散。皆同蓋を用ふ。然るべからざるか。御前に持參す。御飲み了りて朕の前に持參す。此の間先づ盃を持參、銚子爐の傍に置く。盃を置き了りて御前に歸參し、銚子を取りて參進。朕飲むこと前々の如し。次に巡流。奥端の座頗る遠し。仍て銚子の人盃を取りて傳ふ。巡流の間、上皇散砂すべきの由仰せ下さる。通顯卿催す。延（秦）方・久（秦）澄・久（秦）文・久、（マヽ）等參進して散砂。次に二獻先の如し。今度俊實卿、公重卿に讓り、公秀卿、公宗卿に讓り、先づ飲ましむ。朕の前の菓子橘。を申し下すこと例の如し。三獻又例の如し。巡流の間位次を亂す。其の次第慥かには覺えず。居坏を撤

上皇入御御馬御覧

せざるの前入御。此の間暗に及ぶ。次に御簾を垂れ、御馬御覧有り。公宗卿一人簾下に候す。一の御馬（マヽ）——等引く。久文乗る。二・三の馬乗られず。暗に及び遅々すべきの故なり。次に牛二頭。正王丸、狩衣《かりぎぬ》を着す。摩喉羅丸、水干《すいかん》。次に千秋萬歳《せんしゅうばんぜい》例の如し。此の間北面二人松明《たいまつ》を取り砌《みぎり》の下に在り。其の外中門の邊りに立明《たてあかし》有り。千秋萬歳了りて入御。頃《しばらく》して關白（鷹司）参るの由を申す。卽ち寢殿

上皇また寝殿に出御

に出御。其の装束、南面五个間《ま》の庇《ひさし》に御簾を垂れ、階《はし》の間《ま》に繧繝《うんげん》を敷き、端を上皇御座となす。其の西の間《ま》に織物の几帳を出だし、廣義門院（藤原寧子）の御座となす。階の東の間《ま》を朕の座となす。東西の第一間《ま》各に纐纈《かうけち》の几帳を出だし、女房釆袖を出だし、袴同じく出だす。是れ近例なり。關白以下中門の外に列立か。見えず。次に春宮權大夫藤原朝臣中門の廊より昇り、車寄の戸に入り、廊の簀子《すのこ》幷に二棟の簀子を經、階の西の間《ま》の西頭に跪き、小揖して御氣色を伺ふ。上皇聊か御簾を動かしめ給ふ。卽ち起座、中門の切妻より降りる。其の後は相隔たり見えず。頃《しばらく》して關白進みて立つ。中門の前の小橋の東頭より練歩。内辨の如し。階の間の西頭に當り深揖して立ち定む。次に春宮大夫源朝臣・權大納言藤原朝臣長隆。・藤原朝臣公宗。・左近大將藤原朝臣（一條經通）・右近大將同朝臣（九條道教）・權大納言同朝臣（大炊御門）冬信。・權中納言藤原朝臣（冷泉）賴定。・大宰（太）權帥同朝臣・春宮權大夫同朝臣・權中納言藤原朝臣（今出川）實尹。・——同朝臣（花山院）長定。・參議右近衛中將藤原朝臣（一條）公有。・左近中將同朝臣（正親町）忠兼。・右兵衛督藤原朝臣等一列、次に四位・五位等後に列するか。暗に依り分明ならず。同時に舞踏例の如し。下臈より退

元日節會小朝拜等例の如し

く。但し右大將已上五人未だ退かざるの前、關白前を經て退く。練先の如し。次に女院《（廣義門院）》拜禮。實尹卿申次をなす。作法公宗卿に相同じ。次第又前の如し。但し春宮大夫早出、藤大納言第二となる。關白と同列に立ち、前を經る時聊か磬折《けいせつ》か。今日家禮《けらい》の儀無きか如何。今度は關白練らず。又大炊御門大納言《（冬信）》已上留まり立ち、上臈より退く。次に此の方拜禮。申次長定卿の作法大略相同じ。但し深揖して御氣色を伺ひ、後又一揖して起ちて退く。關白以下列立すること又同前。仍て重ねて記さず。後聞く、今日內藏寮御服遲ゝの間、四方拜酉の剋に及ぶ。又節會小《こ》朝拜《てうはい》例の如し。節會の內辨通顯卿、巳の剋に及び事了ると云ゝ。立樂《たちがく》・舞の興行近年の如しと云ゝ。小朝拜の時、御倚子の南を經るべきの由、後三條院年中行事に見ゆ。而して南を經るの條便宜無し。何樣たるべきやと云ゝ。此の事鷹司故關白《（冬平）》に仰せ合はすのところ、凡そ御倚子に着御の事座上よりなり。額《がく》の間《ま》に出御、北を經るべきかの由、申し定むるところなり。仍て朕然るが如し。故關白定めて存ずる旨有るか。又便宜有るに似る。旁北たるべきかの由申し了んぬ。

二日。

供藥

天晴る。御藥昨日の如し。但し今日前右府《（今出川兼季）》參り陪膳を勤む。春宮大夫・西園寺大納言《（公宗）》・春宮權大夫等は不參。御藥以前、余役送の路の事を尋ね申すの間、定嗣卿《（葉室）》記を引き御覽ぜらるゝのところ、定通公《（土御門）》座の中央を經べきの由を定め申す。而して實氏公《（西園寺）》執事として申し沙汰の時、簀子

後伏見花園兩上皇及び光嚴天皇御方違に北山第に幸せらる

に改められ了んぬ。其の後毎年簀子たるかの由申すのところ、尤も然るべきの由仰せ有り。今日は簀子たり。又前右府申して云ふ、兩御方出御の時、別盃を用ひらるかの由を申す。朕申して云ふ、近年各別の盃にあらず。正安の初度、如何様たるの由尋ね申すのところ、御記を御覽ぜられ、別の所見無し。然り而して同盃の條勿論。時に(後脱カ)深草院御坐(座)、故左府入道(西園寺公衡)時に前右大臣。陪膳たり。公私定めて沙汰を經らるゝか。別盃にあらざるの條、定めて子細有るか。其の上近年已に流例たり。旁同盃たるべきの由定められ了んぬ。今日前右府毎獻一種を入る。又御盃を持ちて予の前に來たるの時、毎度銚子本役人に返し給ふ。又菓子十字に申し下す。宿老の作法なり。晩に及び關白參る。臺盤所に於いて對面。戌の剋節分の御方違《かたゝがへ》のため北山第に御幸。朕同じく幸するところなり。又行幸同じ。東面より御車に乘る。春宮大夫御車寄をなす。殿上人供奉せず。是れ行幸の故なり。北面四五輩、召次所延方・久澄等供奉す。女房南の御方(藤原實子)。一人御車の後に候す。女院俄かに御幸無し。然り而して御幸の由なり。是れ本所御服等を設くるの間、御幸の儀たるべきの由、申し給ふの故なり。路の間上皇御直衣上結《しやうくゝり》、朕小狩衣なり。北山に於いて即ち裝束を改め、冠・直衣下結《げぐゝり》例の如し、女院の御方に入御。朕追ひて女院の御方に參る。內〻に盃酌三獻有り。覺圓僧正御前に召さる。前右府・大納言等、塗垂《ぬりたれ》の所に於いて御膳《おもの》を拵へるところの間なり。此の間行幸已に成るの由人〻告ぐ。仍て忩ぎ寢殿方を廻る。此の間已に御輿を

寄するの間なり。内侍兼ねて相儲くること例の如し。實繼朝臣劒を取り内侍に授く。次に下りたまふ。實繼御挿鞋《さふかい》を獻じ、即ち御裾に候す。御座定まるの後、璽を取り内侍に授くること前の如し。女院の御方に於いて御對面の間、塗垂に於いて酒膳を供す。

後伏見上皇出御

上皇出御有り。前右府參會・春宮大夫御車寄・藤大納言(葉室長隆)行幸供奉・西園寺大納言・冷泉中納言(賴定)行幸供奉・右兵衛督同・前右衛門督・實繼朝臣行幸供奉等御前に候し、數獻に及ぶ。

攤儀

本所攤《たん》の料帋を儲け、攤義(儀)有るべきの由沙汰有り。形の如く下臈より料帋を置く。賴定卿に至りて攤を打つ。大納言所狹きに依り略す。次に御膳を供す。此くの如きの間、已に天明に及ぶ。仍て起座分散す。

光嚴天皇等雪風景を歴覽せらる

此の間雪降るの間、主上(光嚴天皇)・〻皇寢殿の南面方を御歴覽。微雪と雖も、樹上池頭其の興無きにあらず。即ち入御。御裝束を改めらるゝの間日出に及ぶ。

還御

行幸還御有り。其の後又元の如く裝束を改め還御。時に巳の剋。今度教行(山科)朝臣・兼親(藤原)等供奉す。

三日。

供藥

御藥の陪膳前右府參るべきの由申すの間、相待たるゝのところ、申の剋に及び歡樂の由を申す。實尹(今出川)卿一人參る。仍て俄かに通顯卿を召さるゝの間、秉燭に及び出御。大略昨日の如し。三獻了り陪膳の人膏藥《かうやく》を取り獻ず。右の無名指を以て塗る。左の掌幷に額等例の如し。抑二獻の菓子巡流の間下す。又膏藥三獻巡流の間下す。便宜無きに似たり。先づ盃下し了りて後に下すか。抑菓子毎度下臈起座し進みて取る。奥端の座遠きに依るなり。俊實卿笏を座に置きて起つ。然

るべからざるか。實尹卿揖せずして起つ。隆蔭卿揖して起つ。各〻の所存同じからざるか。是非如何。

抑今日公宗卿牛馬各一疋を送進す。装束、狩衣・衣・下《した》袴《ばかま》・奴袴《ぬばかま》等。院の御方同じ。女房南の御方の料硯・文臺・薫物等を送る。

申の剋東面に於いて、内〻に牛馬等を御覽。先づ院の御方御馬□引く。北面康隆（源）乘る。次に此の方の馬川原毛。垂尾。を覽る。康隆乘る。次に牛。炭竃と號す。院の御方。次に又牛黑主。此の方。等を覽る。牛馬悉く御所に置かるゝなり。」

〔二日。壬申。〕

〔三日。癸酉。〕

〔四日。甲戌。〕

敍位

〔五日。乙亥。〕晴。敍位。春宮大夫執筆。從二位藤實秀（清水谷）・同兼高・同基成（園）・同賴定・正三位藤光繼（堀川）・、資明（柳原）・、忠兼・、經顯（勸修寺）院の當年の御給。・從四位上藤嗣家府の勞なり。・同俊季廣義門院の御給。外記の勘文に入ると雖も、御給を成され了んぬ。・從四位下藤範國（岡崎）策。・紀行親策。・菅在春策。・藤定宗府の勞。・同俊經尻付《しりつけ》無し。・藤範賢。臨時。尻付無し。自餘略す。

名謁

〔六日。丙子。〕晴、夜に入り雨雪。今夕始めて名謁《なだいめん》有り。忠輔（栗田口）卿已下の卿相雲客卅人許り、下北面景繁（大江）已下の十餘人許り。風氣に依り行水せず、行法せず。

白馬節會
加敍

〔七日。丁丑。〕晴。白馬《あをうま》の節會《せちゑ》例の如しと云々。內辨右大臣（久我長通）。加敍從二位平範高・平行高。資明・經顯等超越の由愁ひ申す。強ひて然るべからず。但し關白申すと云々。正四位下藤實材・公忠（三條）・從四位上藤（小倉）季保朕の給。・藤（花山院）教經入道右（家定）府の息。・家信（大炊御門）冬信卿の息。實弟と云々。源通數。自餘載せず。

女敍位

〔八日。戊寅。〕晴。女敍位《にょじょゐ》。從二位藤平子・從三位藤冬子御乳母なり。尻付無し。懇望か。・藤實子南の方なり。實明（正親町）卿の女。故相國（洞院公守）子となす。當時前右府（今出川兼季）の猶子なり。・正五位下三善行子尚侍、勾當。・從五位上藤秀子。典侍、大納言。朕藤嗣の子に敍爵を給ふなり。自餘記さず。

〔九日。己卯。〕晴。此の間風氣行水せず。去る六日よりなり。

〔十日。庚辰。〕

〔十一日。辛巳。〕晴。長隆卿參り、兵仗《ひやうぢやう》の事條々を申す。

〔十二日。壬午。〕今日隨身《ずゐじん》等治定。兩召次所兼ねて參るの間、院の御方供奉の輩有るべからず。（秦）峰方一人、太《はなはだ》以て見苦し。仍て（下毛野）武勝を召さるゝのところ、峯方日來祇候し、而して新參の者上に加はるの條子細を申す。然り而して宿老の者、年少の者の下に居るの條然るべからず。何ぞ況んや峯（マヽ）方は容儀にあらず器量にあらず。譜代の一事を以て召し仕はるゝ許りなり。強ひて子細を申すべからざるの由、延方に懇に仰せらるゝの間、領狀を申す。延方卽ち遮りて非器の由申し出づるの故なり。

〔十三日。癸未。〕

兵仗宣下及び随身所始

〔十四日。甲申。〕晴。今夜兵仗宣下幷に随身所始なり。上卿藤大納言(葉室長隆)。亥の剋宣下し了んぬ。本府に參り差文《さしぶみ》例の如し。今夜執事の公宗卿不參。是れ久任(秦)召次の長の事、以ての□(外カ)許さゞるの間、腹立ちて不參。明日の御幸又同前。仍て朝衡(三善)を以て使となし、内〻に三反御問答、申すところ太《はなはだ》然るべからず。物狂の至りか。太物の由を知らず。不便と謂ふべし。今夕遂に不參の間、執権差文を覧、奉行頼教(藤原)朝臣覧る。披見のところ、廳頭《ちやうとう》加署せざるの間、頼教に仰せ書き改むべきの由を仰す。

後伏見花園両上皇出御

次に寝殿に出づ。狩衣、奴袴。上皇又出御。三獻了りて殿上の屏の前に於いて名謁。

名謁

夜行南殿を經て西の中門を出で、弘御所の前に□(於カ)いて名謁。○裏書ニ續ク。

「(裏書)殿上の屏の前に於いて列立。東上、北面。殿上の屏の戸に向ひて列立。假に随身松明を取る。先づ延方進出、戸の前に於いて名謁。姓名恒の如し。次第名謁同前。但し下﨟只二人參る。次に延方以下又進出、弓を開き夜行渡りと稱し、伊ト稱す。次に久澄・久文夜行の字を云はず。重弘(秦)・武近(下毛野)夜行を稱す。久名(秦)又夜行を稱せず。次に延久(秦)以下松明を秉りて南庭に渡り、東の中門を出で、弘御所の織戸の外に於いて列立。各進出し名謁前の如し。是れ永仁の例に任せ此くの如し。但し久延(延久)は名謁せざるの由、入道左大臣(藤原師實)記に見ゆ。各〻の所存不同の故か。伊ト稱する事、名謁たるの由、彼の記に見ゆ。而して延方所存の如くんば、夜行の時稱し、名謁は各別たるか。尋ね知るべし。」

後伏見花園兩上皇御幸始
今出川兼季の注進御幸始次第

〔十五日。乙酉。〕天晴。御幸次第の如く、續け加ふ。前右府(今出川兼季)注進するところなり。文字錯亂、頗る讀み得難し。然り而して直す能はず。

「(以下白紙)上皇(後伏見)御幸始の次第　○以下ノ注記ハ、今出川兼季ノ上進セシモノニシテ、花園天皇ガ自寫シ、收錄セラレシモノト認メラル。ナホ同注記中ニハ、同天皇自ラノ私見記事ト推定セラル、モノモアルベシ。

御所の御裝束日來の如し。

但し寢殿日隱《ひがくし》の間《ま》、左右の燈樓《とうろう》の綱《つな》を反《かへ》す。同間《ま》に打板《うちいた》を儲く。其の上に小文《こもん》の高麗端《かうらいべり》の疊一枚を敷く。

御車の修理、年預《ねんによ》隆蔭卿子細を申す。仍て別に細工所資仲に仰せ修理せしむ。

御車 網代庇《あじろびさし》。御榻《たう》を立つ。南庭に立つ。

時剋、日時勘文を覽る。陰陽師に勘せしむ。筥の蓋に入る。

奉行の院司取りて覽、公卿の上首、次に御所に奏す。

未の剋大略參集す。但し左大將遲參。申の剋に及び且つは出御。御車を中門の外に扣ふ。申の半ばに及び左大將參る。

公卿以下參集。

上皇寢殿に渡御。

新院(花園上皇)同じく渡御。

次に陰陽師賀茂在實朝臣參進して反閇《へんばい》し畢る。

退下の間、主殿代祿を賜ふ。大《おほ》袿《うちき》。此の間諸司二分し、十人御車の邊りに進む。

召次の長等、下毛野武勝・秦峯方。御車の東方北上、西面。に進み候す。

新院の御隨身、秦延方・同久澄・同久文・同重弘・下野〔毛脱カ〕武近・秦久有・秦好方。下臈 御車の西方に進み候す。北上、東面。但し末公卿の列に至りては、下臈西に居廻り、巽の向ひに候すべきか。

殿上人御車宿の前に列立す。東上、北面。但し且つは騎馬前行す。若し夜に入る時は、四位・五位の院司少〻松明を取り、御車の南邊に進む。

公卿南庭に列立す。北上、東面。

次に御車を差し寄す。諸司二分して役す。

四位の院司二人、實繼朝臣・長光朝臣。御車の轅に進み付く。

關白御車寄に候す。

花園上皇出御

先づ新院階《はし》の西の間《ま》より出御。

關白御簾を褰ぐ。關白簾を褰げ了り、卽ち階の東方に渡る。御隨身前聲を發す。皆悉くこれを追ふ。

此の間公卿地に居る。

御車に付く人、打板を御車に懸く。廳官等これを扶く。

御劒の役人、實繼朝臣。關白の命に隨ひて參進し、御劒を出ださる。役人簾下に進み寄りこれを取り、御車に入る。柄南、刃東。退下して御車に付く。

後伏見上皇出御

次に關白階《はし》の間《ま》に進み寄り、御簾を褰ぐ。

朕御簾に候す。上皇出御。

關白御車の簾を褰ぐ。則ち又御車の簾を褰ぐ。

上皇乘御。

次に新院乘御。御隨身前聲を發す。皆悉くこれを追ふ。

公卿末より次第に門外に出づ。騎馬前行す。

御車中門の外にて、御牛を懸く。隨身等弓を開ひて前を追ふ。切音。門外に走り出で乘馬す。

路頭の行烈〔列〕

先づ殿上人。下臈を先となす。

次に公卿。下臈を先となす。

次に居飼《ゐがひ》六人。二行。夜に入るの時、各松明を取る。

次に御厩の舍人《とねり》六人。二行。

次に上臈の御隨身六人。二行。各馬に乘り移る。

御車

御車副《くるまぞひ》二人綱を取り警蹕《けいひつ》を稱す。

諸司二分し十人轅《ながえ》に付く。廳官一人御沓を持ち、柳筥《やないばこ》に置く。御車の右方に候す。又一人御沓を持ち、御車の左方に候す。

御牛飼《正王丸》御榻《たふ》を持ち、御車の右方に候す。

退紅《たいこう》の仕丁御雨皮《あまかわ》を持ち、御車の左方に候す。

下﨟の御隨身御車の後に候す。二行。歩行。

次に後騎の人。公宗卿俄かに不參。隆蔭卿後騎となる。是れ院宮の年預の後騎恒例なり。隆良卿又度〻此くの如し。但し其の時は年預にあらざるか。

次に御後の官人。清景。

次に召次の長。

次に下北面。

次に關白。但し閑路より參會。

路次

大炊御門西行、

萬里〔小〕路北行、

一條西行、北野の前、南を廻るべし。

柳原路北行、

女院の御所に至る。

殿上人は南門を入り、車宿の前に列立す。奉行人幷に御車に付く人は門下に留まる。

公卿は同門を入り、中門の廊の外の東庭に列立す。北に迫り、西上、南面。

御車門前に於いて御牛を稅《と》く。御牛暫く門内に入れず。

次に御車門内に引き入る。

此の間公卿・殿上人地に居る。御車差し廻し、中門の廊の車寄せの戸に當りて差し寄す。

次に關白參進し、御簾を褰げ、下りたまふ。朕先づ下車し、南方の簀子に蹲居す。

中門の廊の内に入御。

此の間御劒の役人實継朝臣參上し、御劒を取りて御共〔供〕に在り。

關白同じく御後に候し、廊幷に公卿の座の前、二棟の廊の弘庇等を經たまひ、此の間新院の御隨身中門に入り、御歩に隨ひ、砌の下を經、時〻前聲を發す。寢殿の東面の妻戸より入御。關白御簾に候す。或る女房内より引き拔く。新院入御の時、御隨身前聲を發す。皆悉くこれを追ふ。

御劒の役人同じく簾下に跪きて、御劒を進め入れ、女房これを取る。

兩上皇の御座

凡そ儲けの御所の御裝束例の如し。

但し寢殿の南面母屋の御簾を垂る。階の東西脇の間《ま》に繧繝端《うんげんべり》の疊各二枚南北妻。を敷く。唐錦《からにしき》の茵《しとね》各一枚を加へ、兩御方の御座となす。

同じく西面二間《ま》の所、南障子に副へ、大文の高麗端の疊一枚を敷く。東西妻。朕の座となす。同じく東障子に副へ、同じ疊一枚南北妻。上皇の御座。を敷く。兩御方此の所に渡御し、御膳《おもの》を供すべし。

兩上皇の御座

次に寢殿の北面に於いて御對面。

御膳の儀

次に同西面に於いて内々に御膳を供す。御衝重《ついがさね》六本。綵の色常の如し。御箸を立て、即ち撤す。これより先御酒を供す。一獻。御盃を前右府(藤原)に給ふ。隆職(鷲尾)朝臣銚子を取る。近習の公卿《前右大臣》陪膳たり。同じく殿上人少々役送をなす。教行・隆職・成經等の朝臣、房光(日野)・國俊(吉田)。

贈物の儀

次に贈物を獻ぜらる。

先づ上皇の御贈物。琵琶、末濃《すゑご》なり。白地《あからさま》に進ぜらる。寢殿の西の作合《つくりあはせ》の間《ま》に於いて、女院の院司の公卿《大炊御門大納言取る。》これを取る。女院の藏人傳ふ。南の簀子を東行、南の階《はし》の間《ま》に跪き物名を稱ふ。立ちて東行し、二棟の廊の南面弘庇《ひろびさし》の邊りに於いて、四位の院司に授く。院司これを取り本所の廳官に賜ふ。廳官長櫃を儲け仙洞に送進す。

次に新院の御贈物。箏、新伏見。白地《あからさま》に給ふ。

其の儀同前。春宮權大夫これを取る。

還御

次に還御。

其の儀、

先づ新院寢殿南面の東の一間《ま》に出御。御簾の役《前右府。》同前。是れより先御隨身砌の下に參進し、北上、東面。出御の時、前聲を發す。皆悉くこれを追ふ。

次に上皇同東面妻戸に出御。御簾の役前右府。弁に御劍の役實繼朝臣人同前。中門の廊の外に於いて御車に乗御。

其の儀、下御の儀に同じ。朕御車の簾を褰ぐ。

公卿・殿上人の列同前。

仙洞に還御

仙洞に至る。

公卿・殿上人列立、出御の儀に同じ。御車中門の外に於いて御牛を税《と》き、引き入れ、南の階に寄す。大炊御門大納言御車を寄す。是れ關白幷に左・右大将等早出の故なり。入御の時、朕御簾を褰ぐ。出御の時に同じ。實繼朝臣參上して御劍を取り、簾中に入る。

下御の儀、出御の儀に同じ。

次に公卿以下退出。

次に御車引き退く。」

〔十六日。丙戌。〕

後醍醐天皇逃脱を企て給ふ

〔十七日。丁亥。〕晴。夜に入りて世間物忩の由を聞く。是れ先帝(後醍醐天皇)逃脱せしめ給ふと云々。亥の刻許り門々の番衆等、警衛して諸門を閉づと云々。子の刻許り門々を開く。無爲の由風聞。もとより巷説慥かならず。これ不實と云々。但し風聞の説、隠所より偸《ひそ》かに逃脱せしめ給ふ。而し

て程無く求め出だす。仍て不實の由披露と云々。

千秋萬歳
猿樂

〔十八日。戊子。〕晴。千秋萬歳參る。舞・猿樂等例の如し。夜陰に及び退出。

〔十九日。己丑。〕

後伏見花園兩
上皇北山第に
御幸

〔廿日。庚寅。〕天晴る。八葉《はちえふ》の御車に始めて乘御せしめ、北山殿に御幸なり。公重・實尹等の卿、通房（土御門）・通數（源）等の朝臣供奉。皆禁色《きんじき》の殿上人なり。北山に於いて中門より下りたまふ。朕下車の後、通房朝臣參り御劒を取る。屛風の所に於いて酒膳有り。通重・公宗・長隆・賴定・隆蔭等

還御

の卿候す。晩に及び還御。十五日幷に今日一向女院御所の儀なり。上皇幷に朕今日布衣《ほうい》・下袴《したばかま》恒の如し。

〔廿一日。辛卯。〕

〔廿二日。壬辰。〕

〔廿三日。癸巳。〕

〔廿四日。甲午。〕

〔廿五日。乙未。〕

〔廿六日。丙申。〕

廣義門院入內

〔廿七日。丁酉。〕雨下る。人定《にんぢやう》の後晴。今夕廣義門院御入內。晴の儀なり。網代庇《あじろびさし》。公卿・殿上

後伏見上皇の若宮圓滿院に入室せらる

人歩儀なり。雨に依り出車《いだしぐるま》を略せらる。還御の程天晴る。仍て御車の後より衣を出ださる。故内大臣(西園寺)實衡公の女、御車の後の右方に參る。還御の後、若宮故從三位守(宗カ)子生むところの院(後伏見上皇)の宮なり。圓滿院の宮の室に入る。卽ち今夕出家。年十五。仍て門の外より乘車。公卿多く束帶を着し扈從す。殿上人は騎馬例の如し。

(裏書)「女院御入內束帶の由、內々に時議有り。而して公宗卿の兄弟直衣を着して參る。是れ正應の例分明の間、伺ひ申すに及ばず參るところと云々。誠に直衣宜しかるべきか。思食し違はるゝかの由仰せ有り。公卿兩方通用の間、宮の扈從又多く以て束帶なり。女院の御幸後騎有るべきか。然れば歩儀と雖も、相准ずべきかの由、公宗卿伺ひ申す。仍て長光朝臣御車の後に候すべきの由仰せらる。先例不審、追て引勘すべし。」

〔廿八日。戊戌。〕

〔廿九日。己亥。〕

永福門院入內

〔卅日。庚子。〕今日永福門院(藤原鏱子)御入內。先づ此の御所に御幸。西園寺大納言御車寄をなす。實繼・隆職・資兼(二條)等の朝臣、束帶にて乘車し扈從す。內々の儀なり。御車八葉恒の如し。

〔二月小 癸卯〕

〔一日。辛丑。〕

後伏見上皇院評定始

〔二日。壬寅。〕晴。今日始めて御前に於いて評定《ひやうぢやう》有り。弘御所に御簾を垂る。西障子より御後《ごご》に出づ。關白（鷹司冬教）・前右大臣（今出川兼季）・藤大納言（葉室長隆）・西園寺大納言（公宗）等、次第に參着。簾中に依り見えず。次に長光（葉室）朝臣を召され、簾中に於いて文書を讀み申す。神宮臨時祭の事の文書なり。讀み了りて退下。西園寺大納言發言、三个條臨時祭、諸社祭の幣料、神事興行の事。沙汰有り。又長光を召し目六（錄、下同ジ）を書せらる。是れ下臈を閣《さしお》き目六を書するの條例無きの間、藏人頭を召さるゝなり。是れ又初例なり。然り而して禁中の議定《ぎぢやう》に准ぜらるゝなり。事了りて下臈より起座の後入御。此の間南方に火有り。禁裏に近〻と云〻。然り而して程無く消え了んぬ。

火事

評定に吉田定房參加せず

「（裏書）今日參仕の人の外、吉田一位（定房）・按察（日野資名）等の人數なり。定房卿は所勞に依り不參。或は云ふ、參るべからざるの所存と云〻。資名卿は服假に依り、神事の沙汰憚るなり。

文殿始

今日文殿《ふどの》を始めらる。殿上の北面を以て其の所となす。朝衡（三善）朝臣・冬直（大宮）朝臣・章敦（中原）・師右（中原）・章方（中原）・匡遠（壬生）・明清（坂上）・章香（中原）等着座。長隆（葉室）卿折紙《をりがみ》を下すと云〻。其の儀を見ず。評定以後、入御の後、内〻に御覽ぜらる。折紙見下すの間なり。章香右筆《いうひつ》にて着到を書す。書き了りて上首に傳ふ。次第に加署。下臈よりなり。文殿の雜仕、毎度取り傳ふなり。次に章香又番帳を書す。雜仕南方の壁西の間《ま》。に押す。在成（菅原）朝臣――等不參。」

伏見天皇御月忌　後伏見上皇持明院殿に御幸

同殿の守護を嚴にす

慈什參る

尊胤親王參らる

前座主慈嚴葉室光顯等武家に捕へらる

〔三日。癸卯。〕今日御月忌に依り、持明院殿に御幸。先づ中園殿に御幸。酒膳を供す。晩に及び安樂光院に於いて佛經供養有り。忠觀導師となる。資明（柳原）卿着座。事了りて還御。夜陰に及ぶの間、守護の武士御共（供）に參るべきの由仰せらる。今日門の守護のため、急に武家に仰せらる。仍て武者を持明院殿に差し進ずるなり。

〔四日。甲辰。〕晴。今日此の方に於いて、聊か酒膳を設く。兩院（後伏見上皇・廣義門院）入御。是れ毎年の恒式なり。事了りて引出物を進ず。今日慈什僧正童部《わらはべ》等と相共に參る。右の內騎馬に堪へる者有り。仍て御厩の一・八等を引き出だし騎らしむ。

〔五日。乙巳。〕雨下る。今日女院（廣義門院）の御方に於いて盃酌有り。其の儀昨日に同じ。

〔六日。丙午。〕尊胤親王茶を供す。又聊か酒を供す。唐繪等を進ず。夜に入り又此の方に於いて、同じく茶・酒を設く。皆親王の儲くるところなり。

今日武家より慈嚴僧正・光顯（葉室）朝臣・忠守法師・重賴法師等を召し捕ると云々。或は云ふ。桓守僧正同じく召し出ださると云々。後聞く、桓守僧正は召されずと云々。

〔七日。丁未。〕

〔八日。戊申。〕晴。教行（山科）・家藤（持明院）等御厩の馬に乘る。

〔九日。己酉。〕晴。北面光衡御厩の馬等に騎る。前右府參り、條々を申す。

〔十日。庚戌。〕

院評定を停めらる

〔十一日。辛亥。〕今日評定の式日なり。而して前右府・吉田一品・西園寺大納言等、皆病と稱して不參。仍て延引す。

〔十二日。壬子。〕

〔十三日。癸丑。〕

縣召除目を停めらる

〔十四日。甲寅。〕今日より縣召《あがためしの》除目《ぢもく》行はるべきの由治定。而して世間物忩、機嫌無骨に似たり。仍て延引す。

今日書狀等武家に遣はさる。蒔繪の函に納め勅封を付す。資名卿を遣はす。即ち目六〔錄〕を書す。只狀何通の由許りを書す。資名卿又これを見ず。後日書す。仍て慥かに覺えず。若しくは十三日か。

泉屋の茶を摘ましめらる

〔十五日。乙卯。〕早朝泉屋の茶、人をして摘ましむ。春宮大夫（中院通顯）を召して調へしむ。法師一人を召具し、庭上に於いて調へしむ。氣味太《はなはだ》好し。

〔十六日。丙辰。〕

光嚴天皇及び後伏見花園兩上皇北山第に御方違

〔十七日。丁巳。〕晩に及び小雨。夜に入り尤も甚し。今日卌五日の方忌《かたいみ》を違へんがため、北山に御幸。行幸同じ。申の終り出御。御狩衣なり。朕同じ。公宗卿（西園寺）御車を寄す。北面三四人供奉。路頭に於いて公重卿（西園寺）參會。下車して正笏蹲居。これを見て北面皆下馬して過ぐ。是れ今日供奉

還御

の輩皆家人《けにん》の故、殊に此の禮有るか。供奉人として然るべからざるか。但し又巨難に及ばざるか。龜山院六條殿に御幸の時、照〔稱〕念院(鷹司兼平)關白參會、故入道左府(西園寺)公衡公。已下供奉下馬〔すべき脱カ〕や否、面々猶豫す。而して御車より人を召さる。仍て仰せを承らんがため、入道左府下馬す。これに就き自餘の公卿・殿上人等皆下馬すと云々。是れ六條殿の前なり。仍て更に騎馬するに及ばずと云々。若しくは下馬すべき〇裏書ニ續ク。

「(裏書)の由、龜山院思食さるゝの間召さるゝか。これを以てこれに准ずれば、下の北面中納言已上に對し家禮《けらい》として下馬、難たるべからざるか。公重卿尚乘車せず。大納言時を過ぎ敬屈して居るが如く、過ぎ了りて乘車。北面に於いて先づ女院の御方に入御。戌の半ばに及び御裝束を改めらる。子の初めに及び行幸。兼日武家に仰せらる。仍て警固の武士を差し進ず。皆直《ひた》垂《ゝれ》に劍を取り、或は帶ぶと云々。御輿の左右を歩行す。仍て御綱の將頗る前行す。是れ正應に爲頼(淺原)推參《すいざん》の比《ころ》、御用心のため此くの如しと云々。彼の例を追ふなり。女院の御方に於いて、内々に破子《わりご》を供す。公宗卿兄弟、覺圓僧正等祗候す。破子の時、僧侶主上の御前に候す。太《はなはだ》然るべからず。而して覺圓の作法、已に是れ故入道相國(西園寺實兼)に同じ。左右《さう》する能はざるか。猶然るべからざる事なり。然り而して女院時宜無力の間召さるゝか。曉鐘に及び還御。此の間已に天明に及ぶ。還御の次《ついで》、惣門の内に於いて少々御見物。警固の武〔士脱カ〕去夜の如し。行幸過ぎ了

りて還御。」

「(頭書)今日後嵯峨院御八講。御幸無し。例の如しと云〻。」

〔十八日。戊午。〕

〔十九日。己未。〕

〔廿日。庚申。〕晴。夜に入り後鳥羽院御影の前に於いて、行法法花。別の本尊は懸けず。一座。

後鳥羽院御影前の行法

今日益守僧正東寺の舎利幷に重寶等の辛櫃《からびつ》を持參す。此の舎利、先年盜人甲乙の壺を取る以後、一壺に納めらる。而して去る正月、眞言院に於いて勘計のところ、甲二粒・乙三粒の由、裹《つゝみ》紙に注せらる。件の五粒の外見えず。而して内裏の五節《ごせち》に愛染王帳の前の水精の壺に納めらるゝところの舎利は千四百餘粒。件の舎利本尊等に相具し、先日〇裏書ニ續ク。

僧正益守東寺舎利及び重寶の辛櫃を持參す

「(裏書)内裏より渡さるゝの間、同じく仁和寺の宮(寛性法親王)に渡され了んぬ。而して件の舎利東寺の舎利に相似るの由、仁和寺の宮申さる。仍て武家に尋ねらるゝのところ相違無し。仍て今日返納せらるゝところなり。益守僧正寺務以後、未だ拜堂を遂げざるの間、寺門に參る能はず。仍て先例有るに就き、寺官等を以て御所に渡さるゝなり。御前に於いて開く。これに先だち益守僧正參進し寢殿の庇に候す。圓座。上皇(後伏見)同じ庇に御座。繧繝《うんげん》一枚を敷く。朕東の二間《ま》の庇に候す。同じ疊を敷く。階《はし》の間《ま》の御簾を卷く。僧二人辛櫃を舁きて參上。隆蔭(四條)卿院司として祇候す。衣冠。先づ仁和寺より

盜難の佛舍利を東寺に返納せしめらる

健佗穀子袈裟及び鈴杵等を拝見せらる

渡し進ぜらるゝところの舎利を勘計す。千四百九十九粒と云々。此の内十粒は仁和寺の宮申し預かるか。五粒は御所に留められ、三粒は朕申し、三粒は廣義門院（藤原寧子）、三粒は仁和寺の新宮申す。益守は三粒、役人二人は同じく一粒、凡僧の別當は一粒、勅使隆長（吉田）卿は一粒奉請す。即ち御前に於いて隆蔭右筆にて記す。又健佗穀子の袈裟《けさ》・鈴杵《れいしよ》等を出だされ、各拝見す。頼定（冷泉）・資明等の卿又參候し、拝見す。」

院評定

永陽門院御幸

〔廿一日。辛酉。〕晴。行法昨日の如し。今日評定。關白・堀川大納言（具親）今日初參。無人の間、召し加へらるゝなり。・藤大納言・按察。雜訴の法弁に評定の越訴《をつそ》・庭中《ていちゅう》等の式日を定めらる。永陽門院（久子内親王）御幸有り。今日より彼岸の間、六條殿御所たるべし。便路御幸なり。

後鳥羽院御影前に御經供養あり

〔廿二日。壬戌。〕晴。今日後鳥羽院御影の前に於いて、御經供養の事有り。憲守導師たり。法花經一部の外、宸筆阿彌陀經を副へらる。啓白了りて下座の間、簾下より上皇紅梅の二衣《ふたつごろも》を押し出さしめ給ふ。憲守これを取りて退下。保有（持明院）朝臣西面の庭に於いて、御厩の馬等に乗る。日暮に依り四疋許り乗る。夜に入り行法昨日の如し。

法華八講結願

今日御八講の結願例の如し。御幸無し。世間静かならざるに依るなり。今年は六條殿に於いて行はる。是れ先度政務の時の例なり。今日免者《めんじゃ》無し。即位以前に依るなり。是れ先例なり。十七日又此くの如しと云々。

齋食
兩上皇泉涌寺全信より受戒せらる
天神本地供
道熈親王參り對面せらる

〔廿三日。癸亥。〕陰、午後雨止む。今日齋食《さいじき》。泉涌寺全信上人を請じ、八齋戒を受く。上皇同じく受け給ふ。女房少〻五戒を受く。今夕天神本地供を行ふ。三个日。

〔廿四日。甲子。〕晴。齋食・行法等昨日の如し。道熈親王參り、對面す。

〔廿五日。乙丑。〕晴。齊(齋)食・行法日〻の如し。

後伏見上皇より先日の佛舍利を給ふ

〔廿六日。丙寅。〕晴。

今日、先日の舍利、院の御方より給ふ。此の間納物無きに依り、院の御方の御分を相具し、彼の御方に置く。水精塔今日出來す。奉請するなり。即ち佛前に於いて水精塔を奉納す。即ち供養法一座三井流の舍利供なり。を行ふ。

廣義門院御入内
即位禮服を御覽ぜらる

廣義門院御入内有り。暫く御所たるべしと云〻。今日禮服御覽と云〻。關白・春宮大夫(三條實忠)・中宮大夫・大炊御門大納言(冬信)等參仕すと云〻。西園寺大納言所勞の由を申し不參。其の替り春宮權大夫(西園寺公重)相催さる。而して又臨期所勞の事有りて不參と云〻。

小除目

今夕小除目。俊實(坊城)・藤範(藤原)卿從二位に敍す。菅在雅・公時等の朝臣上階に敍す。自餘記す能はず。

〔廿七日。丁卯。〕雨降る。

〔廿八日。戊辰。〕今日內裏より禮服の辛櫃《からびつ》二合・冠筥二合を渡さる。委細別に記すべし。

道熈親王北斗法を修せらる

〔廿九日。己巳。〕今夕より道熈親王北斗法を修す。今月分なり。公卿の座を以て道場となす。

〔三月大甲辰〕

御燈

〔一日。庚午。〕晴。御燈例の如し。春宮大夫(中院通顕)御簾に候す。廣御所を以て其の所となす。簾を出づるの間、左將曹秦延方・右將曹同久澄・近衛秦久藤等砌の下に進み候す。各前聲を發す。座前より懸膝居廻りて着す。西向。拜の時北に向ひて三拜。起揚の間、毎度隨身等前聲を發す。延方一人。入内の時又前聲を發す。今度□前を追ふ。陪膳實繼朝臣(三條)、役送行兼(安居院)、陰陽師在實朝臣(賀茂)。院(後伏見上皇)の御方又寢殿に於いて御禊有り。役人等同前と云〻。朕これを見ず。裝束を着するの間の故なり。

〔二日。辛未。〕

伏見天皇御月忌

〔三日。壬申。〕天晴る。御月忌。御幸無し。警固等容易ならざるの故なり。桃李時を忘れず。而して亂世に依り風月の興遊無し。太《はなはだ》悲しむべし。

〔四日。癸酉。〕

〔五日。甲戌。〕

〔六日。乙亥。〕

後醍醐天皇六波羅より進發し給ふ

〔七日。丙子。〕晴。今日巳の剋許り、先帝(後醍醐天皇)進發せしめ給ふ。六波羅より出御。御車を用ふ。御車寄公重卿(西園寺)。宮司を辭して參ると云〻。召次・御牛飼等、崇明門院(禖子内親王)より沙汰し進ぜらるべきの由

武士數百騎前後左右を圍む十四日出雲にて御乘船あるべしといふ

尊良親王及び尊澄法親王配流の途に上る

縣召除目

を武家申す。御牛公宗（西園寺）卿進ず。公宗卿は扈從せず。別路より鳥羽に參向す。行房（藤原）朝臣・忠顯（六條）等供奉す。但し路頭より止められ、鳥羽に參會すと云々。先帝は御冠・御直衣下結。と云々。鳥羽の棧敷殿に於いて破子《わりご》を供御の後、數剋有りて出御。今度は御輿。四方《しはう》輿《ごし》。三方簾を巻かると云々。女房三人、輿無し。武士數百騎前後左右の路頭を圍む。十四日出雲國に於いて御乘船たるべしと云々。

「（裏書）先帝鳥羽に入御の事、承久の例と云々。但し今度の事義（儀）聊か相替るか。然り而して武家別に申し入るゝの旨有るの間、子細を仰せらるゝに及ばず。寢殿猶相憚るの間、棧敷殿に於いて破子を儲くるの由、公宗卿申す。」

〔八日。丁丑。〕晴。今日中書王（尊良親王）・妙法院宮（尊澄法親王）の兩人首途と云々。武士の警固例の如し。尊良親王は爲明（御子左）一人供奉す。但し參會か、路頭に見えずと云々。尊澄法親王は僧侶少々相從ふと云々。忠顯は入道有忠卿の息なり。父義絶の間、相綺《かゝは》らずと云々。爲明は武家より祖父大納言入道爲世。に懸くるの間、出立せしむと云々。

〔九日。戊寅。〕

〔十日。己卯。〕晴。縣召除目《あがためしのぢもく》今夕より始行せらる。執筆右大臣（久我長通）と云々。晩頭關白（鷹司冬教）參入。對面のところ、顯官幷に受領《ずりやう》擧げて□（近カ）年舊例に任せ任ぜらる。而して今度は如何の由伺ひ申すのとこ

石清水臨時祭試樂及び御馬御覽
後伏見上皇長講堂御幸
除目入眼
洞院實守は罪科あるべからず

ろ、近年の如く行はるべきかの由沙汰有り。而して又猶小折紙《こをりがみ》に載せらるべきかの由沙汰有り。何様たるべきやの由を申す。御灸の間、御對面無し。猶近代の如く○裏書ニ續ク。

「(裏書)小折紙有るべし。先朝任人の事等、御自專有るの間、受領の如きは任ぜらるゝに子細無し。今度は相替るべき事なり。又近年聊か異様の申文《まうしぶみ》等、一巻に書き抜き持參す。少ゝ不審の事等を問はしむ。又舊大間《おほま》書《がき》を取り出だし縿《く》らしむ。其の説を知らんがためなり。」

〔十一日。庚辰。〕晴。今日石清水臨時祭の試《し》樂《がく》并びに御馬御覽と云ゝ。御八講聽聞のため長講堂に御幸。西園寺中納言(公重)・教行朝臣(山科)・經量(町口)等供奉す。北面四五輩。召次所延方(秦)・久澄(秦)。御八講例の如し。講師朝は心榮、夕は(マヽ)。問者(マヽ)。公卿西園寺大納言(公宗)・師(坊城)中納言(俊實)・右兵衞督(四條隆蔭)等なり。事了りて北面に於いて索餅《さくべい》を供す。公重卿陪膳。晩頭に還御。

〔十二日。辛巳。〕晴。除目入眼《じゆげん》。申の剋許り、關白參る。執筆の作法を尋ぬるのところ、太《はなはだ》多く不審。就中□大間《おほま》左手に持ちながら縿《く》る。未曾有の事か。又二合《にがう》の外に目《さかん》を任ず。仍て相尋ぬるのところ、これを止むと云ゝ。内大臣(大宮季衡)又此の申文を出だすと云ゝ。納言中に於いて此の事有り。公卿并に撰定の職事《しきじ》等の不覺第一なり。彈指すべし。夜に入り公宗卿參り、先日仰せ下さるゝ實守卿(洞院)の事を申す。内ゝ東使に相尋ぬるのところ、前内府(洞院公賢)縁坐《えんざ》の儀に及ばざるの上は、實守卿又子細有るべからず。仍て俄かに權中納言に任ぜらる。是れ大理昇進超越の由、兼ねて愁

ひ申す。然り而して前内府の進退未定の間、沙汰に及ばず。内々武家に相尋ぬべきの由、公宗

〇裏書ニ續ク。

「卿(裏書)に仰せらるゝのところ、今相違有るべからざるの由申さしむるの間、俄かに任ぜらるゝところなり。其の闕無きの間、俄かに頼定(冷泉)卿を召され、辭し申すべきの由仰せらるゝのところ、定親(冷泉)辨官の事内擧、卽ち任ぜらる。

敍位任官交名

權中納言藤實守　　源通冬(中院)兼。　　參議源具雅(堀川)兼。

左少辨藤爲治(中御門)　　權右少辨藤定親(冷泉)

左馬頭平親名定親のために超越せらるゝの間、其の愁ひを慰めんがため、四品に敍し、此の官に任ぜらるゝなり。

右馬頭菅在淳兼。　　左中將藤季綱

從四位下藤宣明　　平親名

五位藏人木工權頭藤清經」

〔十三日。壬午。〕

〔十四日。癸未。〕

〔十五日。甲申。〕

〔十六日。乙酉。〕

〔十七日。丙戌。〕

即位敍位

〔十八日。丁亥。〕晴。今夕即位の敍位なり。執筆春宮大夫と云々。正二位藤冬信（大炊御門）・同師平（鷹司）・正三位藤基雄（持明院）・同親康・從三位藤有能。四位以下記さず。

〔十九日。戊子。〕

〔廿日。己丑。〕

後伏見上皇太政官廳に御幸即位儀の習禮を覽給ふ

〔廿一日。庚寅。〕雨下る。今日御裝束の儀等を御覽のために御幸。宮司・內侍以下の女房參會、習禮せしむ。關白・西園寺大納言・藤大納言・三條大納言（實忠）御車寄。・日野前宰相（柳原資明）・右衛門督（勸修寺經顯）・兵衛督（四條隆蔭）等參會、習禮有り。左大史冬直（大宮）・右大史俊春同じく參會。

習禮の條々

出御と劒璽との前後の事、御簾を卷く人の事、劒璽の內侍前後左右の事。

即位の儀遂行せらる

〔廿二日。辛卯。〕天陰り、雨時々下る。巳の剋行幸。酉の半ば還宮。未だ秉燭に及ばず。即位の禮無爲無事。雨又休止す。

〔廿三日。壬辰。〕

京極爲兼薨ずるの由傳聞せらる

〔廿四日。癸巳。〕晴。今日爲基（藤原）朝臣申して云ふ、大納言入道爲兼（京極）。法名靜覺。去る廿一日薨ずるの由傳聞すと云々。

爲兼の人物と業績

彼《か》の卿は、右兵衛督爲敎卿の息なり。幼日より祖父爲家卿に昵近し、和歌の口傳等悉く受くるの上、天性風骨を得、拔萃の堪能なり。伏見院在坊の時、和歌を好ましめ給ふ。仍て

佐渡に配流せらる

重ねて土佐に配流せられ後に和泉に移る

和歌文書九十餘合を花園上皇に附屬す

伏見天皇及び爲兼の立つるところ正義なり

寓直、龍興の後藏人頭となり、中納言に至る。和歌を以て候し、粗《ほゞ》政道の口入に至る。仍て傍輩の讒有り、關東退けらるべきの由を申す。○裏書ニ續ク。

(裏書)「仍て見任を解却し、籠居の後、重ねて讒口有り、頗る陰謀の事に渉る。仍て武家佐渡國に配流す。數年を經て歸京、又昵近元の如く、愛君の志等倫に軼《す》ぐ。是れを以て寵有り。正和に朕首服を加ふるの時、上壽たり。權大納言に任じ、幾《いくばく》も無く舊院(伏見天皇)御出家の時、同じく素懷を遂げ了んぬ。上皇(後伏見)幷に朕に於いて乳父たり。姉(爲子)大納言二品又和歌の堪能たり。永福門院(藤原鏱子)に祗候し、延慶に褰帳の典侍なり。兄弟共に頗る權威有り。而して入道大相國(西園寺)實兼公。幼年より扶持し、大略家僕の如し。而して近年舊院の寵を以て、彼と相敵し、互に切齒、正和□(六)年□に至り遂に彼の讒に依り、關東重ねて土佐國に配す。近年聊か優免の儀有り、和泉國□に移る。又上皇の御意を伺ひ申す。而して讒臣有りてこれを塞ぐ。仍て勅許無し。凡そ舊院の寵を以て、人に驕《おご》るの志有り。是れを以て上皇の旨に忤《さから》ふ。朕に於いては忠節を存ず。而して上皇の叡慮に背くを以て、正和以來曾て通ぜず。配流の比《ころ》、和歌・文書九十餘合を以て朕に附屬す。(正親町)忠兼・敎兼・爲基等、器量に隨ひて或は一見を免じ、或は預け給ふべきの由を書き進ず。彼の時朕猶若年たり。和歌の道に於いて深く知らず。頃年以來彼の口傳等を憶念し、又內外典の深義を以て思ひ、舊院幷に爲兼卿立つるところの義、寔に是れ正義なり。世人これを知ら

詠歌一卷を爲兼の許に遣はさる

ず。爲世（御子左）卿は俊成（藤原）・定家（藤原）卿の嫡流たるも、此の義に達せず。身已に不堪たり。仍て彼の正義を嫉妬し、正義にあらざるの由を自構し、天下の人大半彼に歸し、和歌の道是れより頗る廢す。只入道太政大臣實兼公頗る此の義の正なるを知り、彼の人を惡《にく》むと雖も、其の道を棄てず。自外の諸人公家武家の輩、或は門弟の號有りと雖も、邪正を辨ずる能はず。嗟呼惜しいかな。頃年以來宗峰（妙超）上人に遇ひ、宗門の旨を知り、心聽法印に謁し、天台の宗旨を聞き、五經を披見し、周孔の道を悟る。彼の力を以て此の道を思ふ。寔に邪正の玄隔、宛も天地の如し。是れに依り近年以來の詠歌一卷、去年の比《ころ》、爲基朝臣を使として泉州に遣はし見せしむ。十餘日の後上洛し、彼の旨を傳へて云ふ、詠歌の趣、太《はなはだ》以て神妙、深く此の義に達す。舊院御沙汰の趣に於いて、更に毫髮の相違無し。所存都《すべ》て違ふところ無し。但し猶少歌數の故、言句尚練習すべき事有り。意地に於いては更に以て足らざる無し。又此の位に至る。將來の和歌僻案に入るべからずと云々。是れ已に印可なり。喜悦の志比類無し。詠歌の功淺きに至りては、もとより自省するところなり。但し內外典の義、彼の意趣に合するや否や、審かならざるところなり。而して今許諾の旨有り。是れ本意なり。是れを以て彌佛法の正宗、和歌の非邪を知る。二三百首の歌、合點せざるの歌十首に過ぎず。尤も道に於いて爲悅。又所々直し付ける事有り。此れを以て彼の意趣を察するに、專ら雅正の道なり。仰いで信ずべし。

文筆眼心及び詩人玉屑は奥儀を述べたり俊成の古來風體定家の僻案抄も可なるものなり

永福門院御堪能たり。當時舊院の御遺愛として御坐の間、和歌の道彼に於いて決を取る。而して詠歌の優美に至りては、階及すべからず。而して時々の御詠歌の內浮艷の意、餘情の□〔旨カ〕に渉る有り。是れ不審の一なり。仍て彼の御判の歌合一二巻同じく遣はす。而して返答の趣宛も愚□〔案カ〕の如し。是れに依り彌朕の領解の旨違はざるを知る。爲基朝臣語りて云ふ、彼の卿云ふ、朕和歌に於いては器量たりと雖も、左遷の比《ころ》口傳するところ、未だ此の奥義に及ばざるのみ。幽邃に至りては尤も不審と云々。爲基答へて云ふ、和歌の談義無しと雖も、佛法に於いて心地を行す、若しくは其の故かと云々。彼答へて云ふ、然れば不審有るべからず。佛法和歌更に差別の意地有るべからざるの由を示すと云々。此の語を聞き彌信仰を增す。此れ等の趣記して益無し。而して和歌の道已に以て滅亡せんとす。後世自然有好の人は、邪正辨じ難かるべし。內外典の義を以て、知るべきの故、一端を記す。但し儒釋の義を以て校《かんが》ふと雖も、古人の祕歌用心のところ分明ならざるに於いては、又此の道の義を知るべからざるものなり。弘法大師の文筆眼心幷に詩人玉屑は、能く奥義を述ぶ。又俊成卿抄するところの古來風體、尤も和歌の意を得。彼の書等を見、自ら察すべきなり。定家卿の僻案抄、又然るべきの物なり。古來風體は、太《はなはだ》以て深奥に至る物なり。人は輒く知測すべからざるもの□〔なりカ〕。抑爲兼卿は、和歌・蹴鞠の兩道に達し、家藝の□に叶ひ、奉公多年昵近の間、愛君の志尤

も甚し。茲に因りて太《はなはだ》寵有り。而して其の性は猜忌多く、己に附かざる人を以て、偏《ひとへ》に不忠となす。權豪の家に於いて憚らず、偏に愛君を以て、至忠となし、御民の大體に暗し。是れを以て罪を得。而して一德に於いては人の許すところなり。蹴鞠に於いては、爲世卿又抜群の堪能たり。因りて以て互に知己となり、曾て相爭はず。和歌に於いては正嫡の身、已に末流に劣る。是れを以て、妬忌の情尤も甚し。玉葉撰集せらるゝの時、訴陳に及ぶ。これより以來讎敵となる。彼の門弟等云ふ、罪を得て左遷。是れ和歌の邪義、神納受せざるの故なりと云々。朕おもへらく太以て然らず。罪を得るの故は、政道口入の故の由、關東已に書き載す。不審に及ばず。和歌の道たる、誠に天地を動かし鬼神を感ず。縱《たと》ひ他の罪を得ると雖も、豈神助無からんや。是れ人の疑ふところなり。朕おもへらく、道を知らざるの甚しきなり。大才篤行の士、或は讒に依り罪を獲《と》り、或は不幸にして命を終る。豈道の失と謂ふべきや。縱ひ和歌の一藝に於いて、神道に叶ふと雖も、行迹に於いて謬《あやまり》有らば、豈常刑無からんや。神は非禮を受けず。何ぞ一藝に依り咎を忘れん。至愚の人は此の疑を致すなり。何ぞ況んや先院深く此の道を好ましめ給ふ。豈不幸と稱すべけんや。世人此の道の正理を知らざるの故なり。此の人已に亡し。彌廢するか。悲しいかな〳〵。」

〔廿五日。甲午。〕行法例の如し。

蹴鞠に於ては爲世と曾て相爭はず

和歌は讎敵となる

罪を得るは政道口入の故なり

爲兼の死を哀悼せらる

下名
僧事

〔廿六日。乙未。〕

〔廿七日。丙申。〕

〔廿八日。丁酉。〕

〔廿九日。戊戌。〕

〔卅日。己亥。〕晴。院の御方に於いて盃酌の事有り。春宮大夫・西園寺大納言・按察（日野資名）等御湯殿に候す。頼定・兼高（藤原）・隆蔭（四條）等の卿、又簾代の邊りに候す。今日下名《おりな》有り。但し加任無し。僧事有り。

大僧正聖恵、僧正俊禪去年八月五壇法大威徳法の賞。・覺伊・慈什。去年八月五壇金剛・夜叉法の賞。權大僧都已下記す能はず。大略去年御祈の賞等行はる。尊圓・道熈・尊胤等の親王、道昭・道意等の僧正、御祈の賞等なり。慈什御受法の賞。兼什權大僧都に任ず。尊悟親王の賞。園城寺唐院阿闍梨三口寄せ置かる。

〔四月小乙巳〕

〔一日。庚子。〕晴。今日評定《ひやうぢやう》無し。夜に入り盃酌の興有り。頼定（冷泉）・兼高（藤原）卿等候す。女房陪膳をなす。

〔二日。辛丑。〕

伏見天皇御月忌
後伏見上皇安樂光院に御幸

還御

西園寺公宗東使申す旨を奏す

灌佛行はれず

西園寺公宗東使の申す旨を奏す
尊胤親王茶酒を儲く

公宗また東使申す旨を奏す

〔三日。壬寅。〕晴。御月忌に依り安樂光院に御幸の次《ついで》、御所中歷覽。今夕方違《かたゝがへ》に依り、中園殿に御逗留なり。門警固の事、兼ねて武家に仰せらる。武士等を差し進ず。

〔四日。癸卯。〕午の一點還御。下部《しもべ》遲參の故なり。召《めし》次《つぎ》召籠められ了んぬ。

〔五日。甲辰。〕晴。今日ゝゝ（下闕ク。）

〔六日。乙巳。〕今日西園寺大納言（公宗）參り、東使申す旨を申す。聖尋・慈嚴等申す詞、慈嚴申す詞、凡そ朕に護持を致すの上、去年□慈道親王の說に依り、耳に觸るゝの間、最前に告げ申し了んぬ。然る□（處カ）朕の返狀等分明の由申すの故、奏聞か。二條（道平）・近衞（經忠）兩前關白存知の由其の說有り。普門丸覺圓僧正同宿の童なり。密事を存知の由、聖尋申す旨等奏聞す。聖尋僧正又告げ申すの由を申すと云ゝ。

〔七日。丙午。〕

〔八日。丁未。〕晴。今日禁裏幷に諸院宮灌《くわん》佛《ぶつ》無し。是れ今年神事に當らずと雖も、代始《だいはじめ》御衰日を憚らるゝ例なりと云ゝ。弘安はこれに就き仙洞同じく行はれず。事の儀未だ可否を辨ずるを得ず。然り而して先例有るの間略せらる。今夕公宗卿（西園寺）御返事を奏し申す。仰せらるべきの趣等、內ゝ東使と談合の旨なり。夜に入り尊胤親王茶酒を儲く。近日怖畏有るべきの由、其の說有り。仍て今夕宵を通じて眠らず、天明寢に就く。

〔九日。戊申。〕

〔十日。己酉。〕晴。西園寺大納言參り、東使申す旨を奏聞す。事書《ことがき》數通有り。旨趣繁に依り委し

討幕參與の者の罪科處分

く記さず。只大綱なり。中宮(藤原禧子)に御領四个所。幷に御所一條高倉。を進ず。二條前關白(道平)與同の間、其の科、家門に及ぶべし。但し別儀を以て宥免す。前關白は香園院(二條師忠)に預けらる。中院禪閤(二條兼基)等の子孫は家督となすべからずと云〻。前内府(洞院公賢)の出仕は子細有るべからず。實世(洞院)卿は解官を止め、父公(公賢)に預けらる。藤大納言(御子左爲世)入道は老を優《いたは》り免ぜらる。爲定(御子左)卿は出仕を止め、大納言(爲世)入道に預くべしと云〻。宣房(萬里小路)卿は廉儀の譽に依り、優免拜趨を致すべしと云〻。公明(三條)は同じく優免拜趨せしむべしと云〻。具行(北畠)・資朝(日野)・成輔(平)等の卿、俊基朝臣は斬罪に處すべし。聖尋僧正・俊雅僧正・文觀は遠嶋に遣《や》るべし。按察入道公敏(洞院)・大納言入道師賢(花山院)・藤房(萬里小路)卿・季房(萬里小路)朝臣は遠流すべし。圓觀・仲圓僧正は同じく遠流と云〻。近衞前關白は存知の由其の聞え有り。尋ぬべきの由、別して公宗卿に申し遣はすと云〻。今日卽ち尋ね遣はすと云〻。資名卿を遣はし、事の趣を中院入道・前内府・藤大納言入道等に仰せらると云〻。

後醍醐天皇の皇子等の措置

「(裏書)先帝の宮〻十歳以上は城外に遣《や》るべし。十歳以下は然るべき人〻に預けらるべしと云〻。中務卿親王(尊良親王)の息は同じく人〻に預くべしと云〻。」

女敍位

〔十一日。庚戌。〕晴。今夕女敍位《にょじょゐ》。執筆中宮大夫(三條實忠)。

從三位藤原禔子(鷹司冬教)關白室。・藤原名子、褰帳。資名卿の女。御乳母なり。從五位上坂上幸子、執翳《さしば》。從五位下資子王褰帳。故資清(王)卿の女。・鴨祐子藏人。・藤原隆子御匣殿《みくしげどの》。故隆嗣(鷲尾)卿の女。・藤、繁子內教坊。・藤清子院(後伏見上皇)の御給。・大中臣直子新院(花園上皇)の御給。蔭直

卿の女。・藤敏子（藤原寧子）廣義門院の御給。・藤慶子（永子内親王）章善門院の御給。・清原教子命婦。・清原澤子女史。・大江松子。掌縫。外從五位下藤井枝子。主殿の女嬬。

蓮華王院寶藏の管絃具日記歌草子等の返納

〔十二日。辛亥。〕今日蓮華王院寶藏の管絃具・日記・歌草子等返納せらる。爲治（中御門）參向す。

叡山の諸堂塔燒失す

〔十三日。壬子。〕雨下る。早旦聞く、叡山の火法花堂より起り、常行堂・講堂・延命院・四王院・鐘樓等燒失の由。嗟歎極まり無し。

〔十四日。癸丑。〕

除目

〔十五日。甲寅。〕今夕祭の除目。山門の火事に依り、豫儀有り。而して承平は回祿の時、三个日の内に除目有り。永仁は三个日に次第の司を任ぜらる。但し夜中の燒亡なり。三个日以後と謂ふべきか。承平の例に依り行はるゝなり。聞書《きゝがき》續き加ふ。

御子左爲世優免を謝す

（裏書）「今日藤大納言入道參る。對面す。老體を優免せらるゝの由申すの間、參るところか。但し聊か早速に似るか。如何。」

左傳を讀了せらる

〔十六日。乙卯。〕今日左傳讀み訖る。去年八月以後頗る怠り讀書せず。今年より三旬分を三番となし、和漢内典等を學ぶ。左傳は去年より讀み、今日功を終る。余此の書未だ一部の功を終らずして說を受けんとす。而して其の仁無きの間、先づ讀む。連〻見ると雖も、去年より殊に見る。重ねて正義に合はすべきなり。余此の書を未だ精研せず。仍て殊に學ぶ。史書に於いては

偏（遍）覽すと雖も、全經猶學ばざるの書有り。尤も慙たり。

漢書を讀み給ふ
大地震

〔十七日。丙辰。〕今日漢書を讀む。午の剋地大いに震ひ音有り。文保以後此くの如き大動無し。尤も怖たり。天文の輩等、占文《せんもん》輕からざるの由を申し、龍神動くと云〻。皆傍通を以て申す。

〔十八日。丁巳。〕範秀（安倍）尾宿の由を申す。若しくは算勘《さんかん》か。同じく龍神動くなり。

〔十九日。戊午。〕

院評定

吉田定房を召し政道興行につき對談せらる

〔廿日。己未。〕晴、評定。關白・前右府（今出川兼季）・吉田一品（定房）・堀河（川）大納言（具親）・藤大納言（葉室長隆）・按察（日野資名）等候す。評定の次《ついで》、政道失有るの由風聞の由、又關東形勢有り。仍て出仕し、偏《ひとへ》に政道を輔佐すべきの由を申す。委しく記す能はず。評定了り、定房卿を召し弘御所に於いて對面す。政道行はるべきの由を種〻申す。

〔廿一日。庚申。〕

賀茂祭
後伏見花園兩上皇廣義門院等御幸

〔廿二日。辛酉。〕晴。賀茂祭。午の二點御幸。廣義門院御同車。豐仁親王・朕又乘る。實尹（今出川）卿御車を寄せ、卽ち供奉す。通房（土御門）朝臣・教經朝臣、北面七八人、隨身延方（秦）・久澄（秦）等供奉す。今日召次所供奉せず。御棧敷に到り、北面より下りたまふ。西方の六个間《ま》、東に迫り大文の帖南北行。二帖を敷く。自餘は小文を二行に敷く。上皇御座の次の間《ま》奥。は朕の座。第三間より以西、前右

還御

府・內府（大宮季衡）・藤大納言・西園寺大納言・冷泉中納言（賴定）・前右衛門督兼高（藤原）。・右衛門督（勸修寺經顯）・高三位（高階雅仲）等祇候。五獻□（了）りて御膳を供す。此の間隆蔭卿參る。御前に召さる。未の一點看督長《かどのをさ》渡る。相續いで檢《け》非違使《びゐし》・春宮使渡る。頃《しばらく》有りて典侍過ぐ。□使の後、命婦渡り了んぬ。藏人遲〻の間、先づ還御有り。抑看督長渡らんとするの間、簾を卷く。便に隨ひ前右府已下卷く。還御已後、大（西園寺公宗）納言・春宮大夫（中院通顯）・三條前大納言（公秀）等追ひて參る。

「（裏書）近衛使右中將實材（一條）朝臣　典侍秀子

內藏寮　山城介

右馬助大江景賴

春宮使亮右大辨宗兼（中御門）朝臣」

〔廿三日。壬戌。〕

〔廿四日。癸亥。〕

〔廿五日。甲子。〕

〔廿六日。乙丑。〕夜に入り改元の勘文《かんもん》等到來す。

〔廿七日。丙寅。〕

國郡卜定及び改元定

〔廿八日。丁卯。〕晴。今日國郡卜定《こくぐんぼくぢやう》幷に改元定なり。先づ卜定有り。上卿《しやうけい》右大臣（久我長通）と云〻。翌朝

新年號の詮議

日出の程に及び、親名（平）參り、年號の字の事を申す。正長に大略一同。其の外嘉慶、右府・堀川大納（具親）言。□（正慶カ）三條前中納言（實任）・帥中納言（坊城俊實）。等と云々。何樣たるべきやの由、院の御方より親名を以て尋ね仰せらる。朕申して云ふ、正長は強ひて無難の上、一同は勿論か。但し密々關東長の字を忌むの由風聞有り。若し實事たらば、憚らるべきか。建長・應長等、關東事有るの故と云々。嘉慶は、嘉の字先例庶幾せず。正慶は、一に止の難、堀川大納言頻りに申すと云々。兩朝の舊難たるか。然り而して度々用ゐらるるは嘉例たり。慶を止むるの難、正曆・正治等憚るべしと雖も、已に佳例たり。何事有らんやの由を申す。重ねて仰せて云ふ、正慶たるべし。其の由仰せ下さんとすと云々。庶心反するの難、實任（三條）卿申すと云々。人々然らざるの由を陳ずと云々。此の事難たるべからざるの由勿論の事なり。庶にあらず反にあらざるは勿論か。

正慶たるべし

改元定參仕の公卿

「（裏書）改元定參仕の公卿
右大臣・春宮大夫・堀川大納言・藤中納言・三條前中納言・帥中納言・宮內卿（平宗經）・有光（六條）朝臣。

　兼日御點濟々。而して皆以て故障か。西園寺大納言は輕服《きやうぶく》、中宮大夫は觸穢と云々。其の外の人は只障りを申すか。

改元以前、堀川大納言・三條前中納言等參る。對面の次《ついで》、字の難等の事、粗《ほゞ》問答す。

宣命

改元詔

詔す、伏犧氏の八卦を演ずるや、始めて乾道革故の跡に著く。孝武帝の四序を調するや、早く漢室建元の源を開く。爾來膺籙負扆の君、明一通三の主、時令を發して化を施し、舊章を率して號を改むるものなり。朕謬りて眇身を以て忝くも大統を受け、仁風海表に翔〔翻〕し難く、皇澤寰宇に洽からず。方今孟夏の天、純陽の節、宜しく皇猷を□〔碌カ〕年に訪ね、以て民聽を今日に易くす。其れ元弘二年を改め、正慶元年となす。主者施行せよ。

　正慶元年四月廿八日

御畫日《くわくじつ》例の如しと云々。而して大内記行光四月日と書くの間、日の字を摺《やぶ》るべきの由仰せられ、返し給ふ。而して又日の字を止め、廿八の字を書きて進むるの間、先づ返し給ひて改めらる。仍て時剋推移の由、關白語るところなり。又國郡卜定、中臣不參の間、遲々例有るの間、行はると云々。」

慈慶北斗法を修す
阿彌陀經を書寫せらる

〔廿九日。戊辰。〕今日慈慶僧正始めて北斗法を修す。

阿彌陀經を書寫す。半卷許り書す。

〔五月大丙午〕

伏見天皇御月忌
後伏見上皇持明院殿に御幸
室町院三十三年の追善供養を修せらる

〔一日。己巳。〕晴。今日阿彌陀經書寫し了んぬ。
〔二日。庚午。〕
〔三日。辛未。〕晴。午の剋持明院殿に御幸。御月忌例の如し。貞仙〔海カ〕導師たり。其の後寢殿西面に於いて法事讃の事有り。高座に頓惠上人、顯智法師以下九人法事讃下卷を讀み了んぬ。後新寫經阿彌陀經を講尺〔釋〕す。故室町院〔暉子内親王〕御筆を縹《はなだ》色に染め、金泥を以て阿彌陀經を寫す。其の外淨土三部經を摺寫するなり。是れ今年卅三年に相當の故、朕此の佛事を修す。卅三年の追善の本說分明ならず。然り而して近年習俗たり。仍て內ゝに修す。凡そ故女院念佛を以て宗となすの故なり。一念聲明の輩參仕す。仙洞然るべからずと雖も、後嵯峨院以來流例たるの間此くの如し。頓惠の辨說涌くが如く、尤も能說なり。法事讃了りて一晝夜念佛有り。顯智の老聲猶以て殊勝。都《すべ》て以て老氣無く、其の音玉の如し。梁塵を動かすと謂ふべきものか。終夜念佛有り。平臥しながら聽聞す。

(裏書)「三日。
卅三年の今日佛事、近年世俗多以て修す。未だ舊例を勘へず。後嵯峨院以後、代ゝ都《すべ》て此の事無し。仍て不審の間、由緒幷に先例を忠性・憲守等に相尋ぬ。忠性申す、分明ならず。但し若しくは觀音利生の義に依るかと云ゝ。憲守申す、分明ならずと雖も、尺〔釋〕尊卅三歲の時、上忉利天、

摩耶夫人のために説法す。其の路三十三天を經る。是れ等の由緒かと云々。今日開題の次《ついで》の説法に云ふ、人間三十三年は冥道の千日に相當するの旨、委しく算へ勘ふ。尤も其の興有り。凡そ遁世の門人に於いて、能説の僧なり。但し強ひて宏才にあらず。音聲殊勝の上、其の骨を得るの故か。」

同上皇常盤井殿に還御

〔四日。壬申。〕午の剋日中の禮讃了んぬ。道場の傍に於いて、捧物を分ち取る。其の興有り。顯智宿老たり。其の藝拔群。叡感の餘り、別祿を給ふべきかの由、上皇(後伏見)の仰せ有り。仍て給ふ。合(袷)の衣《きぬ》一領。資名(日野)を以て、感に堪へず別祿有るの由を仰す。恐悦して退出。申の剋許り常盤井殿に還御の次《ついで》、先づ聊か中園殿に幸す。法花寺の尼衆(後脱カ)故深草院の御長女なり。參る。蜜《ひそ》(密)かに召し覽給ふ。

端午の節供

〔五日。癸酉。〕晴。節供《せちく》を供すること例の如し。

〔六日。甲戌。〕關白(鷹司冬教)參る。對面す。今日評定《ひやうぢやう》延引す。然り而して已に參らんとするの間參るところなりと云々。

〔七日。乙亥。〕

〔八日。丙子。〕

左氏傳の講讀

〔九日。丁丑。〕晴。左氏傳第四閔公元年を談ず。行親(紀)朝臣講師たり。公躬(三條)・公時(菅原)等の卿、邦雅(高階)朝臣等候す。毎月三个日講すべきの由を定む。

正親町實明参候し雅樂を奏す

〔十日。戊寅。〕雨下《ふ》る。洞院（正親町實明）大納言入道唯聲。參る。聊か盃酌有り。朗詠・催馬樂《さいばら》等數反。俊兼（藤原）・〻高（藤原）等の卿、能行（藤原）・兼親（藤原）等の朝臣、今様《いまやう》・朗詠等、又雜藝に及ぶ。天明に及び分散。

院評定倹約の沙汰あり

〔十一日。己卯。〕晴。評定例の如し。倹約の沙汰有りと云〻。關白・前右大臣（今出川兼季）・前内大臣（洞院公賢）・吉田一位（定房）・堀川大納言（具親）・按察（日野資名）等候す。資名卿は今月忌月なり。仍て出仕猶豫せしむ。然り而して本儀憚るべからず。只衣服難治の故なり。而して先〻已に吉服を仰せられ了んぬ。憚り有るべからざるの上、經俊卿（吉田）出仕の例存す。仍て旁子細有るべからざるの由仰せらる。仍て今日出仕す。

庭中及び雜訴沙汰

光嚴天皇出御せらる

〔十二日。庚辰。〕雨下る。今日庭中《ていちゆう》幷に雜訴の沙汰有り。前右府・一位・堀川大納言・按察等參る。内〻に出御。御小狩衣《こかりぎぬ》・御大口《おほくち》を召すなり。寢殿の東面に於いて、これより先奏事を聞食さるゝところなり。此の事有り。資明卿（柳原）又候す。是れ雜訴沙汰の時、傳奏等皆候すべきの故なり。

後伏見花園兩上皇六條殿に御幸

後白河天皇御月忌に供花

光嚴天皇出御

警固を嚴にせらる

〔十三日。辛巳。〕晴。今日供花のため六條殿に御幸。午の終剋出御。堀川大納言御車寄たり。實（三條）繼・教宗（山科）・房保（藤原）等の朝臣、北面親憲（藤原）已下五六輩供奉。隨身延方（秦）同じく供奉。先づ上皇乘御の間、朕御車の簾を褰ぐること例の如し。六條院に於いて東面の御車寄に寄す。先づ御月忌、次に供花。具親卿御簾のため一人召さる。酉の剋に及び又出御。御簾同人。是の夜陰怖畏有るの故、今度此くの如し。抑兼日武家に仰せ、門〻警固を置かる。

（裏書）「直衣《なほし》・白の引倍木《ひきへぎ》・薄色の織物・奴袴《ぬばかま》を着す。上皇は御直衣なり。」

供花に出御

〔十四日。壬午。〕晴。今日供花例の如し。前右府御簾に候す。入御の後、院の御方東面。に於いて内々に盃酌。酉の始に及び出御。前右府候す。藤大納言入道・粟田口前大納言(忠輔)等、召に依り座に候す。入道東、右府・前大納言は西なり。長講例の如し。

後伏見上皇還御

〔十五日。癸未。〕晴。朝夕の供花例の如し。御簾朝は關白、夕は彈正尹(富小路公脩)。夕の供花の後、酉の一點。上皇還御。々車寄春宮大夫(中院通顯)。北面等供奉。今日阿彌陀講例の如し。

「(裏書)今日上皇海松色《みる》の唐顯文紗《けんもんしや》の御狩衣・香《かう》の御引折《ひきへぎ》〔倍木〕を召さる。」

後深草天皇御月忌

月食正現せず

〔十六日。甲申。〕晴。朝夕の供花例の如し。前内府兩度の御簾に候す。〔後脱カ〕深草院御月忌。資名卿着座。導師貞海。今日月蝕正現せず、尤も神妙。

「(裏書)花田《はなだ》〔縹〕の唐顯文紗の狩衣・薄色の織物の指貫《さしぬき》・大帷《おほかたびら》を着す。」

〔十七日。乙酉。〕晴。朝未。夕酉。兩度の供花例の如し。朝は公脩卿御簾に候す。別當(中院通冬)遲參の故なり。夕は別當候す。父卿(中院通顯)同じく供花の座に候せしむ。

政始

今日改元以後政始《まつりごとはじめ》。上卿《しやうけい》(一條)公有卿參り行ふと云々。

〔十八日。丙戌。〕雨下る。未の剋出座。内大臣(大宮季衡)御簾に候す。春宮大夫同じく座に候せしむ。夕の御簾春宮大夫。藤大納言入道・別當候す。供花の座に召し候せしむ。

「(裏書)今日香織の襖《あを》文竹。・狩衣・淺黄《うすき》の奴袴《ぬばかま》・白引ヘキ(倍木)を着す。」

永陽門院供花に參會せらる

〔十九日。丁亥。〕晴。今日永陽門院（久子内親王）朝の供花に御幸。西園寺大納言（公宗）御簾に候す。前大納言忠輔を同じく召す。申の剋許り永陽門院還御。夕は忠輔卿御簾。

（裏書）「裝束昨に同じ。」

結願

〔廿日。戊子。〕晴。供花結願例の如し。先づ未の一點上皇御幸有り。西園寺大納言御車を寄す。實繼・教宗・房保等の朝臣供奉。頃《しばらく》有りて結願の儀有り。導師朝觀法印。春宮大夫早出。・西園寺大納言・冷泉前中納言（賴定）・一條中納言（公有）・藤三位等着座。公宗卿加布施を取る。抑公宗卿起居の間、經康（高倉）敬屈して候すべきを立膝す。申の剋事了る。卽ち還御。院の御方に於いて小盃酌有り。近日書付有るの故、錢を以て引出物となし、興福寺造營上人の許に遣はすべし。

中宮禧子女院號宣下あり禮成門院と號せらる

（裏書）「今夕中宮院（藤原禧子）號定有り。堀川大納言・一條中納言・宮內卿（平宗經）・有光（六條）朝臣等參仕。章德・禮成等大略一同擧げ申すの內、章德たるべきの由、同じく以て定め申すと云々。仍て其の趣たるべきの由仰せらる。而して重ねて內裏より申されて云ふ、竇太后の謚號、若しくは猶憚り有るべきかの由、聊か申さる。但し群議一同、深き難にあらざるか。然り而して禮成又巨難無ければ、何事有らんやの由、申さるゝの間、猶重ねて沙汰有るべきかの由、奉行職事に仰せられ了んぬ。其の後親名（平）幷に公重卿（西園寺）參り、禮成門に治定の由を申す。院司大夫（三條實忠）幷に實尹（今出川）・實顯（西園寺）等の卿、別當實忠卿（三條）、年預爲治（中御門）と云々。本所の儀を略せらると云々。」

〔廿一日。己丑。〕

除目及び僧事任人雜任大略武家の功人なり

〔廿二日。庚寅。〕今夕除目・僧事等行はる。除目の任人大略雜任、武家の功人なり。其の內少將季保(小倉)中將に任ず。侍從兼親(藤原)少將に任ず。僧事、豪親僧正に任じ、覺雄權僧正に任ず。慈快・信業等辭退。行法例の如し。今日咳氣有り。仍て謹愼す。

花園上皇御不例

〔廿三日。辛卯。〕朝間行法。咳氣に依り魚味を食す。

〔廿四日。壬辰。〕咳氣に依り、今日より行法を止め、行水せず。

北斗法を修せしむ

〔廿五日。癸巳。〕今夕より北斗法、賢助僧正修す。咳氣上氣計會、心神不快。

世情不安地震の災により五壇法を修せしむ

〔廿六日。甲午。〕晴。今夕より五壇法始行せらる。天下未だ靜かならざるの上、地震の災の故なり。阿闍梨梶井宮《中》(承鎭親王)・俊禪《降》・乘伊《軍》・實尊《大》等の僧正、尊什《金》法印等なり。寢殿を道場となす。中央二間《ま》は中壇、東腋は降三世。其の次の一間《ま》假に搆へ、金剛夜叉の道場となす。西腋は軍荼利、其の西は大威德なり。亥の剋始む。面々の道場に於いて御加持有り。寢殿鳴戶《なると》の內御聽聞所となす。所勞を相扶けて聽聞す。

花園上皇所勞を扶けて聽聞せらる

〔廿七日。乙未。〕

〔廿八日。丙申。〕今夕幔《まん》を卷き御聽聞有り。阿闍梨各中壇の道場に參り、後加持有り。俊禪・尊什等禮版(盤)の前の板敷に候す。乘伊僧正は阿闍梨の座に候し、實尊僧正は伴僧の座に候す。面々

の所存不同の故なり。先に例有るか。中壇幷に實尊は散敷を用ひず。是れ道場に於いて後加持の時、門迹（跡）の例と云々。

承鎭親王と對面せらる

〔廿九日。丁酉。〕梶井宮を召し對面す。

賢助と對面せらる

〔卅日。戊戌。〕賢助僧正を召し對面す。今日經顯（勧修寺）卿養ふところの王子參る。今夕御修法幕を卷かる。阿闍梨中壇に參る。面々の所存先日に同じ。

北斗法結願

北斗法今曉結願。

〔六月大丁未〕

院評定

〔一日。己亥。〕晴。今日評定《ひやうぢやう》例の如し。前右府（今出川兼季）・一品（吉田定房）・堀河（川）大納言（具親）・藤大納言（葉室長隆）・按察（日野資名）等參る。御簾を卷かる。暑氣の故なり。今日暑氣有り。

〔二日。庚子。〕雨下る。

五壇法賞の詮議

〔三日。辛丑。〕雨下る。五壇法各壇の賞たるべきの由、面々申し請ふ。而して去年六波羅の五壇法各賞有り。連綿相續、無念に似たり。今度中壇許り賞有るべきかの由を仰せらる。而して猶正應・正安の代始の五壇法の例を以て、面々阿闍梨望み申すの由、梶井宮（承鎭親王）重ねて申す。仍て各

壇の賞たるべきの由、仰せられ了んぬ。

四條隆蔭鎌倉より歸洛復命す

幕府の返事五箇條

「(裏書)三日。
隆蔭卿關東より上洛。隆政(四條)卿の事、歸洛の路に於いて聞く。仍て未だ觸穢ならざるの間、路次より直ちに門前に參るの由伺ひ申す。御函《はこ》召さるゝの參否の事に於いて、猶例を尋ねられ沙汰有るべし。暫く觸穢すべからざるの由を仰せらる。御返事五个條、踐祚、政務、政道興行の事等承り了んぬ。諸國興行の事、關所の事、追つて言上すべしと云々。」

五壇法結願

〔四日。壬寅。〕今曉五壇法結願。昨日七个日に滿つ。而して御衰日たるに依り一日延行なり。晴の儀にあらず。後夜の次《ついで》を以て結願し訖る。

外宮鮒形御劒につき仗議行はる

今夕外宮の鮒形御劒の事、仗議《ちやうぎ》有り。右府(久我長通)已下參ると云々。

飲茶の勝負

〔五日。癸卯。〕晴。資名(日野)卿・頼定(冷泉)卿已下少々近臣等祗候、飲茶の勝負有り。懸物を出ださる。茶の同異を知るなり。實繼(三條)朝臣・兼什法印各一度勝つ。懸物を給ふ。其の後小一獻。公秀(三條)卿參る。頼定卿包丁。又勝負有り。孔子《くじ》にて方を分つ。繪一卷を調進すべきの由を定めらる。

後伏見花園兩上皇四條隆蔭より幕府の意を聽聞せらる

「(裏書)五日。
今夕隆蔭卿參る。東面に召し御對面。朕同じく聞く。關東の事等を語り申す。觸穢以前憚り有るべからざるの故なり。頼藤(葉室)卿承(昭)訓門院の御使として下向の間、頼親(葉室)卿薨ず。歸洛の時、觸穢以前憚り有るべからざるの間、故入道左府(西園寺公衡)召して對面すと云々。仍て今度此くの如し。事の儀又憚り有るべからざるの故なり。」

院評定
鮒形御劒の事を議す

〔六日。甲辰。〕晴。評定。鮒形御劒の事沙汰有り。祈年穀奉幣の次《ついで》、返納せらるべきの由治定。關白（鷹司冬教）・前内府（洞院公賢）・一位・藤大納言・按察等候す。資名卿布衣《ほうい》を着するの間、定文を讀まず。又意見を申さず。長光（葉室）朝臣を召して定文を讀み進ぜしむ。讀み訖りて退出。卽ち面〻の議奏有り。

賀茂社修理の事を議す

今日又賀茂社修理の事沙汰有り。社務惟久已下群參の間、忽ち口論有り。喧嘩極まり無し。員平・藤平等、召具するところの氏久、惟久に對し惡口す。又刀を拔かんとするの由訴ふ。仍て両方の緣者を召し出だすの外、社司に實否を尋ねらる。申狀同じからず。又分明ならず。仍て沙汰無し。

熊野山より大塔宮令旨を執進す
四條隆資以下の處置の事
鮒形御劒の由緒

「六日。（裏書）
熊野山より大塔宮（尊雲法親王）令旨《りやうじ》を執進す。當山を相憑むの由云〻。
武家奉（奏）聞の隆資（四條）以下院宣を出ださしむるの事、院宣例無し。宣旨たるべきかの由を仰せらる。
鮒形御劒は、遷宮の時調進の神寶と云〻。而して去る嘉暦□年神宮より御劒二腰を召し出ださる。一柄は在所を知らず。鮒形御劒は、神體に擬し賢所《かしこどころ》に安置すと云〻。これに就き返納せらるべきの由、關東奏聞の間、其の儀何様たるべきやの由、關白・三公・前右府・前内府等に勅問のところ、大略仗議を行はるべきの由を申す。仍て四日行はる。今日重ねて沙汰有るところなり。」

祇園御靈會の杵に兵具を止むべし

〔七日。乙巳。〕晴。今日祇園御靈會《ごりやうゑ》の杵等、兵具を止むべきの由。武家奏聞す。卽ち勅答を仰せ

らる。今日桙等皆以て無音。只鼓を叩く許りなり。是れ又武家相觸るの故、音を出ださずと云々。

宣陽門院御忌

大塔宮京中に隱居の風聞あり

〔八日。丙午。〕宣陽門院（勤子内親王）の御忌日。佛事例の如し。六條院に向はず。世間靜かならざるの故なり。大塔宮等京中に隱居の由風聞。仍て武家頸帽子を禁遏すと云々。是れに依り所々多く喧嘩と云々。

小除目

幕府の申出により足利高氏從五位上に敍す

（裏書）「今夕小除目。

中納言公明（三條）還任。實顯（西園寺）卿辭退の替。參議有光（六條）・公名（大宮）等の卿上階に敍す。源（足利）高氏從五位上に敍す。是れ關東申すの故なり。此の事に依り、今日除目を行はるゝなり。忩ぎ申すの故なり。」

雜訴沙汰

〔九日。丁未。〕前右大臣・前內大臣等參る。雜訴沙汰有り。

〔十日。戊申。〕

〔十一日。己酉。〕

春秋講談

〔十二日。庚戌。〕晴。春秋第四閔二年。を談ず。實任（三條）・行氏（日野）・公時（菅原）等の卿、邦雅（高階）・行親（紀）等の朝臣、國俊（吉田）座に在り。國俊讀む。一義講尺（釋）す。

盗人あり

今夜盗人有り。女房の局に入らんとす。仍て門番衆等御所中を捜し求む。

今日東庭に竹簀子《すのこ》を構ふ。納涼のためなり。

〔十三日。辛亥。〕

〔十四日。壬子。〕

〔十五日。癸丑。〕

〔十六日。甲寅。〕

連句

〔十七日。乙卯。〕連句百韻。後漢書上句。公時卿一人申す。邦雅朝臣執筆。具親・實任・俊實・行氏・公時等の卿、國高(菅原)・行親等の朝臣、國俊候す。申の剋に始め、亥の剋に百韻了る。今日炎暑甚し。今日始めて盛暑の氣有り。

〔十八日。丙辰。〕

〔十九日。丁巳。〕

〔廿日。戊午。〕

〔廿一日。己未。〕

〔廿二日。庚申。〕

〔廿三日。辛酉。〕

〔廿四日。壬戌。〕

〔廿五日。癸亥。〕

伊勢國に梟惡の輩あり

〔廿六日。甲子。〕傳へ聞く、伊勢國に梟惡の輩有り。烏合の衆を成し、所々を追捕す。其の勢甚多しと云々。仍て武家使者を差し實檢せしむと云々。

山門の重寶等返納すべし

今夕風雨雷鳴尤も甚し。座主(尊圓法親王)の宮山門に參入し、重寶等を檢知せしむ。皆以て符合、目六〔錄〕裏に記す。卽ち座主に給ふ。拜堂の次《ついで》、返納すべきの由を仰せらる。

(裏書)「先朝(後醍醐天皇)出ださるゝ山門の重寶等、現在の物共。

文殊一體 五髻文殊の畫像、竹根の筥に納む。 鈴一口 義眞和尚の鈴、眞字を書し、鬼面に鑄付く。

三衣《みつごろも》一筥 傳教大師(最澄)の袈裟の由、其の說有り。未だ實否を知らず。」

春秋講談

〔廿七日。乙丑。〕春秋第五を談ず。具親・實任・公時等の卿、邦雅・行親等の朝臣、國俊候す。行親講ず。

伊勢國凶徒なほ興盛の風聞あり

〔廿八日。丙寅。〕勢州の凶徒尚以て興盛の由風聞。或は云ふ、合戰の地頭等、多く誅戮せらるゝの後、引き退くと云々。

伊勢國守護代の宿所燒かる

熊野の竹原八郎入道大塔宮の令旨を奉じ襲來すといふ

〔廿九日。丁卯。〕武家の實檢使上洛、申す詞風聞の說に違はず。凶徒合戰の間、在家多く燒き拂ふ。地頭兩三人打ち取られ、守護代の宿所燒かれ了んぬ。其の後凶徒引き退き了んぬと云々。是れ熊野山より、大塔宮の令旨を帶び、竹原八郎入道大將軍として襲來すと云々。驚歎少からず。

六月祓

天候極めて不順

〔卅日。戊辰。〕晴。六月祓《みなづきばらひ》、東面の御車寄に於いて行ふ。衣冠例の如し。御簾春宮權大夫（西園寺公重）、陪膳宗兼朝臣（中御門）、役送高嗣（菅原）。隨身好方（秦）・久幸（秦）等前を追ふ。贖物《あがもの》を撤するの後、簾を垂れ、隨身退去す。女房廣義門院（藤原寧子）の一條。菅貫《すがぬき》せしむ。これより先院（後伏見上皇）の御方寢殿に於いて此の事有りと云々。

今年五月下旬より霖雨休《や》まず。此の兩三日雨止むと雖も、猶毎日暴雨有り。又炎暑遲く來たり、而して今月下旬極熱の氣有り。

「正慶元年十月・十一月別記」（正慶元年十月・十一月記ハ、一巻ヲ成シ、白紙ニ書記セラル。）

〔十　月〕

光嚴天皇御禊行幸

□（廿八日條ナルベシ。）未だ散らず。猶議有り□別例なり。即ち官司數日御所に怖畏有り。猶還□せらるべし。何ぞ況んや天氣漸く霽れんとす。猶催促せらるべきかの由を申す。而して巳の剋に及び雲氣彌深く、雨脚已に降らんとす。此の上若しくは猶議有るべきか。但し關白（鷹司冬教）・節下《せちげ》以下漸く參る。定めて御輿に乘御か。何樣たるべきやの由、隆蔭（四條）を以て仰せ有り。予申して云ふ、此の上延引然るべからず。只今日たるべきかの由を申す。朕寅の剋を占ふ、雨脚下るべからず□一字金輪歡□故、延引すべからざるの段、朕□良宣（安倍）又雨降るべからざるの由を申す。朕の了見と符合か。是れ□水神を加ふ。土を以て水を加ふ。相剋の故水を通すべからざるものなり。巳の剋已に出御と云々。朕これより先冠・

後伏見花園兩上皇出御

直衣《なほし》を着し院（後伏見上皇）の御方に參る。只今御裝束の間なり。即ち出御有るべし。御車を寄すべきの由仰すべきの由仰せ有り。仍て南面に出で、國俊（吉田）今日當日の奉行なり。を召し仰するのところ、內府（中院通顯）申して云ふ、

天皇出御

二條高倉に御車を立て鹵簿を御覧ぜらる

召具するところの衛府長落馬し、装束を着改めに帰参せんとす。可□御幸已に出御と云ヽ。待たるべからざるの□仰す。仍て即ち御車を寄せ□侍臣國俊御車に□了んぬ。朕の随身《ずいじん》等□東に在るの由仰せ有り。仍て東に渡る。即ち階《はし》の東の間《ま》より□□外、内大臣束帶。御簾を褰ぐ。随身等前聲を發す。次に重資朝臣（庭田）衣冠。階《はし》の間《ま》の簾下より劒を取り退き候す。次に出御。内大臣御簾に候す。即ち乗御。内大臣御車の簾を褰ぐ。此の間朕簀子に跪く。相續き朕乗車。随身前聲を發す。□□三人□追ふ。中門の外に於いて牛を懸く。殿上人重資・隆□〔蔭〕□・國俊・宗光（藤原）等前行。二條高倉に於いて御車を立て、駕を税《と》き榻《たう》を立つ。二條面北頬に纐纈《かうけち》の□□を引き、御車の西方に殿上人の座を敷く。

「（裏書）上皇は平禮の御烏帽子《えぼし》・御直衣裏に聊か色有り。・御奴袴《ぬばかま》青の鈍《にぶ》。・御下袴《したばかま》等例の如し。予は冠・直衣薄色。・奴袴文《もん》菊丸。・下袴恒の如し。」

次に随身の左将曹秦延方・右将曹同久澄・左官人同久文・右官人同重弘・左番長下野武近・右番長秦久有等前行。次に御車。次に公卿内大臣・葉室大納言長隆。・冷泉前中納言頼定。・春宮大夫公重（西園寺）。但し遲參と云ヽ。追つて御車の右の大幄《あく》に參る。・□〔右〕兵衛督隆□〔蔭〕。等なり。次に□官人景方、次に北面光忠。路□奉らる□皆歩行。□條高倉辻の東方より乾に向かひ、御車を立てらる。□公卿の幄は御車の東方に在り。殿上人の座疊を敷く。床有り。は御車の西

廣義門院も御車を立て見物せらる

に在り。其の後方に隨身等候す。殿上人の座は西。北面等は幔《まん》の外の西方に候す。半町許りを去り女院（廣義門院）の御車を立てらる。蜜（密、下同ジ）儀八葉《はちえふ》の御車なり。これより先女院□幔の內。今度は蜜儀に依り幔の外に立てらるゝなり。院司國俊御車の左方に在り。疊を敷く。披□圖。供奉人の交名《けうみやう》を問ふ。五位以上は問はず。行幸遲ゝの間、久有・武近等を以て催促せらる。頃《しばらく》して前陣御車の前を過ぐ。其の行列圖の如し。武家・衞府等、御車の前に於いて名謁《なだいめん》。官・姓名なり。

「（裏書）武家・衞府等過ぐるの時、廳守（官カ）を以て名謁すべきの由を仰す。これより先院司名謁すべきの由を仰す。而して今日此くの如し。」

上皇還御

御輿□（過ぐる後カ）、御車の前十許り丈扣へらる。左近將曹□□（延方）を以て□過ぎしめ給ふべきの由を申さる。卽ち鳳輦を進む。後陣の女騎等例の如し。女御代《にようごだい》の車等過ぎ了るの後、關白又車を留む。右將曹久澄を以て、過ぐべきの由を仰せらる。唐庇《からびさし》の車、院より給ふ。前駈等例の如し。卽ち還御。內大臣早出して幄の座に候せず。仍て還御の時、春宮大夫（西園寺公重）御車を寄す。卽ち御使延方・久澄等。を以て、一兩度、事ゝ早速に行はるべし。又長元の例を以て□御禊の幄に入御有るべきの由を申さる。西の一點清經（藤原）參り申す。每事無爲已に事了んぬ。本宮に還御せんとす。明日は直に此の院に幸すべし。而して賢所《かしこどころ》を御留守の內裏に返し入れ奉る、先例不審の間、外記に尋ねらるゝのところ、先規無きの由を申す。然れば行幸延引すべきか。將又明曉此の院に行幸し、其の夕內裏

に還御。其の後賢所同じく入れ奉るべきか。兩樣忩ぎ治定すべきの由を御返事□。今日無爲早速の條殊に□(以)て祝着。今日行幸の事、一日御逗留の條、神膳御習禮等、猶物忩たるべし。明日本宮に還御、後日を以て行幸有るべきの由を申さる。秉燭の程西園寺(公宗)大納言參入、申して云ふ、只今本宮に還御、日未だ晩れざるの間、名謁に及ばず。此くの如き早速、中古以來例無きか。尤も喜悅するものなり。

天皇還御

今日沙汰有る事ゝ

今日御執行の公儀に於ける注目すべき諸項目

大將代劒璽役を懃仕の事、

天仁は忠敎(藤原)卿勤む。仍て實繼(三條)朝臣勤む。是れ通房(土御門)卿年少の間、違失の恐れ有り。仍て此くの如く定めらる。

直に御禊の幄に入御の事、

長元の例なり。今度は夜陰に入り、御怖畏の子細有るべからざるの由、武家申す。仍て□□(天仁カ)・建曆の兩度、長元の例を追はる。其れ以後□儀、是れ聊か避けらるゝか。但し長元は佳例たるの上、後代の例強ひて沙汰に及ぶべからず。仍て此くの如く定めらる。

御禊の幄に於ける劒の役の事、

常例二人なり。而して今度は通房年少の間、實繼勤むの上は、璽の筥、四位の次將中役すべ

きか。上首具兼（水無瀬）朝臣なり。仍て夜前按察（三條公秀）の宿所に遣はされ、教訓せしむべきの由を仰せらる。然り而して未練の仁、違失の疑ひ有り。天仁は一人勤仕の由、忠教の保安記に見ゆ。又中右記同じ。又仁安は實家（藤原）一人勤仕すと云々。是れ等の例に依り、此くの如く定めらる。

同幄に於ける劒璽の置き様の事、

常例は大床子《だいしやうじ》の北に置くか。而して後鳥羽院の御説、御劒は何方ともなさず。仍て何れの所と雖も東南方に置くべし。古賢尚知らず。祕説たるの由、委細御記に見ゆ。仍て今度は此の儀たるべきの由を仰せらる。建暦に實氏公（西園寺）、院（後伏見上皇）の御説を以て此くの如く置くなり。

今日資明卿（柳原）の馬沛艾《はいがい》して落馬。但し殊なる事無し。忠兼卿（正親町）又馬陸梁《りくりやう》の間、路頭に於いて下馬、更に乗ると云々。勾當内侍騎るところの馬又頗る相駭《おどろ》く。然り而して無爲と云々。

○宸記原本ノ此處ニ、右本文ニ存スル正慶元年十月二十八日執行セラレシ光嚴天皇ノ御即位御禊行幸ニ出御、拜見セラレシ花園天皇ノ宸筆繪圖一葉ガ挿入セラル。便宜上、本書卷頭ニ之ヲ移動シ、圖上ノ宸記ハ、今次ノ和譯本ノ例ニ從ヒ、之ヲ添紙ニ記載ス。

十一月

光嚴天皇大嘗會神饌の習禮を行はせらる

出御の狀を後伏見花園兩上皇御覽ぜらる

天皇入御

二日。戊辰。天晴。今日此の院に行幸。神膳御習禮のためなり。申の一點已に行幸と云々。仍て冠・直衣《なほし》を着し、下袴《したばかま》恒の如し。院（後伏見上皇）の御方に參る。頃《しばらく》して乘輿。已に門前に到るの由を聞く。上皇（後伏見上皇）幷に朕中門の邊りに於いて伺ひ見る。左兵衞の陣宗光（藤原）、公卿春宮大夫藤原朝臣（西園寺）公重・權中納言同（柳原）朝臣資明・右衞門督同（勸修寺）朝臣經顯・參議同（藤原）朝臣實茂等、殿上の屛の前に列立す。次に鳳輦門外に扣へ、關白（九條冬教）御輿の前に進み立つ。春宮大夫列を離れ淺履《あさぐつ》を改め着す。進出。關白正笏し小揖。公重卿深揖して中門に入る。此の間上皇寢殿の方を廻らしめ階《はし》の間《ま》に御坐。公重卿南階に當りて立ち階を去る二三許りの丈。深揖。上皇御簾を動かしめ給ふ。公重卿又揖して退く。此の間上皇を伴ひ奉り、所司の御裝束所に到る。日來公卿の座なり。これより先內侍辨・讃岐。妻戶の間の簾中の左右に在り。卽ち鳳輿中門の下に舁ぎ居《す》う。參議右近中將源（六條）朝臣有光。進みて輦の戶を開き、御劒を取り退き候す。次に下りたまふ。藏人頭修理權大夫賴教（藤原）朝臣御草鞋《さうかい》を獻ず。參議右中將實繼（三條）朝臣璽の筥を取り從ひ奉る。先づ有光卿簾下に就き御劒を指す（入脫カ）。辨の內侍左方に在り。これを取り卽ち立つ。次に入御。關白御簾を褰ぐ。これより先賴教朝臣御簾を褰ぐ。關白候するの間、然るべからざるか。仍て思ひ出だし卽ち簾を垂れ、更に御草鞋を取ると云々。次に實繼朝臣簾下西。より璽の筥を入

る。讃岐の内侍取りて立つ。二棟并に寝殿の南面廂に御簾を垂る。を經、同北面に入御。即ち女院（廣義門院）の御方に入御。漸く晩頭に及ぶの間、安女參候の由を申す。仍て寝殿の東面假に臺盤所となす。に於いて、采女を召す。御問答有り。關白妻戸の外に候す。透渡殿《すきわたどの》なり。采女簀子《すのこ》に候す。（中御門）宗兼朝臣又此の邊りに候す。條〻問答せらる。先づ東面南面の事、代〻の例不同か。關白の所存、保安・延慶等の例に任せ、東面たるべきかの由を申す。采女存知の趣は南面か。但し此の儀に於いては、東南の字只了る所の異なり。食薦《すごも》の敷き様に於いては、異儀無きなり。巽向きたるの間、右を以て或は南と稱し、或は西と稱する許りなり。東面南面の稱有りと雖も、其の實に於いては一なり。仍て關白并に采女の所存一同なり。又御飯二盃四坏（マヽ）の事、關白の所存は二盃か。然り而して采女の所存は二盃なり。又近例同じく四盃なり。其の上後鳥羽院御記に、専ら四盃たるべきの由を注せらる。是れ米を神に供せざるの條、然るべからざるの故なり。此れ等の條〻大概沙汰有り。御習禮の具、今日未だ沙汰し調はざるの間、明日たるべきの由沙汰有り。而して先づ代を以て沙汰有るべきの由議有り。紙を以て食薦并に平手《ひらで》〔枚、下同ジ〕となす。御習禮有り。後取《しんどり》無ければ、一采女の代を以て後取となす。形の如く一□〔途カ〕習禮有り。其の次《ついで》又條〻沙汰有り。

大嘗會故實の注記

一食薦敷様の事

東面・南面兩様の内、東面に治定。子細右に記し了んぬ。但し短帖《たんでふ》の巽に神の食薦を敷き、

同じく坤に御食薦を敷く。或は又短帖の艮に神の食薦を敷き、同じく巽に御食薦を敷く。此の兩説眞實相違なり。今度神薦は巽方に敷き、御食薦は坤に敷くの説を用ひらるゝなり。此の敷様に就き、或は右を以て南となし、或は右を以て西となす。是れ兩説に似ると雖も、一揆の義なり。其の圖　○次ニ插圖アリ。別刷寫眞トシテ、此處ニ收ム。

八重帖

神食薦　半帖

神食薦
短帖

短帖狭きの間、御食薦短帖の下、半帖の外に敷く。

（裏書）

御食薦　半帖

御食薦　短帖

是れ一説なり、文應は此くの如きか。

一御飯四盃二盃の事

二盃の説、粟を以て神に供し、米を以て帝に供す。米を神に供せざるの條、謂れ無きに似たり。其の子細建暦御記に記す。仍て四盃の説を用ひらるゝなり。

一御飯に汁物を盛り加ふ事

保安の次第に見ゆ。仍て此の儀たるべきの由仰せ定めらる。采女の所存、盛り加ふべからざるの由を存ずるか。

一楊枝の筥・手巾の筥の置き様の事

采女の所存、手巾の筥は槽の南或は西に置くべしと云〻。諸次第多く楊枝の筥は南の由を注す。仍て其の子細采女に仰せられ了んぬ。

一筥の蓋を開く事

次第或は不同。今度供の次第に随ふ。鮑の汁物より開くべきの由、仰せ定められ了んぬ。

一御酒を供する事

或は後取が入れ、或は采女が入る。今度は後取入るべきかの由治定。右廻り無□□〔説カ〕の事沙汰有り。

一酒を灑ぎ了りて拍手の事

今度沙汰無し。且つ仁治以後此の事無きか。

一本柏《もとがしは》置き所の事
　今度は神薦の左方の説を用ひられ了んぬ。
一蓋を覆ふ事
　先の次第に任せ、鮑の汁物より始むべきの由定められ了んぬ。
一本柏御箸筥に盛り加ふこと、平手筥に盛り加ふべきの由を定めらる。兩説たりと雖も、便有るの故なり。
條〻大概此くの如きか。追隨の思ひ出記すべきの間、次第不同なり。脫落の事、追つて加へ記すべし。

習禮を續けらる

三日。己巳。晴。今日采女等參入。又御習禮の事有り。內膳式の如く調進す。而して御箸筥蓋を覆はず。然るべからず。當日蓋を覆ふべきの由を仰せらる。又平手十六枚有り。今十六枚足らず。仍て俄かに召さる。當日新しく數の如く調進すべきの由を仰せられ了んぬ。今日始めて御着座の時御揖。何方に御足を逃すべきやの由沙汰有り。左方宜しかるべし。是れ神座右に在るの故なり。御笏置かるゝの時、同じく左御膝下に在るべきの由を定めらる。

拍子合淵醉の習禮

今夕拍子合《ひやうしあはせ》・淵醉《えんずゐ》等習禮有り。氏忠（大炊御門）卿・實守（洞院）卿・兼高（藤原）等の卿、維成（藤原）朝臣・資兼（二條）・敦有（綾小路）等候す。淵醉習禮の時、俊兼（藤原）卿・實繼朝臣・能行（藤原）朝臣等參加。終夜習禮有り。天明に及び事了る。

天皇出御

四日。庚午。晴。今日采女等を召され、南戸の外北上二行の由、次第等に見ゆ。行烈〔列〕習禮有り。鮮物・干物等、慥かに調備すべきの由、能々下知を加ふべきの由、宗兼朝臣に仰せらる。夜に入り朕の在所に於いて破子《わりご》を供す。還御忩がるゝの間、故《ことさら》に三獻の後卽ち撤す。今夜行幸、還御以後、拍子合有るべし。仍て殊に忩がらる。亥の一點出御有り。南階に御輿寄を設くと雖も、中門より乘御。御劒實繼朝臣、璽の筥爲顯（藤原）朝臣。其の儀恒の如し。委しく記さず。其の後二棟の南面の廣庇に圓座を敷き、公卿の座となす。寢殿西面の妻戸を放ち、御簾を懸け、後に屏風を施す。繧繝《うんげん》二帖を敷き御座となす。丑の一點許り諸人參集、出御有り。これより先御簾を卷く。藏人頭宗兼朝臣、召人《めしうど》前右大臣（今出川兼季）直衣。・大炊御門大納言同。冬信。・治部卿同。冬定（中御門）。・洞院中納言束帶。實守。今夜拜賀。・前右衞門督直衣。兼高。等着座。次に宗兼朝臣御比巴〔琵琶、下同ジ〕牧馬。を持參、簀子より參進、前右府の前に置く。〔前脱カ〕右府これを取り、參進して御前に置く。次に五位の殿上人笛の筥を持參、前右府の前に置く。次に比巴同じく置く。次に和琴冬信卿の前に置く。次に箏冬定（中御門）卿の前に置く。次に殿上人簀子に參候す。宗兼朝臣公卿の座の末に候す。御神樂・御遊等例の如し。寅の剋に及び事了る。

拍子合所作人

所作人

神樂

本拍子冬定卿、末拍子實守卿、和琴冬信卿、笛維成朝臣、篳篥兼高卿。

（頭書）「付歌《つけうた》宗兼朝臣・資兼朝臣・敦有。」

御遊

笙　（鷲尾）隆職朝臣

笛　維成朝臣

篳篥　兼高卿

比巴　御所作　前右大臣但し前に置き、弾ぜず。

箏　冬定卿

和琴　冬信卿

拍子　付歌

實守卿　　　宗兼朝臣

神樂・御遊等の目錄、文應・正應等の如く沙汰有るべきのところ、冬定卿誤りて多く略す。代々の新院拍子合の目六〔錄〕の如し。是れ違失なり。御遊代々の例の如し。

清暑堂神宴

七日。癸酉。拍子合の事有り。丑の剋許り所作人等參集、烏帽・直衣を着し出座。毎事去る四日の如し。但し今夜は簾を卷かず。同じく南の間《ま》妻戸の間《ま》なり。兩方に掌燈を供し、上皇の御座となす。次第又四日の如し。寅の剋事畢る。

所作人

　神　樂

本拍子　　　　末拍子

　洞院中納言　　宗兼朝臣

付歌

　宗兼朝臣　　清季（八條）朝臣

　資兼朝臣　　敦有

和琴

　大炊御門大納言

笛
維成朝臣
篳篥
前右衛門督
御遊
笙
成經朝臣（藤原）
笛
維成朝臣
篳篥
前右衛門督
比巴
前右大臣前に置き、弾ぜず。今出川中納言（實尹）
箏
治部卿

和琴

大炊御門大納言

神樂の目六〔錄、下同ジ〕、代々の上皇拍子合の如し。代々の新院拍子合の例を守らんとするのところ、一夜の院拍子合一事も違ふべからざるの間、今日相替ふるなり。御遊の目六は代々の例の如し。今夜朗詠《らうえい》有り。令月。徳は是れ、二首なり。實守卿出だす。付歌の人々和す。先々郢曲《えいきよく》の仁皆和するか。而して今夜人々多きの間、一役の仁に隨つて、助音すべからざるかの由、内々に仰せらる。謂ふところ冬定卿箏。・兼高卿篳篥。・維成朝臣笛。等なり。

朗詠

（頭書）「和琴の調合はず。仍て前右府・冬定卿等□不調□。此の人□樂不總□毎度□遣□事なり。」

今夜隨身三人、東に在り。（秦）延方・（秦）久澄・（秦）久文、西に在り。皆烏帽・布衣。廳官等明りを立つ。

今夜三社奉幣と云々。

三社奉幣

大嘗會《だいじやうゑ》の和歌、悠紀《ゆき》（日野）資名卿、主基《すき》（九條）隆教卿、内々に進む。朕一見のところ、難波宮の梅を詠ず。此の事聊か議有るべきかの由内々に申す。仍て御尋ね有るのところ、（藤原）季經元曆。・（日野）資宣正應。等、詠ずるの由を申す。然り而して事の儀尚聊か避くべきか。後日詠じ改む、然るべき事なり。又此の河石は星斡たりト詠ず。聊か議有るに似たり。又御尋ね有るべきかの由申すのところ、日

大嘗會和歌

本紀新羅王の詞の由を申す。深き難にあらざるか。仍て改むるに及ばず。但し聊か詮無きに似るか。資名卿の歌、歌詞に付き、聊か叶はざるの事等有り。其の由を仰するのところ、三首直す。猶不思議の詞等有り。然り而して重ねて仰するに及ばず。本文房範(藤原)・在成(菅原)等の朝臣▒(書カ)進す。一見のところ相違無し。今度の清書、悠紀は行尹(世尊寺)、主基は行信(藤原)なり。

十日。丙子。丑日舞姫の装束、西園寺大納言(公宗)の宿所に遣はす。是れ先日申し請ふに依るなり。國(吉田)俊を以て使となす。廳の長櫃に納む。目六別に在り。平裹を以て裹む。内ゝに女房に課し調ふなり。

兩上皇及び豊仁親王女工所を御覽ぜらる

十一日。丁丑。晴。内ゝに女工所を覽るために、御幸有り。申の剋出御。按察(三條公秀)御車を寄す。北面以下供奉す。先づ悠紀の女工所の鳥居の下に於いて榻《たう》を立つ。豐仁親王下車。次に朕下車。次に上皇御下車。按察・冷泉前中納言(頼定)・大藏卿(高階雅仲)等參會。日野大納言(資名)・房光朝臣等追つて參會。女房等又參會。又主基の女工所に於いて、御歴覽前の如し。此の間親王參內。御車を官司の南門の前に立て、西の廳の修理を御覽ぜらる。親王此の處に於いて御車に乘る。即ち還御。今度每事遲ゝの間、女工所に於いて裁ち縫物等、先づ行事所に於いて調ふの間、女工所冷然なり。遲ゝの間、今日より居ると云ゝ。

(頭書)「帳臺に出御例の如しと云ゝ。供奉の公卿、」

五節舞姫參入す

今夕五節《ごせち》參入。西園寺大納言・日野大納言・花山院中納言。和泉國(坊城)俊實卿。・長門國(吉田)定房卿。・西園寺大納言の舞姫參入す。自餘四个所密參と云々。

兩上皇及び豊仁親王齋場所御覽のため御幸

十二日。戊寅。晴。今日齋場所御覽のため御幸なり。申の剋出御。烏帽・御直衣なり。朕同じ。豊仁親王直衣上絬《うはぐゝり》。乘車の後、公重卿・(御子左)爲冬・(藤原)房保等の朝臣供奉して齋場所に至る。齋場所の南鳥居より遣はし入る。御車を廳屋の前に立つ。東面。供奉人等御車の南に候す。資名卿參會し北に在り。

稲春歌

悠紀の行事辨定親朝臣(冷泉)遲參の間、先づ次第の事を行はしむ。八女春稲《いねつき》の唱歌、稲實の翁御車の前に於いて歌詞を獻ず。主基又前の如し。今度は御車西面に立つ。次第前の如し。

廣義門院淵醉

今日廣義門院(藤原寧子)・公卿の淵醉なり。公卿の座に於いて此の事有り。三間《ま》狭きの間、南の弘庇《ひろびさし》の一間《ま》假に搆へ入る。東南の二方簾を卷く。西壁に翠簾《すいれん》を懸け、屛風を副へ、二行に疊を敷く。北の第一間《ま》の妻戸に纐纈《かうけち》の几帳を出だし、打出《うちだし》有り。

公卿等の淵醉

左右に掌燈を供し、二棟の前の弘庇を搆へ入る。簾を懸け見物の所となす。亥の終殿上人等殿上の淵醉了りて參入。仍て先づ院の御方に推參有り。頼教(藤原)・宗兼朝臣以下の亂舞等例の如し。東の透渡殿《すきわたどの》に於いて、此の事有り。郢曲人數無きの上、未練の間、太《はなはだ》以て興無し。維成咳氣に依り無聲、能行(藤原)大略一人なり。尤も冷然。雅朝(室町)・敦有未練の故なり。次に公卿の座に於いて淵醉の事有り。先づ内大臣(中院通顯)衣を出《いだ》さず。端。・三條大納言(實忠)出衣《いだしぎぬ》を出だす。奥。・西園寺大納言(公宗)――を出だす。奥。・左大將(一條經通)濃《ご》の打《うち》。端。〔衣《ぎ》脱、下同ジ〕・

春宮大夫（西園寺公重）紅《くれなゐ》の打。端。・今出川中納言（實尹）紅の打。淡《うす》なり。奥。・洞院中納言（實守）紅の打。奥。・別當（中院通冬）敍位に參るに依り束帶。奥。・前大宰大貳（坊城俊實ヵ）紫の衣《きぬ》。奥。・前右衛門督（藤原兼高）—。端。・三條宰相中將（實繼）紅の打。奥。等次第に着座。其の後の儀次第の如し。天明の後事了り、阿聲起座す。下臈より。

淵醉次第

淵醉次第舊次第に任せ、御所に於いて草せらる。今度の次第聊か注し付く。

當日早旦奉仕の御裝束

其の儀、公卿の座三个間《ま》、南の弘廂妻戸を撤し、假の板敷を敷く。一間《ま》に及ぶ。以上四个間、東南・南・西北に御簾を懸け亙《わた》す。東南面は卷く。鈎丸《こうまろ》恒の如し。西の四个間《ま》、御簾に副へ四尺の屏風を立て、弘莚を敷き滿つ。北の第二三間《ま》、南北行の對座に小文《こもん》の疊四枚を敷く。第四間《ま》、同じく紫端《むらさきべり》の疊二枚を敷く。北に御簾、纐纈の几帳を出だし、打出有り。其の前の左右に高燈臺《たかとうだい》二本を立て、掌燈を擧ぐ。釣燈の蓋を擧げ、其の下に燈臺を立つ。打敷《うちしき》有り。座の末中央。に燈臺一本を立て、掌燈を擧ぐ。燈の蓋同上。

剋限新院（花園上皇）の御隨身久澄・久文・、、〔延方ヵ〕三人なり。明を立つ。北上、西面。

上達部《かむだちべ》着座。

次に肴物を居《す》う。繪折敷《をしき》、高坏。大臣三本、納言以下二本。

大臣の前、殿上四位陪膳、同五位役送。

納言以下の前。殿上の五位役す。頼教、奥。宗兼。端。

此の間上首の命に依り、藏人頭着座。

其の次《ついで》然るべき殿上人有らば、同じく召し付くべし。

六位藏人肴物を居《す》う。懸盤《かけばん》一脚。

次に菓子を居《す》う。硯の蓋二合に盛る。或は三合、或は手筥の蓋二合、或は三合に盛る。

殿上の五位役す。

公卿の上首の前一合、座末一合。殿上人との間。三合たらば、公卿の座の上下、殿上人の座に少しく置く。

次に一獻勸盃《けんぱい》。

四位の院司。能行朝臣。廳官盃を傳ふ。大臣候せば、酌を取次ぐべし。

六位の藏人瓶子を取る。銀の提《ひさげ》。

次に二獻勸盃。

藏人頭。宗兼朝臣。瓶子同上。

郢曲の殿上人等、召に依り弘廂に參候す。肴物幷に盃に預らず。

此の次《ついで》殿上人皆悉く推參。仍て郢曲許り召すべきの由、簾中より仰せらる。內府傳へ仰す。

面〻起座し退出し了んぬ。

次に三獻勸盃。

參議。實繼朝臣。勸盃の後、退下。巡流了りて後、還りて着座。瓶子殿上の五位。

朗詠。令月。實守卿出だす。俊兼卿以下助音。

次に四獻。

中納言。實守卿。巡流了りて後、着座。瓶子同上。

座上に於いて朗詠。德は是れ。助音同前。

袒裼《たんせき》

内大臣劍を解くと雖も肩を脱がず。

今樣。蓬萊山。

俊兼卿出だす。實守卿着座以後なり。卽ち助言。

次に五獻勸盃。

大納言。實忠卿。瓶子同上。

今樣。靈山御山。能行出だすか。

萬歲樂《まんざいらく》。兩貫主《くわんじゅ》に至る。二反か。

亂拍子《らんびやうし》、公卿に及ぶ。

寝殿

廳官立明

高欄

内府

三条大納言

左大將

維成朝臣

春宮大夫

能行朝臣

隨身立明

別當

雅朝々臣

前右衛門督

敦有

宗兼朝臣

東面四个間御簾を卷く。

打出燈臺

几帳

打出燈臺

菓子

菓子

南面御簾を卷く。

西壁御簾を懸く。
別に四尺の屏風を立つ。

西園寺大納言

今出川中納言

洞院中納言

前大貳

實繼朝臣

頼敎朝臣

中門

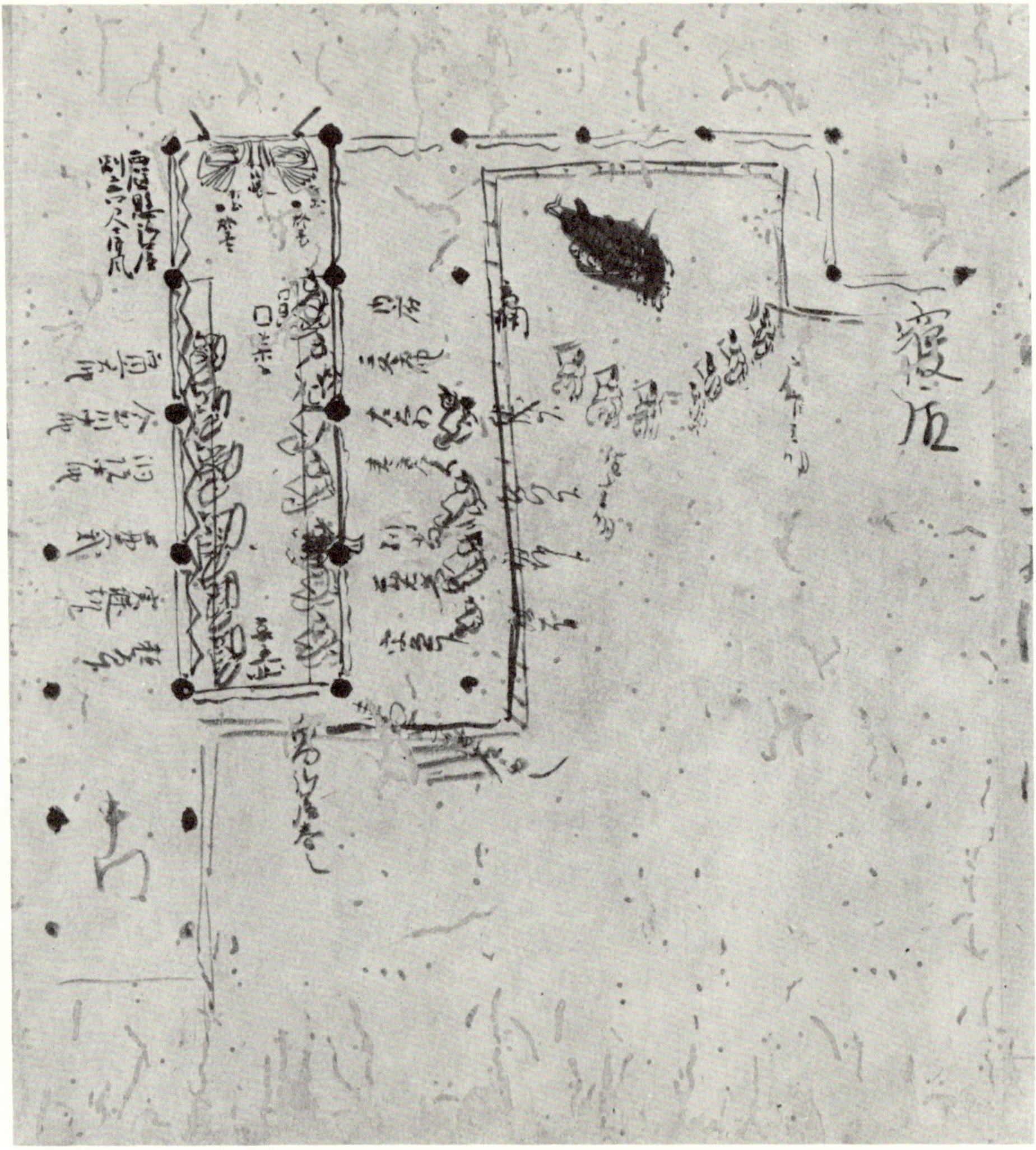

納言已下二反。實尹卿已上三反。俊兼卿出だす。左大將已上五反。公宗卿以上俊兼卿□白鷺。內大臣舞三反の時、實守卿拍つ。

次に殿上人阿聲起座す。

次に公卿劒を差す。下﨟より起座。今夜劒を差さず。座に於いて公卿等相談す。內府差すべからざる由を存ずるか。

今夜推參の時、公宗卿を以て冬定卿に仰せられて云ふ、宗兼の今樣の事子細有るべからず。永仁の沙汰の趣なり。然れば五節の事、俊兼・〻高等の卿に相訪ふべきの由仰せらる。相談の條は勿論の由を申すと云〻。これより先俊兼卿申して云ふ、宗兼相訪はざれば、助音すべからざるの由を申す。仍て永仁の沙汰の趣に任せ、此くの如く仰せ定めらるゝところなり。但し今度の五節中、宗兼遂に助音せず。維成・能行等も勸めず。互に所存有るに似たり。今夕此の方に推參有るべし。而して淵醉天明に及ぶの間、後日たるべきの由を仰す。○次ニ圖版アリ。

別刷寫眞トシテ、此處ニ挿入ス。

兩上皇標山を御覽

十三日。己卯。晴陰不定、雨脚或は降り、日影間見《まゝ》ゆ。標の山《やま》御見物のために御幸有り。朕御車の後に參るべきなり。冠・直衣を着して參る。院の御方御裝束の間《ひま》なり。平禮の御烏帽子・御直衣恒の如し。寢殿に出御のところ、西園寺大納言遲參の間、數反廳官等を遣はさる。中の斜に及び參入。卽ち御車網代《あじろ》庇《ひさし》。を南階に寄せらる。院司以下轅に付くこと例の如し。これより先在以(菅原)反閇《へんばい》を奉仕すること恒の如し。次に朕階《はし》の東の間《ま》に出づ。公宗卿簾を褰ぐ。隨身等前聲を發すること恒の如し。相續き上皇出御有り。御簾を褰げんとするのところ、公宗卿已に褰ぐるの間、階の東の間に蹲居す。卽ち乘御。相續き朕乘車す。隨身の前聲前の如し。次に實繼朝臣御劍を取りて御車に入る。路頭の行列例の如し。西園寺大納言に前行すべきの由を仰せらる。公卿無人の故なり。仍て後騎無し。抑公卿の列北上東面たるべし。而して有光卿北面東上に立つ。先例を知らざるか。朱雀門の前に到り、標を引くこと例の如し。檢非違使等過ぐるの間、已に昏黑に及ぶ。仍て明《あかり》を立つ。

後伏見上皇還御

行列等委記するに及ばず。過ぎ了りて卽ち還御。路頭に於いて教行(山科)朝臣内裏(光嚴天皇)の御書を持參す。是れ敍位の淸書。參議闕如の間、違亂に及ぶの由なり。仍て朱雀門に於いて、教行を以て御問答。長光(葉室)・實繼等の朝臣皆子細を申す。仍て又公宗卿を轅の邊に召し、別に三人の參議に仰せらる。仍て實繼朝臣領狀を申す。此の次《ついで》に西園寺大納言申して云ふ、所勞有るの上、童御覽《わらはごらん》遲〻、行幸違亂たるべし。還御に供奉せず、直ちに官司に參るべきの由を申す。參議の御車寄例

光嚴天皇行幸

大祀無爲無事畢る

無きの上、又其の仁にあらず。猶參るべきかの由を仰せらる。然れば構へて參るべし。但し眞實所勞有り、參り難きかの由を申す。然れば力及ばず。御劒の次《ついで》、實繼朝臣御車の簾を褰ぐべきか。臨時の處分、中〻議に及ぶべからざるの由仰せ有り。還御の間、路頭に於いて雨灑ぐ。仍て雨皮《あまかは》を供す。而して還御の間晴了る。本院に於いて、實繼參進し、御劒を給ふの後、御車の簾を褰げ、下りたまふ。朕御簾を褰げ、入御の後、朕入内の間、女房内より簾を褰ぐ。御車寄の仁無きの故なり。休息一寝の間、行幸定めて漸く成るか。今に於いては御幸有るべきの由仰せ有り。仍て卽ち御車の後に參る。密〻の事なり。仍て狩衣・奴袴を着す。下部は裝束に及ばず。而して怖畏有るの間、爲顯・教行・房保等の朝臣供奉す。官司の西方に於いて、御車を立てんとするのところ、廻立殿の方に火の光有り。仍て相尋ねらるゝのところ、已に以て行幸成り了ると云〻。仍て卽ち還御。時に子の終り丑の始めか。天陰ると雖も月光隱れず。後聞く、丑の剋行幸、辰の一點主基の事了りて還御。主基の神膳の間雨灑ぐ。幸路潤ふと雖も違亂に及ばずと云〻。大祀無爲無事の條、天下の大慶、一流の安堵なり。大慶何事かこれに如《し》かんや。就中今度諸國亡弊の上、兵亂に依り、段米《たんまい》等有名無實。今月上旬に及び、行事の官等叶ふべからざるの旨度〻申し切り了んぬ。然り而して種〻沙汰し無爲に遂行せらる。併しながら宗廟の助けなり。公私の心勞極まり無し。然り而して面〻の奉行公平を存ぜず、只私曲有り。而して仁政に依り嚴密の沙汰無

天の冥助に非ざれば爭かこの大祀を遂げられんや

東宮康仁親王推參せらる

し。仍て彌此くの如きか。而して今此の大祀無爲の條、眞實天の冥助あらざれば、爭《いかで》か此の大祀を遂げられんや。向後の運命猶憑み有る事なり。

今夕春宮(康仁親王)推參し了んぬ。貫首《くわんじゅ》以下引き參る。而して兼日仰せられざるの間、廳官・隨身等候せざるの間、立明《たちあかし》無し。兼ねて俄かに召されば遲〻に及ぶべく、行幸違亂たるべし。仍て後日たるべきの由を仰せ了んぬ。辰巳の日先〻推參無し。午の日たるべきの由を申す

今度殿上淵醉は兩貫首、郢曲の仁は辨官。房光一人なり。職事の外着すべき仁無しと云〻。

五節管領の仁、維成・能行の二人と云〻。

(頭書)「公卿の座御簾を卷く。仍て國俊に仰せ垂る。」

豐明節會

十四日。庚辰。晴、夜に入り雨下る。今日の節會の內辨內大臣領狀す。而して此の曉降雨、衣裳潤ふの間、參り難きの由を內〻に申すと云〻。然り而して夜陰に入れば參るべきの由を申す。而して夜景怖畏有り。仍て今度日〻の節會白晝たるべきの由、兼日治定し了んぬ。今夕遲〻に及べば、明日又隨ひて遲〻すべし。仍て旁早參すべきの由重ねて仰せらるゝのところ、尚遲〻に及ぶべきの由を申す。然れば納言內辨たるべきか。而して辰の日の節會、納言の內辨先例無しと云〻。然り而して遲〻の條旁然るべからず。西園寺大納言早參の間、內辨を仰せらると云〻。三條大納言小忌《をみ》の上卿たり。裝束を改め懃仕例有り。然り而して遲〻に及ぶべきの上、西

園寺大納言已に早参の間、仰せらるべきかの由、内裏より申さる。此の儀たるべきかの由、御返事を申さるゝの由仰せ有り。此くの如く往反の間。日没に及び始行せらるゝか。

十五日。辛巳。晴。今日の節會、殊に忩がるべきの由沙汰有り。内辨右大臣と云々。人定《にんぢやう》に及ぶ。太政大臣慶を申し馬を引く。子細本記に在り。清暑堂の御神樂、曉天卯の剋。に始めらる。日出に及び事了ると云々。

清暑堂御神樂

御神樂

御神樂

本拍子　二條前中納言資親

末拍子　洞院中納言實守

和琴鈴鹿　大炊御門大納言冬信

笛柯亭　左中將維成朝臣

篳篥　前右衛門督兼高

付歌　宗兼朝臣　資世朝臣　清季朝臣　資兼朝臣　敦有

御遊

御　遊

笙氣佐幾繪　右大臣（大宮）季衡

笛　維成朝臣

篳篥　兼高卿
琵琶玄上　太政大臣兼季(今出川)
箏鬼丸　治部卿冬定
拍子　洞院中納言實守
付歌　宗兼朝臣
御簾を巻き、大床子に御坐(マヽ)と云々。
後聞く、御膳に於いては略す。

後鳥羽院祕記

節會の時、今日主基の御帳、後鳥羽院の御説に任せ、東の机に劒璽を置くと云々。出御の路同じく東方を經ると云々。是の兩个後鳥羽院の祕説の由、御記に見ゆるの故なり。昨日は常儀に任せ、劒璽西の机に置く。御路同じく西を經ると云々。今日は兩方共劒璽東に在るなり。
(裏書)「後鳥羽院の御説に云ふ、東面北面の時は、何れの所と雖も御劒右方に置くべし。南面西面の時は左に置くべし。是を以て御劒は必ず枕に置くの故、何れの所と雖も西北方に置くべからずと云々。此の事古賢猶辨ぜざるの由、御記に見ゆ。仍て今度の御禊幷に主基の節會、此の儀を用ひられ了んぬ。」

踏歌節會

十六日。壬午。晴。踏歌節會。内辨内大臣終頭に退出す。右衞門督經顯。續行すと云々。是れ上首

童女御覽

日野資名の童女二人參上す

の大納言以下數輩、皆早出の故と云々。續の內辨は尤も下﨟の納言庶幾するところなり。而して上首の退出するを見て競ひ出づ。公事を知らざるの故なり。其の職に在りて其の事を知らず。尸祿尸位の甚しきなり。彈指すべきものなり。

節會以前推參の事有り。立明の隨身遲參の間、先づ女院の推參有り。二棟の弘庇に於いて此の事有り。次に東の透渡殿に於いて、此の方の推參の事有り。次に又二棟に於いて、親王豐仁。推參の事有り。

「十七日。（宸筆本缺ク。寫本ニ依リテ補入ス。）甲未。夜に入り二棟弘庇に於いて、童女御覽有り。春宮大夫衣を出ださず。・今出河中納言等着座。弘庇西の第一二間《ま》より、圓座二枚を敷く。次に日野大納言の童女二人中門の方より參上。車を文殿に寄せ下車。維成・能行等の朝臣扶持。弘庇東の間《ま》に圓座二枚を敷き、童女の座となす。次に下仕《しもづかへ》等庭上に參り、門より下車。莚道《えんだう》を敷く。欄の下に立つ。然るべからざるか。莚道の上に居るべきなり。古仙等扶持す。次に童女扇を置くべきの由、春宮大夫扶持の殿上人等に仰す。下仕又古仙扇を撤す。頃《しばら》くして退下。次に和泉國の童女・下仕等參上前の如し。自餘皆子細を申して不參。其の後寢殿の北面に於いて、推參の儀を摸せらる。資名・賴定の兩卿貫首代となる。俊兼・々高等の卿、維成・能行・兼親等の朝臣、忠俊俊兼卿の息。・親行等、思津を唱ふ。西方の馬道より參り、次第に着座。實守卿追つて參着。朗詠實守卿頻りに相讓る。仍て俊兼卿令月の句を出だす。實守卿以下助音。次に德は是れ實守卿出だす。次に今樣俊兼出だす。蓬萊山。又今樣靈山・御山。兼高卿出だす。推參一會し

て摸せらる。今夜郢曲の仁數輩尤も興有り。次に肴物を供す。實守卿陪膳。大略公卿淵酔の儀に摸せらる。曉天に及び寒氣尤も甚し。咳病興盛の間、起座して寢に歸し、後事を見ず。但し此の後殊なる事無しと云〻。

今度の儀無爲無事宗廟の助なり

今度の大祀無爲無事、天下の大慶、心中の喜悦、短筆覃び難し。今度の儀、毎事違亂、遵行せられ難し。而して遂に以て無爲の條、尚〻宗廟の助なり。今度毎事違例無し。而して敍位の執筆先づ女院淵酔に參るの間、敍位翌日の未の剋に及ぶ。清書の上卿・參議等參らず。適《たまたま》辰の日に及び行はる。此の事今度の違例か。諸人公事《くじ》の法を知らず。作法等の違失、勝《あ》げて計《かぞ》ふべからず。就中資名卿敍位の筥文《はこぶみ》を取る間の作法、君臣頤《おとがひ》を解かざるはなし。末代の法、嗟歎すべきものなり。」

あとがき

和譯花園天皇宸記の刊行も、この第三を以て一應完了に至り、編者たる村田正志もひそかに感なきを得ない。再々申し述べたところであるが、この宸記がわが日本の中世史研究上に極めて重要なる意義價値の存することは周知のところであり、そこでこの宸記が、原文通りのいはゆる活字本として列聖全集所收本、史料大成所收本、史料纂集所收本の三回に及んでいる次第である。わたくしが國學院大學國史學科を卒業して東京大學史料編纂所に採用され、大日本史料第六編南北朝の編纂に從事することになつたのは昭和四年四月であり、その感悦と責任の重大を痛感したことは今に忘れがたいものがある。わたくしに限らず、同僚學徒も同樣の思ひをしたのは當然であり、出勤時刻に先立つて執務室に出仕し、自らの勉學や毛筆による書法の練習に携る者が見かけられたのであつた。村田も同樣で、執務前、ほゞ毎日通讀した書籍が花園天皇宸記であつた。その當時この宸記が刊本となつていたのは列聖全集所收本のみであり、我々若輩の入手など全く不可能の狀勢であり、この珍貴にして、南北朝の解明に極めて重大なる史的意義ある右宸記の通讀を痛感した次第であつた。通讀とは申しながら、如何程の讀解史實の解明が可能であつたか、今更公表も不能である。さて次に刊行になつたのが史料大成所收本である。同叢書の刊行は周知のごとく大戰前後の事業であり、その編成校訂はわが知友も少からず、したがつて信賴に値するもの丶多いことは當然であるが、同叢書所收の花園天皇宸記は必ずしも完璧とは評しがたいと思う。周知のごとく、同宸記は、戰後伏見宮家から宮内廳書陵部に移動し、國有となつた。仍て同部に於いて數年に及ぶ原本校訂の結果、これを三十五卷に編成し、また更に原本さながらの複

製本の作成刊行に着手したのである。かやうな狀況のもとに、從來の宸記刊本を顧ると、なお再考すべきものが皆無とは稱しがたいと思う。村田が、續群書類從完成會の要請に依り、史料纂集に、微力をふるつて同宸記活字本三册を刊行するに至つたのも、諒とせられたい。

ところで右のごとく、花園天皇宸記の活字本は、三回に及んでいる次第である。そこで自らひそかにかね〲思うに、同宸記が如何に重要史料であるか、またその讀解が如何に難澁であるかを痛感し、これを解決する手順として、自らの勉學のために同宸記全巻の和譯を案出した次第である。申すまでもなく日記は、他人に見せるものではなく、自らの日々に於ける行事感想また周圍社會の事件事象を記錄し、將來に備へるべき性質のものである。花園天皇宸記原本の狀態を通覽すれば明白であり、説明するにも及ばないところである。仍て同宸記の解讀理解は、筆者たる花園天皇のその日〱の身になり、これを讀解するが第一の要諦であるとの自覺を得るに至つたのである。これが本書『和譯花園天皇宸記』作成を思考するに至つた動機であつた。

平成十五年三月二十五日　印刷
平成十五年三月　三　十　日　発行

定価　本体九、〇〇〇円（税別）

和訳　花園天皇宸記　第三

編者　村　田　正　志

発行者　太　田　史

製版所　続群書類従完成会製版部

印刷所　株式会社　平　文　社
東京都豊島区南大塚二丁目三五番七号

発行所　株式会社　続群書類従完成会
東京都豊島区北大塚一丁目一四番六号
電話　〇三（三九一五）五六二一
振替　〇〇一二〇−三−六二六〇七

ISBN4-7971-1553-X